Matthias Horx
Anleitung zum Zukunftsoptimismus

W0229427

**PIPER**

Zu diesem Buch

Wachsende Gewalt, Werte- und Normverfall, Prekarisierung der Arbeit – das sind nur einige der Schreckensvokabeln, die täglich auf uns einprasseln. Die Folge: eine chronische Depression, die unsere Gesellschaft lähmt und echten Wandel verhindert. Matthias Horx rechnet mit dem wohlfeilen Pessimismus ab. Er kämpft für den gelassenen, lösungsorientierten Optimismus – die letzte Provokation, die in unserer Gesellschaft noch möglich ist. Und dieser Optimismus tut gerade heutzutage dringend not. Horx zeigt an ausgewählten Beispielen, wie der Schreckensdiskurs Gesellschaften so weit lähmen kann, dass sie zugrunde gehen. Dieses Buch rüttelt auf und liefert Munition gegen die verbreitetsten Untergangsgerüchte und zeigt, wie wir den grassierenden Pessimismus überwinden können.

*Matthias Horx*, geboren 1955, gilt als einflussreichster Trend- und Zukunftsforscher im deutschsprachigen Raum. Er war Redakteur unter anderem bei Tempo und Die Zeit. Seine Bücher über Wertewandel, Technologie, Jugendkulturen, Trendforschung und Future Fitness wurden zu Bestsellern, darunter »Wie wir leben werden«, »Anleitung zum Zukunftsoptimismus« und zuletzt »Technolution«. Matthias Horx lebt mit seiner Frau Oona Strathern und zwei Söhnen in Wien.

Matthias Horx

# Anleitung zum Zukunftsoptimismus

Warum die Welt nicht schlechter wird

Piper München Zürich

*Mehr über unsere Autoren und Bücher:*
*www.piper.de*

Von Matthias Horx liegen bei Piper im Taschenbuch vor:
Wie wir leben werden
Anleitung zum Zukunftsoptimismus

**Mix**
Produktgruppe aus vorbildlich bewirtschafteten
Wäldern und anderen kontrollierten Herkünften
www.fsc.org  Zert.-Nr. GFA-COC-001223
© 1996 Forest Stewardship Council

Ungekürzte Taschenbuchausgabe
Piper Verlag GmbH, München
April 2009
© 2007 Campus Verlag GmbH, Frankfurt / Main
Umschlagkonzeption: Büro Hamburg. Anja Grimm, Stefanie Levers
Bildredaktion: Büro Hamburg. Alke Bücking, Sandra Schmidtke
Autorenfoto: Klaus Vyhnalek
Satz: Fotosatz L. Huhn, Maintal-Bischofsheim
Papier: Munken Print von Arctic Paper Munkedals AB, Schweden
Druck und Bindung: CPI – Clausen & Bosse, Leck
Printed in Germany    ISBN 978-3-492-25337-6

Für Hildegard, meine Großmutter.
Die trotz zweier Weltkriege niemals die Hoffnung,
das skeptische Denken,
das Lachen und das Singen aufgab.
Und für meinen Vater.
Den unermüdlichen Bastler im Keller.

# Inhalt

Die Zukunftswette . . . . . . . . . . . . . . . . . . . . 9

Teil I: Das Imperium der Angst

Die Auguren der Apokalypse . . . . . . . . . . . . . 15

Die Lobbys des Alarmismus . . . . . . . . . . . . . . 27

Die Psychologie des Alarmismus . . . . . . . . . . . 44

Die Wirkungen des Alarmismus . . . . . . . . . . . . 70

Teil II: Die Skripte der Zukunftsangst

Das Märchen von der bösen Globalisierung . . . . . . . 87

Das Märchen von der »aufklaffenden Schere«
zwischen Arm und Reich . . . . . . . . . . . . . . . 107

Das Märchen von der medialen und sonstigen
Verblödung der Menschheit . . . . . . . . . . . . . . 122

Das Märchen von der demografischen Katastrophe . . . 136

Das Märchen von der Prekarisierung der Arbeit . . . . . 151

Das Märchen von der wachsenden Gewalt und
dem Krieg der Kulturen . . . . . . . . . . . . . . . 170

Das Märchen von der finalen Seuche . . . . . . . . . 194

Das Märchen vom Werte- und Moralzerfall . . . . . . . 210

Das Märchen von der Klimakatastrophe . . . . . . . . 232

Das Märchen von der tödlich bedrohten Natur und
der Formel der »Nachhaltigkeit« . . . . . . . . . . . 244

FUTURE MIND: Plädoyer für einen evolutionären
Optimismus . . . . . . . . . . . . . . . . . . . . . 262

Anmerkungen . . . . . . . . . . . . . . . . . . . . 281

Register . . . . . . . . . . . . . . . . . . . . . . . 305

# Die Zukunftswette

Ich bin *Skeptiker*, also kann ich kein *Pessimist* sein.

*Milan Kundera*

Der Weltuntergang ist der Größenwahn der Depressiven.

*Eigenzitat*

The world is full of people whose notion of a satisfactory future is, in fact, a return to the idealised past.

*Robert Fulford*

Schon als Jugendlicher beherrschte er die Pose des alten Mannes, der melancholisch auf die zugrunde gehende Welt schaut.

*Die* Süddeutsche Zeitung *über Bob Dylan*

Stellen Sie sich vor, in der Zukunft würde alles immer besser werden.

Wie bitte?

Machen wir ein Gedankenexperiment. Lehnen Sie sich entspannt zurück. Atmen Sie tief durch. Schauen Sie in den Himmel, an die Decke oder was auch immer gerade Ihr Himmelszelt bildet.

Stellen Sie sich vor, die Welt hätte jeden Tag einen kleinen Bonus zu bieten. Irgendwo auf der Welt wäre ein Kind weniger hungrig. Würde ein Mensch einen US-Dollar mehr verdienen. Würde eine kleine, interessante Erfindung mehr gemacht. Eine Kläranlage mehr gebaut. Ein Katalysator mehr in Betrieb genommen.

Jeden Tag würde ein Hauch weniger Gewalt angewendet, zwischen Mann und Frau, Eltern und Kindern, Nachbarn, Staaten und Völkern. Jeden Tag würden weniger Menschen ermordet.

Stellen wir uns vor, an jedem Tag würde ein winziges Quantum mehr Liebe, Vernunft, Klugheit aufscheinen. Menschen würden sich eine Spur aufmerksamer behandeln. Liebende würden eine Nuance liebevoller miteinander umgehen. Bürger würden sich ein winziges Stück weit kooperativer untereinander verhalten.

In jeder Sekunde würde ein Hauch mehr von dem in die Welt treten, was wir *Bewusstsein* nennen – Menschen würden ihre Umwelt bewusster wahrnehmen und Stück für Stück sich selbst als einzigartige Individuen erkennen. Und wir alle wären *Teil* dieses Prozesses. Wir könnten ihn womöglich sogar beeinflussen und verstärken.

Atmen Sie tief und gleichmäßig.

...? ...? ...!

»Unsinn«, werden Sie spätestens jetzt sagen. »Idiotischer Quatsch.« Oder bestenfalls: »Schöner Traum. Dieses Wolkenkuckucksheim widerspricht allem, was Realität ist.«

*Man muss doch nur die Zeitung aufschlagen!*

*Man muss doch nur den Fernseher einschalten!*

Sie werden wahrscheinlich sogar noch ein wenig heftiger reagieren: »Da will mich einer für dumm verkaufen!!!«

Ist es nicht erstaunlich, dass man eine positive Gedankenkonfiguration als provozierend empfindet?

Schalten wir also den Fernseher ein und schlagen die Zeitung auf (wir können nebenbei auch noch das Radio laufen lassen). Genau an diesem Punkt fängt es an. Was passiert, wenn wir die Zeitung aufschlagen, den Fernseher anstellen? Ist das die Realität? Die *Wirklichkeit*?

Niemand würde das behaupten. Erstaunlicherweise glauben es alle trotzdem!

Wir begeben uns in einen von Menschen konstruierten Sinnkontext. Man präsentiert uns eine Realitätsmatrix, die von Menschen produziert wird, die viel Kaffee trinken und meistens zu viel sitzen. Sie umfasst einen Konsens, der wiederum den Konsens vieler anderer Menschen widerspiegelt, von dem diese Gruppe glaubt, dass er »Realität« beschreibt.

Die Bilder, die wir sehen, mögen »echt« sein im Sinne ihrer Herkunft. Aber die Kontexte, in denen sie gesendet und geschnitten, verpackt und verkürzt werden, sind Konstruktionen, hinter denen menschliche Absichten, Strategien, »Mindsets« stehen.

Wir wissen also nicht, was die »Wahrheit der Welt« ist.

Hingegen kennen wir ein gewisses Setting zur Genüge: Das Licht wird gedämpft. Düstere Musik umpulst das Bild. Eine Kamerafahrt entlang von elenden Slums, weinenden Menschen, öligen Lachen auf gequälter Natur, zerstörten Wäldern. Es ertönt die sonore Stimme des Kommentators. Dann erscheint der »Experte«. Er weiß Bescheid. Er kennt sich aus. Sein Lächeln kündet von Überlegenheit. Seine Stimme erinnert an *Autorität:*

*Es wird immer mehr ...*

*Von Jahr zu Jahr ...*

*Eigentlich ist es zu spät.*

*Eigentlich ist schon alles gelaufen.*

\*

Dies ist ein Buch über die Angst vor der Zukunft. Über ihre Ursachen, die tief in unserem evolutionären Erbe, in unserem archaischen Geist wurzeln. Und über ihre Überwindung.

Es ist ein Buch über Welt-Haltungen und Welt-Wahrnehmungen. Und Haltungsschäden. Und seelische Verkrüppelungen.

Es ist ein Buch über die Frage, wie *süchtig* wir nach negativen Botschaften und pessimistischen Kontexten sind.

Es ist ein Plädoyer für eine Renaissance des aufklärerischen Skeptizismus, der den »Imperien des Glaubens«, gleich welcher Couleur, ein heiteres »Glauben wir nicht!« entgegnet.[1]

Es ist ein Buch über unsere Verantwortung für die Welt.

Und über die Frage, wie wir die Auguren des Untergangs, die unsere Seelen und Gefühle seit Jahrtausenden zu kontrollieren versuchen, in die Schranken weisen können.

Wenn es wirklich so wäre, wie uns die Propagandisten des

Niedergangs weismachen wollen, dann hätte der Begriff der Verantwortung tatsächlich wenig Sinn. Der Kontext des Negativen *entwertet* unsere von menschlichen Begrenzungen geprägten Handlungen. Sie wären in diesem Fall einfach nur lächerlich, profan, marginal: Die Welt scherte sich nicht um unseren guten Willen, sie ginge mit oder ohne uns den Bach hinunter.

Dieses Buch soll Ihnen, denen, die manchmal an der wohlfeilen Großlegende vom Nieder- und Untergang zweifeln, zu ein klein wenig mehr Widerstandskraft gegen die Dämonen der Negativität verhelfen. Es will die strukturelle Depression bekämpfen, die hierzulande mehr und mehr zum Realitätskonstrukt gefriert. Und es möchte zwei kostbare Dinge verteidigen, für die es in unserer medial geprägten Scheinrealität keine Lobby gibt (und die bei den Kirchen und Religionen immer nur teilaufgehoben sein können): *Zuversicht* und *Vertrauen*.

# Teil I
# Das Imperium der Angst

Die spirituelle Stimmung in Deutschland hat etwas
Anarchisches, aber auch zutiefst Religiöses und Fanatisches;
es ist eine Stimmung von Apokalypse und eines drohenden
tausendjährigen Reiches.

*Hermann Hesse, Brief an Romain Rolland, 1920*

# Die Auguren der Apokalypse

## Der apokalyptische Spießer

Bürger lasst das Gaffen sein! Kommt herunter, reiht euch ein!

Wir schreiben das Jahr 1975. Ein blühender Mai in meiner studentischen Jugend. Es riecht nach Frühling, Liebe und Patchouli an verschwitzten, jungen Körpern. Die Kastanienbäume auf den breiten Alleen der Stadt, in der wir gerade für die Befreiung vom – Was war das noch gleich? Imperialismus? Faschismus? Konsumterror? – demonstrieren, stehen in voller Blüte. Von einem rostigen, mit psychedelischen Farbornamenten bemalten VW-Bus dröhnt Rockmusik mit politischem Inhalt, die Gruppe heißt – nomen est omen – Ton, Steine, Scherben.

*Nee, ich will nicht werden, was mein Alter ist!!!*

Acht Jahre nach dem »Summer of Love«, dem Höhepunkt der Hippie-Bewegung, ist die studentische Jugend in Europa immer noch auf dem Weg ins Paradies. *Nee, ich will nicht werden, was mein Alter ist!* Nein, wir wollen nicht, wie unsere fleißige Vätergeneration, morgens um 7 Uhr aufstehen, mit der Aktentasche ins Büro oder in die Fabrik, abends wieder nach Hause in die Dreizimmerwohnung in der Neubausiedlung oder das Reihenhaus mit Hirschgeweih in *Suburbia,* wo Mutti schon das Abendbrot vorbereitet hat, die guten Schnittchen mit Schinken und Mayonnaise.

Klar, wer unser Gegner ist: der *Spießer.*

Am Straßenrand können wir ihn stehen sehen, während wir

unserer wichtigsten Pflicht und unserem schärfsten Vergnügen nachgehen, dem Demonstrieren. Bauarbeiter im gerippten Unterhemd, die Arme über dem Bauch verschränkt, eine Bierflasche in der Rechten. Muffige Bürger mit Hut, aus denen das faschistische Donnerwetter jede Sekunde herauszubrechen droht. Männer mit langen Haaren sind für sie allesamt Schwule und Schwerverbrecher. Und oben auf den Balkonen, hinter den Geranien, Mutti und Vati. Sie im geblümten Kleid, er mit braunen, breitgerippten Kordpantoffeln.

Und alle denken und fühlen das Gleiche:

1. Niemals wird sich etwas verändern.
2. Man kann eh nichts machen.
3. Früher war alles besser.
4. Es wird übel enden.
5. Die Politiker sind schuld und die ... (bitte beliebige Minderheit einsetzen).

Der Spießer lebt in einer Welt der Verschwörungen. Alles hat sich gegen ihn zusammengeschlossen, Nachbarn, Taxifahrer, Ausländer, das Wetter, Kapitalisten, Kommunisten. Der Spießer glaubt nicht an den Fortschritt. »Ich bin doch nicht blöd!« Von allen menschlichen Eigenschaften ist ihm die *Neugier* am fremdesten. Er will nichts wissen. Er weiß ja schon alles! Er hat's im Fernsehen gesehen! Er hat die Welt durchschaut in ihrem hinterhältigen Plan, den »kleinen Mann« zu erniedrigen, auszusaugen, fertigzumachen.

*Menschen sind Egoisten. Sie sahnen ab, wo sie können.*
*Menschen sind des Menschen Wolf.*
*Es wird übel enden!*

\*

In den frühen achtziger Jahren gaben wir dem Spießer dann den Rest. Wir entdeckten die Ökologie als ultimative rhetorische

Waffe. Von nun an ging es bei den Demonstrationen nicht mehr um den Aufbruch in jenes ferne, aber leider doch immer sehr abstrakte Land der irgendwie revolutionär-sozialistischen Utopie, wohin uns offensichtlich niemand folgen wollte. Sondern um den Untergang, das unvermeidliche Ende der Menschheit. Aus Gesellschaftskritik wurde damit etwas noch viel Größeres, Erhabeneres, Emphatischeres: radikale Zivilisationskritik!

Wir entdeckten schnell, dass sich mit dem schönen, kleinen Wort Angst viel besser Politik machen ließ als mit dem, nun ja, eher problematischen Vokabular des Sozialistisch-Revolutionären. Gegen Angst konnte kaum jemand etwas einwenden. Wenn wir Angst hatten, dann hatte man uns, verdammt nochmal, zuzuhören. Und das tat man auch. In Fernsehen, Funk und Presse verbreitete sich rasend schnell die Betroffenen-Ästhetik, die Weltretter-Logik.

Eines Nachts brachten wir über dem Haupteingang der Universität, an der ich damals studierte, in riesigen Lettern die Parole an: »Fortschritt ist Lüge!«

Auf den Podien und Lautsprecherwagen änderten sich die Physiognomien der Sprecher. Es waren nicht mehr die lederjackentragenden »Genossen und Genossinnen«, die zum »Kampf für ...« (oder meistens gegen) aufriefen. Weißhaarige ältere Männer sprachen nun mit sanfter Stimme von der »Vernichtung«. Grüne Frauen mittleren Alters beschworen mit überschlagendem Timbre die Harmonie der Natur, gegen die frevelhaft verstoßen wurde.

Jedes Jahr bewegte ein neuer Schrecken unsere Gemüter. Stummer Frühling, kahle Wälder, tote Flüsse, Atomkrieg, Gift und Verseuchung – all das gehörte logisch zusammen, es war evident, unwiderlegbar. Jeder konnte und musste es sehen, wenn er nicht Faschist oder eben Spießer war!

Es war eine wunderbare Zeit. Der unmittelbar bevorstehende Untergang gab dem Leben eine existenzialistische Würze. Ein Platz an der Sonne der Medien war uns allemal gewiss, wenn es von A wie Atomtod, Atomkrieg, Artensterben bis W wie Waldsterben ging. Wir saßen auf einem großen, pathetisch schnaubenden Ross, einem apokalyptischen Greifen, der unanfechtbar über der profanen Welt schwebte. Von hier aus konnten wir verachtungsvoller auf den Spießer hinabsehen, der dort unten seinem profanen Tagwerk nachging und verdrängte. Er fuhr Auto. Er konsumierte. Er zog Familien auf. Er verpestete die Umwelt, während die Erde unaufhörlich auf ihr Ende zutrieb.

Ein wunderbares Gefühl von Überlegenheit und existenzieller Größe!

*

30 Jahre später hielt ich eine Rede in einem Atomkraftwerk. Es war das AKW Neckarwestheim, unweit von Stuttgart, das seinen 25. Geburtstag feierte; ein Festakt mit breiter gesellschaftlicher Öffentlichkeit. Zwei gewaltige Kühltürme, aus denen unschuldiger Dampf entwich, entwuchsen dem Neckartal, dazwischen die Kuppel, das Alptraumsymbol unserer Jugend. Schwarze Limousinen parkten in Reihen vor dem Eingangsgebäude, einer riesigen Allzweckhalle. Ihnen entstiegen Honoratioren, Manager schwergewichtiger Konzerne, Bürgermeister, Politiker in dunklen Anzügen.

Ich sollte über das Verhältnis von Technologie und Kultur sprechen, ich könne gerne sagen, was ich wolle; gerade das Kritische sei gefragt. Drinnen dachte ich zuerst, ich sei an der falschen Adresse. Rundum in der Halle verlief ein gigantischer Fotofries des Weltuntergangs. Tote Bäume, die aus giftigem Nebel aufragten. Verseuchte Gewässer mit verendeten Fischen. Riesige Flutwellen, die Spielzeughäuser überschwemmten. Hatte Greenpeace die Atomkathedrale übernommen und zum Weltuntergangsmuseum ausgebaut?

Da begriff ich: Für die Atomkraft warben keine fröhlichen Familien vor goldgelben Rapsfeldern oder kernige Männer mit Bauarbeiterhelmen vor chromblitzenden Dampfleitungen mehr.

Für Atomkraftwerke warb man neuerdings mit der Klimakatastrophe. Atomkraftwerke stoßen kein Kohlendioxid aus. Im Vergleich zum fossilen Klimaschrecken waren AKWs plötzlich eine *grüne* Alternative.

Ich hielt meine kritische Rede über Kultur und Technologie, und danach lauschte ich vielen Wissenschaftlern, Politikern und Naturschützern, die alle das Gleiche sagten: »Wir müssen verantwortlicher mit den Ressourcen umgehen!« »Diese Erde ist ein zerbrechlicher, bedrohter Planet!« »Wir müssen demütig und nachhaltig denken und handeln!«

Beim nachfolgenden Dinner sprach ich lange mit einem 60-jährigen Geschäftsmann aus der Region. Ein Handwerker und Unternehmer in dritter Generation, der, wie er sagte, »eine Art Erweckung« hinter sich habe. Seine Töchter waren in der Umweltschutzbewegung aktiv. Sie hätten ihm »die Augen geöffnet«.

Und dann folgte eine ziemlich exakte Wiedergabe meiner Überzeugung der frühen achtziger Jahre: Wie der technische Fortschritt sich zu einem Monster auswuchs. Wie Kapital- und Militärinteressen, besonders der Amerikaner, die Welt bedrohten. Wie die Technik zu einer Geißel wurde. Die Verseuchung des Grundwassers ... männliche Infertilität durch Hormonvergiftung ... Ausbeutung ... Globalisierung ... und überhaupt: der Niedergang der Welt.

»Wir haben jetzt unser Haus gegen elektromagnetische Strahlung abgedichtet«, sagte er. »Das war ziemlich teuer.«

»Irgendwie«, sann er nach dem vierten Glas Wein, »ist der Mensch doch wie ein Parasit auf diesem Planeten.«

Wenig später beschloss die rot-grüne Koalition in Berlin den Atomausstieg.

Wir waren zu einem neuen Konsens angelangt.

Wir hatten gewonnen.

*

## Die Priester des Untergangs

Als der spanische Eroberer Hernando Cortez im Herbst 1519 die Hauptstadt der Azteken erreichte, hatte er zunächst das Gefühl, die inneren Pforten des Paradieses zu erblicken. »Wir marschierten wie im Traum in diese Herrlichkeit«, schrieb einer seiner Soldaten über den Einmarsch in Tenochtitlan, auf dessen Ruinen sich heute Mexico City erhebt. Hängende Gärten säumten Kanäle, auf denen prächtige Boote verkehrten. Die Bewohner, fast eine Viertelmillion Menschen, waren in kostbare Ponchos und Tuniken gekleidet. Überall Ornamente an den Häusern, Gold in den Räumen, die Menschen mit vielfältigen Edelmetallen und Obsidian geschmückt.

Wenig später wurde derselbe Soldat Zeuge der anderen Seite dieser Zivilisation. Einige seiner Kameraden wurden Opfer eines öffentlichen Rituals:

> Mit Feuersteinmessern sägten die Azteken ihnen die Brust auf, rissen ihnen das noch zuckende Herz heraus und boten es dem Götzen dar ... Dann stießen sie die Körper mit den Füßen die Stufen hinunter. Unten warteten weitere Priester, die ihnen Arme und Beine abschnitten und die Gesichter häuteten. Diese gerbten sie dann wie Handschuhleder und verschlangen das Fleisch mit Chilmole ...[1]

Das Imperium der Azteken, so dämmerte es Cortez und seiner Truppe bald, war auf unvorstellbaren Grausamkeiten gegründet. Zwar gab es auch in anderen Welten, die damals von Europa aus entdeckt wurden, Brutalität und Gewalt, etwa am Hofe der Shogun in Japan, bei den Naturvölkern der Südsee, ja selbst im Abendland – man denke an Hexenverfolgung und Kreuzzüge. Man war also weder zimperlich noch sonderlich sensibel.

Was die Azteken jedoch den Eroberern offenbarten, sprengte alle Vorstellungen. Das Aztekenreich war eine finstere Schlacht- und Todeskultur mit flächendeckenden, epidemieartigen Massenmorden, gegen die sich in der Bevölkerung keinerlei Widerstand erhob. Die Opfer, meist Frauen und Kinder, wurden Wochen vorher regelrecht gemästet, gesalbt und geschmückt, um dann in Blutorgien unvergleichlicher Brutalität geschlachtet zu werden. Wobei das Durchtrennen des Zwerchfells, das demonstrative Herausreißen des Herzens und der kannibalische Akt eine zentrale rituelle Bedeutung einnahmen. Zu bestimmten Festtagen, etwa zur Einweihung großer Tempel, wurden bis zu 20 000 Menschen getötet; Ströme von Blut flossen durch ein eigens dafür geschaffenes Kanalsystem des Priesterbezirks.

*Opfer müssen erbracht werden!*

*Es ist nie genug!*

Auch eine andere, zum Zeitpunkt der spanischen *Conquista* schon vergessene Kultur, hegte diesen Blutkult bis zum Exzess. Die Mayas, überwiegend auf der Halbinsel Yucatán siedelnd, hatten zwischen 800 und 1200 eine der dynamischsten und mächtigsten Hochkulturen der Erde gebildet. Um 800 nach Christus lebten rund 20 Millionen Mayas in 50 autonomen Stadtstaaten. Ab 1300 lagen ihre mächtigen Tempelanlagen plötzlich verlassen im Dschungel.

Wie kam es zu diesem spektakulären Untergang? Der Historiker und Anthropologe Jared Diamond beschreibt das Scheitern der Mayas in der altbekannten Diktion des ökologischen Versagens:

Vom »klassischen Kollaps« am heftigsten betroffen wurde das südliche Hochland: Es war das Gebiet mit der höchsten Bevölkerungsdichte und lag zu hoch über dem Grundwasserspiegel, als dass die Brunnen hätten Wasser liefern können. ... Wir können bei diesem Kollaps vertraute Elemente identifizieren. Eines davon ist das Dilemma, das Thomas Malthus beschrieben hat: Das Bevölkerungswachstum überstieg die Ressourcen. Während die Bevölkerung wuchs, nahm das nutzbare Ackerland infolge der Entwaldung und Erosion der Hügel ab.[2]

Das mag alles stimmen. Aber erklärt es wirklich den plötzlichen Untergang einer Kultur, die imposante Architekturen und ein ausgefeiltes Astrologie- und Kalendersystem entwickelt hatte? Ich glaube, dass Diamond – und mit ihm viele andere Historiker – den »Kulturfaktor« sträflich unterschätzt.

In manchen Tempel- und Wohnanlagen der Mayas fand man das gesamte Mobiliar, überwiegend Gegenstände aus Ton und Obsidian, bis in kleinste Bruchstücke zertrümmert. Die Bewohner, so die Vermutung vieler Archäologen, hatten ihre Besitztümer in anfallsartigen Zerstörungsorgien regelrecht pulverisiert, bevor sie die Flucht in den Regenwald ergriffen. Sie führten in einer Art vorauseilendem Gehorsam als zu erwartende Strafe der Götter den eigenen Untergang herbei!

Jede Gesellschaft, jede Zivilisation, hat eine »Produktionsweise«, in der sie ihre materiellen Grundlagen regelt. Jede Kultur agiert aber auch aufgrund eines Kultursystems, in dem Symbole, Verknüpfungen und Handlungsanweisungen eine Rolle spielen: Menschen entwickeln »mentale Hypothesen«, mit denen sie versuchen, ihre Umwelt zu beeinflussen.

»Die Mythologie«, so beschreibt es die Religionsanthropologin Karen Armstrong, »dient uns dazu, mit der misslichen menschlichen Lage fertig zu werden.«[3]

Und genau das gelang den Mayas nicht.

Der Hauptgrund dafür war das, was die Mayas (wie die Azteken und Inkas) mit ihren Hardcore-Zeremonien verzweifelt zu kontrollieren versuchten: die Natur. Die Mayas siedelten in einer Klimazone, die sich auch heute noch, im Zeitalter der Hochtechnologie, für den Menschen als äußerst lebensfeindlich erweisen kann. Die Hurrikane, die ganze Landstriche niederwalzen, gab es auch schon vor Tausenden von Jahren, lange vor »Katrina«. In den tropischen Übergangszonen neigt das Klima zu extremen Schwankungen – Jahrzehnte von Dürre konnten mit Jahren abwechseln, in denen es sintflutartig regnete. Schnell mutierende Krankheitserreger, Parasiten, Pandemien gedeihen in diesem Wechselklima prächtig. Dazu kommen Vulkanausbrüche und Erdbeben – die Halbinsel Yucatán liegt auf demselben tektonischen Grabenbruchsystem wie Los Angeles und San Francisco.

Gegen diese Umweltparameter hatten die Mayas auf lange Sicht keine Chance. Sie verfügten zwar über einige raffinierte handwerkliche Fähigkeiten, kannten aber weder Eisen noch das Rad, waren also auch kaum in der Lage, den drohenden Gefahren durch Mobilität auszuweichen. Sie waren in der Lage, einfache Bewässerungssysteme zu bauen – aber was konnten kleine Dämme gegen sintflutartige Regenfälle oder jahrelange Trockenheit ausrichten? Jede Ressource musste mühsam mit Muskelkraft bewegt werden, und die Kommunikation zwischen den Stadtstaaten erfolgte lediglich durch laufende Boten (was womöglich auch ein Grund für die vielen internen Kriege war). Sie kultivierten eine bildhafte Schrift, kannten jedoch keine Techniken, diese Schrift anders zu konservieren und weiterzugeben als in Steinplatten.

Die Alltagserfahrung dieser Gesellschaft war die des Totalverlustes und einer ständigen existenziellen Demütigung und Demoralisierung. Die ständige Abfolge von mühsamem Aufbau und apokalyptischer Zerstörung führte schließlich zu einem traumatischen Syndrom – jeder, der schon einmal eine wirkliche Naturkatastrophe erlebt hat, weiß, wie so etwas entstehen kann. Gegen dieses Trauma kämpften die Mayas mit einem im Wortsinn »verzweifelten« religiösen Symbolsystem an. Die Herrscher bekamen immer gottgleichere Züge zugewiesen, sie sollten dem Volk endlich den lang ersehnten Regen bringen und/oder die erzürnten Götter besänftigen. Die Gottkönige griffen in ihrer Handlungsnot auf die mächtige Priesterkaste zurück, und diese wählte immer drastischere Methoden in Form von immer grausameren Blutopfern ...

Natürlich stets mit dem Einverständnis der Opfer!

Nein, die Natur war nicht »grausam« zu den Mayas. Was konnte »die Natur« dafür, dass die Mayas sich ausgerechnet in ihrem heißesten Schoß vermehrten? Nein, die Mayas scheiterten nicht, weil sie »Umweltsünder« waren. Sondern weil ihre Kultur keine *Lernkurve* erzeugen konnte. Sie lebten in einer rituellen Schamkultur, die jeden kognitiven Prozess verhinderte. Die

Mayas wurden Opfer einer hysterischen Depression, basierend auf einer tiefgreifenden kommunikativ-symbolischen Störung. Sie entwickelten einen panischen Alarmismus, der sich wie eine Spirale um sich selbst drehte – und am Ende ein Volk, das zu den künstlerisch hochstehendsten seiner Zeit gehörte, auf die Stufe steinzeitlicher Jäger zurückwarf.

## Das Phänomen des Alarmismus

Es ist Zeit für eine Definition. Unter Alarmismus verstehen wir ein soziokulturelles Phänomen, bei dem Zukunftsängste epidemieartig in weiten Bevölkerungskreisen grassieren. Diese Ängste entstehen aus einer bestimmten Interpretation von Gefahrenmomenten, die durchaus reale Ursprünge (oder Teilaspekte) aufweisen kann. Diese Gefahren werden jedoch symbolisch überhöht und auf ein vereinfachtes, eben katastrophisches Modell reduziert. Eine alarmistische Epidemie verläuft immer nach dem gleichen Muster:

1. *Inkubation.* Eine Gefahr wird aufgegriffen und in einem medialen Prozess *gebrandet.* Sie bekommt einen drastischen, wohlklingenden, angsterregenden Namen, zum Beispiel: »Waldsterben« – »Atomtod« – »Rinderwahn« – »Vogelgrippe« – »Klimakatastrophe« – »Feinstaub« – »Überalterung« – »Krieg der Kulturen« – »neoliberalistische Globalisierung« – »neue Unterschicht«.
2. *Fieberphase.* Nun läuft eine kaskadenartige Sinnproduktion an. Experten treten auf und werden über Nacht zu Berühmtheiten. Sendungen zum Thema häufen sich im Fernsehen, die Schlagzeilen werden in immer größeren Lettern gedruckt. Bücher kommen in schnellem Takt auf dem Markt. Bis irgendwann *alle* »davon« sprechen. Und *jeder* eine Meinung dazu hat: »Haben Sie schon gehört! Das wird ja immer bedrohlicher!«

3. *Ritualphase*. Man versucht, etwas zu tun, verweigert etwa bestimmte Kaufakte, meidet Orte. Schuldzuweisungen häufen sich, der Ton wird noch hysterischer.

4. *Abklingphase*. Das Phänomen hat seinen Höhepunkt überschritten. Es wird plötzlich langweilig oder fällt auf die Stufe des »postkatastrophalen Entertainments« (Matthias Beltz) zurück. Nun erscheinen erste Betrachtungen, die das Phänomen nüchterner und komplexer betrachten, es sinnvoller einordnen, gar rationale Lösungsvorschläge machen. Allerdings werden diese kaum mehr wahrgenommen. Denn nun setzt bereits der nächste Zyklus ein ...

Alarmismus ist kulturgeschichtlich nichts Neues – hysterische Angstepidemien begleiten die Menschheitsgeschichte. Nicht zuletzt basiert das katastrophische Lebensgefühl auf einem psychologischen »Angstlust«-Effekt, den der Publizist Friedrich Sieburg schon in der Nachkriegszeit, 1957, beschrieb:

Die Weltuntergangsstimmung durch scharfe Analysen ins allgemeine Bewusstsein zu heben und sie gleichzeitig auch noch zu genießen, gehört zu den Lieblingsbeschäftigungen des Menschen von heute ... Der Alltag mit seinen tristen Problemen ist langweilig. Aber die bevorstehenden Katastrophen sind hochinteressant. Niemand soll uns um unsere Krise bringen! Wir haben ein Recht auf sie! Aber dass mir niemand zum jüngsten Gericht zu spät kommt![4]

Seit zu Beginn der siebziger Jahre die elektronischen Massenmedien eine wichtige Funktion übernahmen, scheint sich der »Issue Attention Cycle« jedoch immer stärker zu beschleunigen. Die Verlaufskurve von Phase 1 bis 4 liegt heute bei etwa drei bis vier Monaten. Es gibt aber auch Alarme, die ihre Wirkkraft über Jahrzehnte entfalten. (»Globalisierung« zum Beispiel, oder auch »Global Warming«).

Alarmismus ist, wie ich in diesem Buch zeigen möchte, nicht nur ein kulturgebundener Reflex auf Bedrohungen, sondern verselbstständigt sich zu einer gewaltigen Industrie. Mit Alarmismus kann man Politik machen; Machtpolitik, Geldpolitik, Mentalpolitik. Hier geht es um die »große Knappheit« der Informationsgesellschaft: Aufmerksamkeit. Wodurch kann man Aufmerksamkeit besser organisieren als durch Ängste? Und wodurch kann man Macht besser erreichen oder festigen als durch Inszenierungen von Angst?

Alarmismen erzeugen ständig neue Nachfragen nach Angstfetischen, seien es obskure Geräte gegen Magnetstrahlen oder Turnschuhe aus Bio-Jute. Sie generieren völlig neue, durchaus sinnvolle Marktsegmente, etwa den Bio-Lebensmittelmarkt. Aber nur der amerikanische Alarmismus bringt es fertig, innerhalb von einem Jahr die gesamte Nahrungskette zu verändern, sodass inzwischen in allen Supermärkten Fleisch, Eier und Fett ganz vorne in den Theken stehen, während Nudeln und Müsli in die Schmuddelecke befördert wurden! Und das alles nur, weil »Wissenschaftler festgestellt haben«, dass die grassierende Fettleibigkeit an zu vielen *Kohlehydraten* liegt!

Wie also funktioniert dieses System? Woraus speist es seine enormen mentalen Energien? Wer sind die Spieler auf dem Feld? Und vor allem: Wie müssen wir es interpretieren? Ist das Ganze nur ein Medienspektakel, das uns letztendlich ein wenig unterhalten, gruseln und das Fürchten lehren soll – ein zwar irgendwie überhitztes, aber funktionierendes Frühwarnsystem?

Oder haben wir womöglich gute Gründe, im Namen der Zukunft nicht nur skeptisch, sondern gar alarmistisch gegenüber dem Alarmismus zu sein?

# Die Lobbys des Alarmismus

Wir sehen die Dinge nicht, wie sie sind.
Wir sehen sie, wie *wir* sind

*Anaïs Nin*

## Die Medienmaschine

In jeder Redaktion gibt es ihn oder sie. Den besorgten Redakteur. Die leidenschaftlich engagierte Hospitantin. Die »betroffene« Journalistin. Den journalistischen Beruf hat er beziehungsweise sie gewählt, um »etwas wirklich Sinnvolles« zu machen: die Welt verbessern und erretten.

Bis in die achtziger Jahre war unser Betroffenheitsjournalist ein Held des kritischen Bewusstseins. Da die Mehrheit bedingungslos an eine lineare Fortsetzung von Wohlstand und Fortschritt glaubte, stellte es tatsächlich eine ehrenwerte Aufgabe dar, diesen Konsens zu kritisieren. Kritischer Journalismus war eher eine Ausnahme, die meisten Medien schrieben brav, was Politiker und Wirtschaft sagten.

Aber seit den neunziger Jahren herrscht in der medialen Welt in vielerlei Hinsicht ein anderes Klima. In den Redaktionen regiert Sparzwang. Die Konkurrenz ist erdrückend. An den Kiosken biegen sich die Regale unter den Zeitschriftenbergen, statt fünf Fernsehprogrammen gibt es nun 123 auf jedem TV-Gerät. Jedes Jahr kommen mehr Bücher auf den Markt. Eine riesige, gigantische Schwemme von Information hat den Rezipienten längst unter sich begraben. Und das Internet macht den Printmedien zusätzlich heftige Konkurrenz.

Schlechte Zeiten für unseren kritischen Redakteur, dem die Mittel und die Seiten gekürzt und die Arbeitszeiten verlängert

werden; alle Anzeichen des neoliberalen Turbokapitalismus verdichten sich rings um ihn herum. Was soll er machen? Er muss
die Dosis des Schreckens ein bisschen erhöhen. In allen Medien
gelten Politiker inzwischen als korrupte Versager. Und die Welt
als Notstandsgebiet.

»Das liest doch niemand. Können Sie da nicht noch ein bisschen – nun ja: Zunder reingeben?«

Unser engagierter Hospitant oder auch Redakteur entdeckt eine
kleine Meldung. Eine Gruppe von Klimatologen hat festgestellt,
dass es Abweichungen in der langfristigen Mitteltemperatur der
Erde gibt. Von 0,4 Grad Erwärmung innerhalb eines Jahrhunderts
ist die Rede.

Wenn nichts mehr hilft in Sachen Aufmerksamkeit, dann ist es
Zeit für das Wetter, dieses Uralt-Menschheitsthema, das sowohl
profan alltäglich als auch hochsymbolisch für unser aller Wohl-
befinden ist. Außerdem ist, wie der Chefredakteur sagt, »das
Ozonloch extrem gut gelaufen«.

Der engagierte Redakteur schreibt also eine Meldung fürs
Vermischte: »Klimaforscher vermuten Temperaturerwärmung.«
Dann passiert eine Weile nichts. Ein kritischer Kollege aus dem
Umweltressort einer großen Illustrierten ruft an. Diese bringt ei-
nige Wochen später einen größeren Report zum Thema.

Einen Monat später tagt eine internationale Klimakonferenz
in Kanada, für deren Besuch unser Redakteur tatsächlich einen
Reiseauftrag von der Chefredaktion erhält. Er hört sich eine Vielzahl von Vorträgen zu komplexen Klimathemen an. Und berichtet
nach seiner Rückkehr brav: »Erderwärmung zwischen 0,2 und
3 Grad Celsius innerhalb eines Jahrhunderts möglich.«

Im Haupttext dieser Meldung, die nun schon weiter vorne in
der Zeitung erscheinen darf, ist viel von Bohrkernen aus der Antarktis die Rede, von verschiedenen Meinungen und Ergebnissen
zum Thema. Alles sehr korrekt beschrieben, Journalismus, wie
er sein soll, mit einer gewissen Distanz, Objektivität und Neu-
tralität.

Aber dann kommt ein Sauregurkensommer. Und die Auflage sackt ab. Es herrscht eine Hitzewelle im Land, hohe Arbeitslosenzahlen und obendrein schlechte Laune.

»Kann man nicht noch einmal das Klimathema spielen?«, fragt der Chefredakteur.

Unser gutmeinender Redakteur gräbt in den Archiven. Er findet eine Weltraumaufnahme einer riesigen, vom Schelfeis der Antarktis abbrechenden Eisscholle. Sie ist zwar schon ein Jahr alt – aber nun, was soll's. Und außerdem kann man noch die abschmelzenden Gletscher zeigen, da gibt es frische Fotos aus diesem heißen Sommer. Schon ist die Geschichte fertig: »Abschied vom Ewigen Eis.«

Im Herbst findet wieder eine Klimakonferenz statt, diesmal in Japan. Das Klima ist inzwischen weltpolitisch aufgeladen. Die Amerikaner, in einen umstrittenen Krieg verwickelt, weigern sich, ein wichtiges Klimaabkommen zu unterzeichnen. Unser Redakteur mag keine Amerikaner, was er mit der Mehrheit seiner Leser teilt.

Inzwischen ist er zum unumstrittenen Klimaspezialisten seiner Redaktion avanciert. Kennt Hinz und Kunz in der Klimaszene, hat mit den wichtigsten Koryphäen schon Interviews geführt. Sogar mit Al Gore. In Japan werden wieder verschiedene Szenarien gehandelt. Er schreibt seine Story. Sie handelt von komplizierten Berechnungen, nach denen die Erde sich in 100 Jahren um 0,8 bis 8 Grad erwärmen könnte, wobei 8 Grad das Extremszenario einer Gruppe von Klimatologen aus San Francisco darstellt, das diese selbst als äußerst spektakulär deklarierten.

In der Schlussredaktion sucht man händeringend nach einer knackigen Überschrift. Es ist schon spät in der Nacht. Schließlich steht da: »Erde erwärmt sich in 100 Jahren um 8 Grad!«

Der Chef vom Dienst, ein alter Haudegen und penibler Faktenprüfer, runzelt kurz die Stirn und verlangt einen Konjunktiv in der Unterzeile, lässt die Geschichte aber durchgehen.

Und wenige Tage später heißt es dann in noch deutlich größeren Lettern:

## SO GEHT UNSERE ERDE UNTER!

Die Erde wird so glutheiß enden wie unser Nachbarplanet Venus – die furchtbare Vorhersage des klügsten Physikers der Welt. Wie der berühmte englische Professor Stephen Hawking den Untergang unseres Planeten sieht.

Natürlich ist diese Eskalationsgeschichte weitgehend erfunden. Aber alle Texte und Headlines sind tatsächlich in der angegebenen Reihenfolge in deutschen Zeitungen erschienen.[1] Und sie haben ihre Wirkung nicht verfehlt. Global Warming ist der »meistcodierte« Angstbegriff unserer Tage.

Es soll hier einstweilen nicht darum gehen, ob Global Warming »wahr« ist. Sondern um den Mechanismus, mit dem Medien bestimmte Phänomene nach dem Muster *Selektion – Extremisierung – Kontextualisierung* »branden« und in den Hirnen der öffentlichen Meinung verankern. Auf diese Weise entstehen sogenannte Faktoide – grassierende Mega-Gerüchte, die ihre Wirksamkeit auch dann nicht verlieren, wenn die Grundlagen, die zu ihrer Diagnose führten, schon längst obsolet geworden sind. Sie wirken wie ein Wahrnehmungsfilter: Alles, was nicht in das jeweils verankerte Schema passt, wird herausgefiltert und aus der Kognition ausgeblendet.

Bei diesem Prozess spielen gute Absichten mit ökonomischen Sachzwängen fröhliches Pingpong. Und je mehr die Medien in einem brachialen Konkurrenzkampf stehen, desto mehr gilt das opportunistische Prinzip: Wenn *einer* es schreibt oder sendet, müssen es *alle* bringen. Sonst könnten sie ja einen Zug verpassen!

Frank A. Meyer, ein gestandener Schweizer Journalist, formulierte es so:

Wie gestaltet sich der journalistische Alltag heute bei meinen Kollegen und Kolleginnen? Ich sehe sie gebannt am Laptop sitzen. Sie rufen ab, was andere schon geschrieben haben. Sie zeichnen Portraits aus biographischen Versatzstücken und Gerüchten, wie sie im Internet in Unzahl vorzufinden sind. So werden Vorurteile und Falschurteile, Unwahrheiten und Unterstellungen im System nicht nur konserviert, sondern auch regelmässig neu aufbereitet ... Mehr und mehr lebt unser Berufsstand vom Copy-&-Paste. Am Bildschirm lässt es sich sehr bequem über Politiker und Unternehmer journalistisch zu Gericht sitzen. Man begegnet den Opfern nur noch selten.[2]

Alarmismus ist außerdem ein Symptom simpler »Info-Obesity«: Wie unser Körper, der in den Savannen der Urzeit auf phasenweise hohe Kalorienaufnahmen getrimmt war, mit dem »metabolischen Syndrom« auf ein ständiges Überangebot von Kalorien reagiert, so reagiert unser Hirn angesichts des medialen Overkills mit einer gewissen Trägheit. Wir lassen am Ende nur noch die wirklich »starken Signale« durch. Unterhalb des Weltuntergangs schalten wir den medialen Apparat erst gar nicht mehr ein.

## Die Brandmacht der Bilder

Jedes Jahr im August, wenn sich am Mittelmeer die Strände füllen und die europäischen Großstädte den Touristen gehören, beginnt in den Redaktionen von Presse, Funk und Fernsehen der Katzenjammer. Die Weltgeschichte stockt. Keine großen »Events« außer ein paar Open-Air-Konzerten und kleineren Unfällen. Die Fußballsaison ist vorbei und womöglich auch der letzte Nahostkrieg. Selbst der Terrorismus scheint den Atem anzuhalten. Und die Politiker sind im Urlaub.

Seit einigen Jahren sehen wir während dieses Sommerlochs im Fernsehen immer ein ganz bestimmtes Spektakel: Waldbrände. Denn jeden Sommer brechen rund ums Mittelmeer, in Amerika und neuerdings auch Indonesien Waldbrände aus. Das war schon immer so. Es wird auch immer so bleiben.

Wie begründet man eine Meldung? Mit Superlativen. Der derzeitige Waldbrand muss »der Schlimmste« sein. Der Schlimmste seit »Jahren«? Reicht nicht aus. Der Schlimmste seit »Jahrhunderten«? Schon besser. Oder »Menschengedenken«, das legitimiert endgültig einen Sendeplatz. Das wird zwar selten belegt, ist aber wahrscheinlich. Denn Europas Reichtum wächst, und niemals gab es mehr Ferienhäuser mit wertvolleren Gegenständen in entlegenen Gegenden als genau in *diesem* Jahr!

Wie verankert man eine Meldung in den Köpfen? Durch Bilder und Worte. Gluthölle, Feuerwalze, Feuerfront, Totalverlust, rauchende Trümmer. »Fassungslose Menschen weinen vor rauchenden Trümmern ihrer Häuser.« »Wahrscheinliche Ursache sind die erhöhten Temperaturen der Klimakatastrophe.« – Daraus lässt sich eine wunderbare Sommerreportage basteln.

Der Statistiker und Mathematiker Nicholas Taleb, Professor an der University of Massachusetts, hat die Risikowahrnehmung von Menschen untersucht, die stark den elektronischen Medien ausgesetzt sind. Sein Fazit: »Die elektronischen Medien zerstören unsere Wahrscheinlichkeits-Wahrnehmung der Welt. Wenn wir auf dem Bildschirm ein brennendes Gebäude sehen, ändert das unsere Einstellung zum Feuerrisiko, egal wie klug und gebildet wir sind.«[3]

Und so verknüpft man Phänomene der unterschiedlichsten Art schließlich zu einem einzigen Schuld-Angst-Apokalypse-Diskurs:

**WILL DIE ERDE UNS LOSWERDEN?**
Schweres Seebeben vor Griechenland. Verletzte bei Erdstößen in Portugal und Türkei. Vier Vulkane ausgebrochen. Elf Tote bei Unwetter in Kalifornien. Nie mehr Winter in Deutschland ...

So schrieb es *BILD* im Sommer 2005 in der Waldbrandsaison.

Inzwischen ist die Wissenschaft in Sachen Waldbrände längst ein großes Stück weiter. Wald, so hat die neue Wissenschaft der Feuerökologie herausgefunden, *braucht* Feuer. Ohne regelmäßiges Feuer sind viele Waldbiotope zu Versteppung verurteilt, es fehlen ihnen Nährstoffe, sie verwandeln sich in langweilige Monokulturen. Feuer *verjüngt* Wälder. Manche Biotope, wie etwa die Lüneburger Heide, würden ohne Waldbrände auf Dauer völlig verschwinden.

Wenn man Feuer in Wäldern über lange Zeit verhindert, verschärft sich die Situation allerdings irgendwann tatsächlich verheerend. Das viele Totholz kann dann gewaltige Feuerstürme entfachen.

*Kleine* Waldbrände sind nützlich, *große* Waldbrände das Resultat falscher, nämlich »feuerloser« Waldökonomie – sprich: das Produkt übertriebenen Feuerschutzes.[4]

Aber ebenso wie Menschen Wölfe und Bären nicht mögen (auch wenn Naturschützer ihnen diese bedrohten Spezies verzweifelt ans Herz legen), hassen sie auch das Feuer – unser archaisches Erbe lässt nichts anderes zu. Deshalb gab es in *Reader's Digest*, der Welterklärungsfibel unserer Jugend, immer diese wunderbaren Reportagen, in denen heroische Feuerwächter in den kanadischen Rocky Mountains in letzter Minute den großen, alles verheerenden Waldbrand verhinderten. Deshalb bildet in praktisch jedem mitteleuropäischen Dorf die freiwillige Feuerwehr bis heute das Zentrum des sozialen Lebens. Deshalb wurden Feuerwehrleute die Ikonen des 11. Septembers, obwohl dort nichts gelöscht und kaum gerettet werden konnte. Die Beherrschung des Feuers begründet einen großen Teil unseres zivilisatorischen Stolzes.

Feuer hat auf Menschen eine ganz bestimmte tiefenpsychologische Wirkung, die im Fernsehen, diesem umgekehrten Realitätsfernrohr, noch verstärkt wird. Feuer löst tief in unserem Inneren einen panischen Fluchtreflex aus. Deshalb kann man gar nicht umhin zu glauben, dass eine ungeheure Feuerwalze sich über den Planeten wälzt, unaufhörlich, direkt auf uns zu. Und »wir« sind schuld!

## Die popularisierte Wissenschaft

Viele Jahrhunderte lang galt die Wissenschaft als Ort des freien und autonomen Geistes. In der Antike, als Wissenschaft von einem Anspruch universalistischer Welterkenntnis geprägt war, fungierten Tempel und Orakel als heilige Orte des Wissens. Im Mittelalter waren es die Klöster, in denen Wissen ungestört von weltlichen Einflüssen produziert und vermehrt werden konnte. Das Zeitalter der Aufklärung brachte der Wissenschaft dann das Experiment und die logische Ableitung. Auf diese Weise wurde der Prozess der Erkenntnis transparent. In den Laboren konnte man den Erfindern und Entdeckern gleichsam über die Schulter schauen. Namen wie Edison, Bosch, Tesla, Curie stehen für diese Freiheit des Forschens, der kommerzielle Interessen zunächst nachgeordnet blieben.

Daniel Kehlmann hat in seinem Buch *Die Vermessung der Welt* den klassischen Typus des abendländischen Wissenschaftlers beschrieben, den die Neugier und die Emphase der Aufklärung zu immer neuen Ufern treibt. In der globalen Wissenswelt verändert sich jedoch die Position der Wissenschaft und des Wissenschaftlers radikal. Er kann nun nur noch schwerlich als Einzelkämpfer auftreten, sondern ist auf komplexe internationale Kooperationen angewiesen. Die Technologie, die er zur Erzeugung von Wissen benötigt, wird exorbitant teuer – ein angemessenes Genlabor ist unter 10 Millionen US-Dollar nicht zu haben. Die universitären Institute, in denen Wissenschaft organisiert und strukturiert wird, geraten in ein globales Konkurrenzfeld, in dem sich Wissen immer radikaler zum Bewertungsobjekt verwandelt. Geldgeber, Sponsoren, Kunden fordern Erkenntnisse, wenn möglich sogleich Durchbrüche.

Der Fall des südkoreanischen Genforschers Hwang Woo-suk, der jahrelang Ergebnisse der Stammzellenforschung fälschte, oder die umstrittene »Kalte Fusion« des Physikers Rusi Taleyarkhan illustrieren diesen öffentlichen Produktionsdruck. Die Fälschungen in den Instituten und wissenschaftlichen Publikationen häufen sich nicht per Zufall: Es ist die neue »Produktionsweise« von Wissenschaft, die sich hier manifestiert.

Die großen Alarme unserer Zeit wirken in diesem Umfeld nun wie gewaltige Köder, mit deren Hilfe man sehr große Fische angeln kann. Die Klimaforschung bietet ein probates Beispiel. Ursprünglich der Meteorologie zugeschlagen, führte diese Disziplin viele Jahrzehnte ein eher marginales Dasein. Allenfalls die Militärs interessierten sich für Forschungsprojekte, ansonsten galt der Meteorologe als Kauz (»Wer liegt immer falsch und liefert trotzdem dauernd eine Prognose – der Meteorologe!«). Bestenfalls als Entertainer in den Wetternachrichten konnte er auf eine sichtbare Karriere hoffen.

Erst das Ozonloch und schließlich »Global Warming« erlösten die Meteorologen aus der Aschenbrödelrolle. Nun will *jeder* auf diesem Feld Geld investieren und verdienen. Die Versicherungen, die Regierungen, die UNO, die Entwicklungsorganisationen, die Medien: Gewaltige Summen werden für Kernbohrungen in der Antarktis, Satellitenprogramme und ehrgeizige Computersimulationen ausgegeben – die Klimaökonomie brummt ohne Ende.

Medial verstärkte Alarme bieten Wissenschaftlern mit Ambitionen und Eloquenz eine gute Chance, aus der akademischen Nische auszubrechen. Wo ein Lehrstuhl stand, winkt nun zusätzlich ein Talkshowsessel. Jeder Alarm, ob Nahrungsmittelskandal, Klimakatastrophe, Kriegskonflikt oder »Sozialkrise«, züchtet redegewandte Frontexperten, die nun seriell Bücher zu schreiben beginnen und sich zu »Superexperten« entwickeln. Im Tross ziehen Schriftsteller, Filmemacher, Poeten, Satiriker und Musiker mit. Roland Emmerich drehte mit dem Klimaschocker *The Day After Tomorrow* den erfolgreichsten Film seiner Karriere. Frank Schätzing landete im Umfeld der allgemeinen »Die Erde wehrt sich gegen den bösen Menschen«-Stimmung einen Bestseller, in dem die Meeresorganismen sich gegen den »Schmarotzer Mensch« verschwören.

Irgendwann allerdings, wenn die alarmistische Erregungskurve auf dem absteigenden Ast ist, reichen die Pfründe nicht mehr aus. Dann beginnt der zweite, eher unappetitliche Akt: der Expertenstreit.

## Die Intellektuellen

Die Figur des Intellektuellen hat in den diversen Kulturen unterschiedliche Funktionen und Traditionen. In Fernost kommt er allenfalls als Dissident vor, der um Job oder Leben fürchten muss. In Osteuropa sind Intellektuelle Stars und/oder Präsidenten. In den angelsächsischen Ländern schlüpft der Intellektuelle meist in die Gestalt des Medienentertainers; man nimmt ihn nicht sonderlich ernst, lässt sich aber gern von ihm unterhalten. Woody Allen gilt nur in Europa als Intellektueller, in den USA eher als komischer Kauz, nicht weit weg von Buster Keaton oder Groucho Marx.

In Deutschland, aber besonders in Frankreich übt der Intellektuelle einen Vollberuf mit hohem Ansehen aus. Intellektuelle sind Generalstatthalter bestimmter Weltanschauungen, die meistens – um es vornehm auszudrücken – »wenig der Realität unterliegen«.[5] Boris Kotchoubey schrieb in der Zeitschrift *Novo*:

»Die Intellektuellen sind inzwischen eine Gruppe mit höchst ausgeprägten eigenen Interessen. Die Grenze ... liegt heute nicht mehr zwischen Adeligen und Bürgerlichen, Arbeitgebern und Arbeitnehmern, Armen und Reichen ... Zu allen brennenden Themen nehmen die Intelligenzija und das Volk diametral entgegengesetzte Positionen ein. Die Spaltung der Gesellschaft in Intellektuelle und »Sonstige« wird zum wichtigsten Trend unserer Zeit.[6]

Intellektuelle dürfen emotional, schrill simplifizierend oder einfach nur ideologisch verbohrt argumentieren – Hauptsache, sie fungieren als moralisierende Leuchttürme einer Medienöffentlichkeit, die ständig nach moralischen Empörungen giert. Jean-Paul Sartre durfte Kommunist, ja Stalinist sein – er blieb trotzdem eine heilige Figur. Günter Grass konnte jahrelang verschweigen, dass er SS-Mitglied gewesen war – und gleichzeitig wichtig die moralische Diva par excellence mimen. Die CDU-Mitglieder Heiner Geißler und Norbert Blüm dürfen unentwegt mit den immergleichen linksradikalen Stereotypen den Neoliberalismus geißeln – keinem Zuschauer wird dabei langweilig oder deutlich, dass es sich in Wirklichkeit um die falsche Parteiveranstaltung handelt ...

Die Gründe dafür finden sich in der spezifischen Geistesgeschichte Mitteleuropas. Im Kontext der staatszentrierten mitteleuropäischen Gesellschaften verkörpert der Intellektuelle die lange und mühsame Resistenzgeschichte des Geistes gegen die Obrigkeit. Im Lichte dieser Reputation konnten sich die Intellektuellen nahtlos mit der populistischen Angst- und Besorgnisindustrie verschweißen; wer »dagegen« war, war automatisch geadelt. Heute gibt es kaum eine Lücke in der intellektuellen Empörungsindustrie, die nicht schon von intellektuellen Platzhirschen beweidet wäre. Von A wie Artensterben über B wie Beziehungszerfall, C wie Computergefahr, K wie soziale Kälte, bis zu Z wie schrecklicher Zeitmangel (»Alles wird immer schneller – wir haben keine Muße mehr!«) – für alles findet sich ein gut dotierter Meisterdenker, der uns tief in die Augen schaut und aus unserem schlechten Gewissen Reputation saugt. Intellektuelle sind ideale Gurus der diversen Opferkulte, sie verwandeln Negativität in gedanklichen Glamour.[7]

### Der alarmistische Guru

Vor 30 Jahren erfand James Lovelock die »Gaia-Hypothese«, in der er die Erde als zusammenhängenden, eigenständigen Organismus beschrieb. Seine Zusammenarbeit mit dem Club of Rome und der NASA machte ihn berühmt. Im Jahre 2006 trat der nunmehr 86-Jährige mit einem neuen Buch auf den Markt der Meinungen. Gut getimt und mit einem Titel der Sonderklasse: *Die Rache Gaias*!

Der Umweltschützer häutet sich endgültig zum Apokalyptiker. Für den Organismus Erde, so Lovelock, ist es längst zu spät. Der Mensch hat sich als große Krankheit erwiesen, als Schimmel und

Mehltau auf dem Antlitz des Planeten. Bis zum Ende dieses Jahrhunderts werden Milliarden Menschen sterben, Leben ist nur noch an den Polkappen möglich. Der Planet wird sozusagen am Spieß gegrillt, und die Chinesen und Amerikaner sind schuld, weil sie mit ihrer nicht mehr korrigierbaren schmarotzerhaften Lebensweise den Planeten in fiebrige Konvulsionen versetzt haben. Lovelocks Rat: Gebt auf, rettet die fruchtbarsten Bürger, zeichnet das Wissen der Menschheit auf Magnetbänder, nehmt Abschied!

Natürlich wurde Lovelock nach dem Erscheinen vor alle verfügbaren Mikrofone und Fernsehkameras gezerrt. Und alle Reporter fragten das Gleiche: »Glauben Sie *wirklich*, dass die Menschheit zum Untergang verdammt ist?«

»Nicht ganz so wirklich«, antwortete Lovelock. Und lächelte charmant.

Lovelock ist die ideale Besetzung für diesen Posten. Ein gütiger, weißhaariger Professor, der ein idyllisches Landleben pflegt – in Cornwall. Und nun verkündete er das Dementi des Dementis: Eigentlich *sei* er gar kein Pessimist, es gebe Hoffnung: Der Mensch habe geistige Kapazitäten, und auch wenn es sehr schlimm käme, könnte die Menschheit durch Buße und Reduktion ihre Position verbessern ...

*Opfer müssen erbracht werden!*

*Es ist nie genug!*

Nun ist Lovelock kein Maya-Priester, der uns das Herz herausreißen möchte. Das hat er auch gar nicht nötig, denn er verfügt im »mentalen Kapitalismus« (Georg Franck)[8] über viel schärfere chirurgische Instrumente als Obsidianmesser. Er kann sich des ganzen Fundus religiöser Musterbildungen bedienen, sie aber als aufklärerisch verkaufen. Er sitzt lächelnd am Omega-Punkt, von dem aus er uns geißeln kann: Ihr seid alle arme Sünder, aber ich vergebe euch! Im Grunde verachtet er Menschen, weil sie – so der Subtext – zu blöd sind, um mit ihrer Umwelt vernünftig umzugehen. Aber gerade mit dieser entwertenden Geste zieht er Heerscharen von verwirrten Studenten und weltenttäuschten

50-jährigen Lehrerinnen in Bann. Weil er ihnen nach guter, alter Sektenmanier nahelegt, dass *sie* die Rettungselite sind, die die Welt *vielleicht* noch retten könnten.

Ein uralter Sektentrick. Funktioniert aber immer wieder.

Besonders in der deutschen Geschichte konnten sich Angstpropheten immer bestens profilieren. Einerseits durch die romantisch-existenzialistische Tradition der deutschen Philosophie (Heidegger: »Alles In-der-Welt-Sein ist Sorge«). Andererseits durch die mörderischen Katastrophen in der eigenen Geschichte, die den schlimmsten Befürchtungen eine ewige Legitimität verleihen.

Günther Anders, einer der Gurus der Anti-Atom-Bewegung der sechziger Jahre, brachte den Job seiner Zunft so auf den Punkt: »Wir haben unsere Angst zu erweitern. Habe keine Angst vor der Angst, habe Mut zur Angst. Auch den Mut, Angst zu machen. Ängstige deinen Nachbarn wie dich selbst.«[9]

## Die Unmöglichkeit des Dementis

Am 8. Juli 1945 brachte die in Mexiko erscheinende Regionalzeitung *Roswell Daily Record* eine aufregende Meldung auf der Titelseite: »Fliegende Untertassen auf einer Ranch in der Roswell-Region gefunden!«

Natürlich entpuppte sich die Meldung schon am nächsten Tag als Ente und wurde auch korrekt von der Zeitung dementiert. Aber es war längst zu spät. Die Zeit lechzte geradezu nach Storys mit kleinen grünen Männchen. Nur einen Monat später explodierte die Atombombe in Hiroshima, die unweit von Roswell, in der Wüste von Arizona, in hochgeheimen Projekten erfunden worden war. Der Kalte Krieg kündigte sich an. Raketen, UFOs, Feuerschein, alles was mit hysterieweckenden Himmelserscheinungen zu tun hatte, traf einen Zentralnerv.

Heute ist der »Roswell-Zwischenfall« nicht nur die Gründungslegende zahlloser UFO- und Verschwörungstheorien (die in unzähligen Filmen und Comics zitiert werden), sondern auch eine lukrative Touristenattraktion. Entlang der ganzen Region an der Grenze zu Mexiko wuchert eine regelrechte UFO-Industrie. Es gibt UFO-Casinos, UFOburgers, AlienHotdogs, UFO-Motels …

Dementis sind die Wahrheiten, die irgendwann hinten im Kleingedruckten auftauchen – dort, wo sie niemand wahrnimmt und wo sie auch niemand mehr wahrnehmen *will*. Faktoide hingegen – die hartnäckigen, aber falschen »Running Gags« unserer Weltbilder – führen schon deshalb ein zähes Eigenleben, weil sich um sie herum ein Feld von ökonomischen Symbionten bildet. Einige Beispiele für Dementis, die Sie *garantiert* überlesen haben:

- *Es gibt viel weniger Kuckuckskinder als angenommen.* Im Jahre 2005 hieß es wiederholt in den Medien, ungefähr jedes vierte Kind stamme nicht vom offiziellen Vater – die Genlabore, die entsprechende Vaterschaftstest anboten, machten blendende Geschäfte, in vielen Partnerschaften kam es zu bangen Verdächtigungen. Resultat einer genauen und wissenschaftlich fundierten *Brigitte*-Untersuchung im Jahr 2005: Im europäischen Durchschnitt stammen 3,7 Prozent der Kinder nicht vom deklarierten Vater ab.

- *Frauen um die 40 können sehr wohl Partner finden.* Schon in den achtziger Jahren wurde in einer *Newsweek*-Titelgeschichte behauptet, die Chance für eine 40-jährige, Frau, einen attraktiven Partner zu bekommen, sei kaum höher als die Wahrscheinlichkeit, von einem Terroristen getötet zu werden. Seitdem ist diese These unendlich oft wiederholt werden – und ein ganzes Heer von Partnerschaftsvermittlern, Beziehungstherapeuten und Kulturkritikern nutzt dieses Faktoid für die Geschäfte. In Wirklichkeit finden Frauen mittleren Alters sehr wohl Partner – der Trend geht eher zur »Reife-Heirat« mit 40.[10]

- *Beten hilft nicht gegen Krankheiten.* 2005 machten Studienergebnisse die Runde, nach denen fromme religiöse Praktiken wie das Beten Heilungseffekte aufweisen – die Meldungen passten perfekt in den damaligen »Die Religion erlebt ein Comeback!«-Diskurs. Forscher der Duke-Universität in Durham, die in einer Vorstudie genau diesen Effekt vermutet hatten, mussten ihn nach Abschluss der eigentlichen Hauptstudie dementieren. Alle »geistigen Verfahren«, die getestet wurden, brachten keine bessere oder schnellere Heilung bei Schlüsselkrankheiten.[11]

- *Regionale Lebensmittel können eine viel schlechtere Ökobilanz aufweisen als importierte.* In einer Untersuchung des Systemökologen Elmar Schlich stellte sich heraus, dass argentinisches Rindfleisch oder neuseeländisches Lamm gar nicht »unökologischer« sind als einheimisches Fleisch. In Argentinien und Neuseeland werden Rinder- und Schafherden in riesigen Beständen in exakt den richtigen Biotopen gehalten, die Produktivität der Fleischerzeugung ist um ein Vielfaches höher als in Europa; es muss weder Kraft- noch Kunstfutter zugefüttert werden, die Energiebilanz ist *trotz* des Transports um die halbe Welt viel günstiger.[12]

Warum haben wir all diese Dementis und Feinheiten überlesen – oder gar nicht erst wahrgenommen? Ganz einfach: Die Geschichten vom Heilbeten, den einsamen 40-jährigen Powerfrauen, dem bösen Importfleisch oder den Kuckuckskindern ließen sich wunderbar als Party-Talk nutzen, als moralische Kolportage und ideologische Parabel. Sie sollten bestimmte (Vor-)Urteile vertiefen, bestimmte Gesinnungen und moralische »Sets« demonstrieren und uns selbst dabei möglichst gut aussehen lassen. Sie bildeten ein *Skript.*

So sind wir eben, wir Menschen. Wir suchen uns aus der großen Grabbelkiste der Wirklichkeit immer heraus, was uns in den Kram passt. Und dann vergessen wir die Revision, wenn sich eine andere Faktenlage ergibt. Wer sich darüber besonders freut, ist natürlich der vielleicht größte Wirtschaftszweig unserer Tage: das angstproduzierende Gewerbe[13].

## Darwins Alptraum

Der Film *Darwins Alptraum* ist ein gewichtiges Monument der Betroffenheitskultur und ein geradezu ideales Beispiel für die Strategien des moralisch-ideologischen Alarmismus. Er gewann alle Dokumentarfilmpreise, wurde von allen Feuilletons in hohen Tönen gelobt und als neue Dimension der Wirklichkeitsdarstellung gefeiert. Der Film erzählt die Geschichte des Viktoriabarsches, der als Feinkostprodukt ein Exportschlager ist und in Fabriken am Viktoriasee in Ostafrika industriell verarbeitet wird.

So ziemlich alles in diesem Film ist falsch kontextualisiert. Die Ökologie des Viktoriasees geriet bereits in den zwanziger Jahren des vergangenen Jahrhunderts unter Druck, nicht erst durch den Nilbarsch, der auch in vielen anderen Seen der Umgebung vorkommt. Im See leben nach wie vor 200 Barschvarianten, die sich ständigem Evolutionsdruck ausgesetzt sehen und dabei schnell mutieren – ein Beispiel für adaptive Evolution. Die Prostituierten kommen nicht an den See wegen der russischen Piloten, sondern wegen der Goldindustrie in Geita, einer Stadt unweit der Fischfabrik. Die Fischindustrie spielt in der Region eine eher untergeordnete Rolle. Und so weiter ... Der Film wimmelt von falschen Verknüpfungen, die mit betörenden Bildsequenzen in Szene gesetzt sind. Alles ist eine gigantische, perfekte Verschwörung dunkler Mächte.[14]

*Darwins Alptraum* ist ein depressives Propagandawerk; unendlich viel verfeinerter als ein Goebbels-Propagandafilm es je sein konnte. Aber natürlich tritt der Film für die »gute Sache« ein. Alles, was heute auf der alarmistischen Agenda steht, verbindet er mit subtilen unterbewussten Symbolen zu einem dämonischen Kontext:

Monster (der große Fisch) – Ausbeutung und Sklaverei – käuflicher Sex – Globalisierung – Artensterben – Umweltverschmutzung – Verarmung – Krankheit – Ausbeutung der »Dritten Welt«.

Der Film ist ein exzellentes Beispiel für die Hirnwäsche der Angst, gegen die die sanfte Stimme der kühlen Vernunft nur schwer ein Gegenmittel zu finden vermag. Warum ist das süße Gift der Verknüpfungen so unendlich viel verführerischer als die manchmal verstörenden, widersprüchlichen Fragmente der Wirklichkeit? Warum sind wir so süchtig, so hemmungslos verliebt in Scheinzusammenhänge? – Anstatt uns auf das Abenteuer Wirklichkeit mit seinen Widersprüchen und Überraschungen einzulassen?

# Die Psychologie des Alarmismus

Die Hysterie ist eine Himmelsmacht. Sie ahnt alle noch
kommenden Katastrophen voraus und gibt sich ihnen welt-
verschlingend und Ich-verachtend hin. Sie hat für nichts
anderes Zeit als das Unheil der Zukunft, dessen Herannahen
sie in jedem Pups des Sitznachbarn in der U-Bahn zu er-
lauschen vermag.

*Robin Detje*

## Das mustersuchende Hirn

Wenn etwas den Menschen von den Tieren unterscheidet, dann ist
es die Zukunftsangst. Während Millionen Schweine, Hühner und
Schafe fröhlich in ihrem Käfig sitzen[1] und in den Tag hineinleben,
wissen wir, dass wir sterben müssen.

Das lässt uns nicht ruhen.

Das menschliche Gehirn wurde in Hunderttausenden Jahren
von der Evolution »beauftragt«, Muster zu erkennen, Verknüpfungen herzustellen, aus denen sich Aussagen über die Zukunft
treffen lassen. »Was kommt da auf mich zu?« Da Humanoide
weder besonders schnell laufen können, noch über eine Panzerung,
Giftstachel oder eine Tarnung wie eine Blattschneiderameise verfügen, hängt von der korrekten Antwort auf diese Frage das Überleben nicht nur des Individuums, sondern der ganzen Art ab.

»Angst, Trauer und Wut brachten unsere Vorfahren dazu, beim
leisesten Rascheln im Gebüsch jede noch so fette Jagdbeute zu
vergessen und sich in Sicherheit zu bringen«, schreibt Stefan Klein
in seinem Buch *Die Glücksformel*.[2]

Unsere Vorfahren, die Jäger und Sammler, waren deshalb ganz
besonders gute Mustererkenner, weil die Umwelten, in denen sie
sich bewegten, nie besonders freundlich zu ihnen waren. Bevor
aus dem Homo habilis der mit Technik bewehrte Omnivore von
heute wurde, durchliefen wir eine lange Kette heikler Wandlun-

gen: vom Herbivoren (Jahrmillionen aßen Menschen nur Nüsse, Wurzeln und andere pflanzliche Proteine) über den Karnivoren (manche Menschengruppen ernähren sich noch heute fast ausschließlich von Fleisch) bis zum multiplen Nahrungsverwerter, der in der modernen Zivilisation zunehmend Gewichtsprobleme bekommt, weil seine evolutionäre Prägung ein Überangebot von Nahrungsmitteln nicht vorsah.

Der rote Faden in der Evolutionsgeschichte des Menschen ist seine kognitive Kompetenz, die ihn zu schnellen Anpassungsleistungen befähigte. In ihrer Geschichte war unsere Spezies stets von Katastrophen und daraus resultierendem Nahrungsmangel heimgesucht. Und immer versuchten wir, gegen die Ohnmacht magische Kräfte an unserer Seite zu mobilisieren. Dabei halfen uns Spezialisten: Schamanen in den alten Jäger- und Sammlerkulturen. »Heiler« in den bäuerlichen Lebensformen. Priester in den Hoch- und Zentralkulturen. Die Funktion dieser Spezialisten bestand stets in der Macht- und Angstbannung, der symbolischen Verknüpfung mit den höheren Mächten – und der Linderung der realen Ohnmacht des empfindlichen Organismus Mensch.

In den Apokalypsebeschwörern von heute finden wir nichts anderes als die Erben dieser schamanistischen Kultur. Immer noch versetzen sie uns mit betörenden Blicken und wildem Tamtam in tiefe Tranche, und immer noch verlangen sie Rituale von uns, um die finsteren Mächte zu besänftigen. Und sei es nur das Sortieren von Müll. Oder das ständige Lesen von heiligen Büchern mit Beschwörungsformeln und Liturgien über »Nachhaltigkeit« und »Umweltsünde«.

## Spezialisten des Unterschieds

In einer Studie des Forschers Alex Mesoudi von der St. Andrews University wurden Testpersonen vier verschiedene Texte zu lesen gegeben. Danach mussten diese Personen aufschreiben, was ihnen im Gedächtnis geblieben war. Diese Abschriften las danach der erste Proband dem zweiten vor – und so fort. Eine Art Stille-Post-Spiel. Am Ende waren nur noch Erzählungen der drastischen Art übrig: Ehebruch. Betrug. Mord. Raub und Totschlag. Alles andere, alle *Feinheiten*, waren von den selektiven Hirnen der Mitspieler einfach aussortiert worden.[3]

Auf diesem kognitiven Muster der »Speerspitzenwahrnehmung« basiert auch der mediale Alarmismus. Wir nehmen *definitiv* wahr, was sich drastisch unterscheidet oder zu unterscheiden scheint. Unser Hirn scannt die Umwelt unentwegt nach »starken Zeichen«. Wie Menschen, die ein gelbes Auto kaufen wollen, sehen wir überall plötzlich gelbe Autos. Laut David Perkins, einem Harvard-Professor auf dem Feld der Kognitionswissenschaften, basieren die meisten Denkirrtümer nicht auf Fehlern unserer Logik, sondern auf einseitigen Wahrnehmungen.[4] Dadurch entsteht auf Dauer ein »Mindset«, eine bestimmte kognitive Erwartenshaltung, mit der wir Signale der Umwelt sortieren und filtern. *Wir nehmen wahr, was wir erwarten.*

Wenn eines Tages *tatsächlich* Aliens auf die Erde kämen, würden sie wahrscheinlich einfach fröhlich die Straße entlangschweben können, ohne dass sie uns auffielen (diese Tatsache war höchst inspirierend für Scifi-Filme). Denn das in *erkennbare* Muster verliebte Hirn könnte sie in *überhaupt* keinen bekannten Kontext einordnen – und würde sie wahrscheinlich einfach ignorieren. Oder sie als »Herbstlaub« oder »Müll« codieren.

Sobald die Aliens uns aber an *irgendetwas* erinnern – sagen wir, an weiße Pudel oder fliegende Törtchen –, würden wir ziemlich schnell schreiend die örtliche Polizeidienststelle oder gleich das militärische Oberkommando anrufen.

Hirne hassen Ambivalenz. (Denn das ist es, wofür sie gemacht wurden: Gefahrenabklärung!) Unsere Welt wimmelt aber von unklaren Phänomenen. Die Dinge sind verdammt komplex. Frauen zum Beispiel. Oder Männer. Erst recht Frauen und Männer. Ökonomische Zusammenhänge. Internationale Politik. »Umwelt« – ein schrecklich komplexes Thema, durch das wir uns am allerliebsten mit groben Simplifizierungen hindurcharbeiten. Das Wetter! Die ganze verdammte Entwicklung auf unserem Girokonto! Wie soll man das alles erklären? Es muss etwas Größeres, Magischeres, *Dämonisches* dahinterstecken ...

Genau an diesem Punkt enthüllt der Alarmismus seinen radikal kontraproduktiven Kern. Im 21. Jahrhundert, in einer Welt der globalen Interdependenz, müssen wir lernen, immer komplexere Systeme zu verstehen und zu steuern. Der Alarmismus aber, mit seinem unbändigen Hang zur Zuspitzung, wirkt genau in die umgekehrte Richtung: Er macht unser Denken und Fühlen dümmer, eindimensionaler und primitiver.

## Meister der Verknüpfung

Dirk Maxeiner und Michael Miersch, meine Mitstreiter und Brüder im Geiste, haben diese Sucht des Hirns nach Kettenbriefen in einer wunderschönen Glosse auf den Punkt gebracht. Es gibt eigentlich kaum noch etwas, so wunderten sie sich, wofür derzeit die Erderwärmung nicht verantwortlich wäre. Hier ein kleines ABC (Auszüge):

Algenblüte, Angstzustände, Asthma, Aussterben (u. a. von Fröschen, Elefanten, Holzläusen, Lachsen, Marienkäfern), Bewölkungsabnahme, Bewölkungszunahme, Bevölkerungsabnahme, Bevölkerungszunahme, Cholera, Dürren, Eiszeit, Erdrutsche, Immobilienpreise (fallende), Immobilienpreise (steigende), Hautkrebs, Heuschnupfen, Kannibalismus (bei Eisbären), Massenunruhen, Migration, Mückenplage, Polkappen schmelzen ab, Polkappen nehmen zu, Pollenplage, Quallenplage, Regenabnahme, Regenzunahme, Skiliftsterben, Steinschlag, steigende Bananenpreise, Terrorismus, Weinbauernsterben, Waldrückgang, Waldzunahme, Weltbankrott ...[5]

Sie halten das für übertrieben? Hier eine wahllos aus dem Stapel von Klima-Kontexten herausgegriffene Meldung, erschienen auf *Focus Online*, Frühjahr 2006:

Die Klimaerwärmung hat nach Angaben der Weltgesundheitsorganisation (WHO) massive Auswirkungen auf die Gesundheit der Menschen in Europa. Mit den höheren Temperaturen gebe es auch mehr Krankheitserreger in Lebensmitteln. So klettere die Zahl der an Salmonellen erkrankten Menschen mit jedem Grad Temperaturerhöhung über eine Woche hinweg um fünf bis zehn Prozent.

Alles braucht einen Zusammenhang. Jede Meldung braucht einen Grund, um gebracht zu werden. Und wenn nicht, verdammt nochmal, dann *basteln* wir uns einen!

## Sehnsucht nach Verschwörung

In einer repräsentativen Umfrage im Juli 2003 wurde den Deutschen die Frage gestellt, ob sie sich über die Abläufe und Hintergründe des 11. Septembers 2001, des Initialereignisses des 21. Jahrhunderts, gut informiert fühlten. 70 Prozent sagten ja. Und 31 Prozent der unter 30-Jährigen antworteten gleichzeitig auf folgende Frage mit *ja*: »Glauben Sie, dass die US-Regierung die Anschläge vom 11. September selbst in Auftrag gegeben haben könnte?«[6]

Verschwörungstheorien beginnen harmlos, aber sie können sich zu wahren Monstern auswachsen. (Inzwischen kursiert diese CIA-Bush-Verschwörungstheorie bereits in den USA selbst und zeugt ständig neue juvenile Pop-Hysterien.) Sie beginnen zunächst meist mit einem Erklärungsnotstand, einem inneren Druck, etwas fassbar zu machen. »Allergien nehmen zu – Verwestlichung ist schuld« – in dieser Überschrift auf der Website eines privaten Fernsehsenders drückt sich dies beispielhaft aus.[7] Allergien sind uns unheimlich, sie quälen uns, und wir können uns die Zunahme nicht erklären. Also setzen wir sie in Kontext. Hygiene scheint tatsächlich eine Korrelation zur Allergierate zu haben. Viele Menschen in westlichen Gesellschaften haben Allergien. Schwups – ist unser mustersüchtiges Hirn wieder beruhigt. Wussten wir nicht schon *immer*, dass Krankheiten »irgendwie« Zivilisationskrankheiten sind?

Kein wirkliches Problem, sagen Sie, das ist ja gerade das, was uns zum Menschen macht. Was ist aber mit folgenden Verknüpfungen:

• Alle Menschen mit dunkler Hautfarbe sind schuld an Kriminalität.
• Weil wir Sünder sind, schickt uns der Planet eine Hitzewelle.
• Juden ruinieren die Wirtschaft.

Die gleiche Verknüpfungslogik. Aber nur die mittlere Verknüpfung darf in unserem kulturellen Kontext (derzeit) behauptet werden – das ist das Prinzip der *political correctness*. Für jede dieser Korrelationen lassen sich aber genau so viele Begründungen aufführen wie für die »Verwestlichungs«-These. Genauso, wie die Geburtenrate in bestimmten Regionen mit der Anzahl der Störche korreliert. In der Tat sind viele Banken mit internationalen Beziehungen in jüdischem Besitz gewesen, wenn Wirtschaftskrisen auftraten. Auch gibt es unter Schwarzen mehr Arme, und das erhöht natürlich die Kriminalitätsrate ...

Also stimmt's doch, oder?

Da ist es wieder, unser verzweifelt mustersuchendes Hirn, das ständig Kausalitäten fordert: »Sag mir, dass es der Säbelzahntiger ist, der dort brüllt!« (Und wenn wir ihn erlegen, dann wird alles gut!)

Lars-Broder Keil und Sven Kellerhoff haben in ihrem Buch *Gerüchte machen Geschichte* den Verlauf von »Gerüchte-Epidemien« analysiert. Zum Beispiel die »Lütticher Greuel« im Ersten Weltkrieg (angebliche belgische Partisanen, die den Deutschen als Begründung für Massaker an der Zivilbevölkerung dienten). Oder die »Isolations-Vernichtungsfolter«, mit der die RAF-Terroristen eine ganze Nachfolgegeneration in den oft auch illegalen Kampf zogen.[8] Verschwörungstheorien bieten gerade in politisch fragilen Zeiten das Material, aus dem Hass, Mord und Totschlag geschnitzt werden. Mit dem Alarmismus, der hier das eigentliche Thema ist, sind sie vielleicht nicht identisch. Aber im Wesen artverwandt.

## Der Rückschaufehler

Früher – wer wollte daran zweifeln? – war alles besser. Die Natur intakt, die Ehen heil, die Kinder besser erzogen, die Winter hatten ordentlichen Schnee. Und überhaupt verlief alles ruhiger, bedächtiger, *weniger extrem.*

Wirklich?

Unternehmen wir wieder ein Gedankenexperiment. Beantworten Sie bitte mit maximaler Ehrlichkeit diese beiden Fragen:

- Zu welcher Zeit waren in Ihrem Dorf/Ihrer Stadt/Ihrer Region/ Ihrem Land die Lebensverhältnisse besser als heute?

Oder noch einfacher:

- Wann – in welchem Jahr genau? – wären Sie lieber zum Zahnarzt gegangen als heute?

Die Antworten führen uns direkt zu einer im Grunde simplen Erkenntnis: Unser Gedächtnis selektiert aus dem Meer der Erinnerungen stets die *angenehmeren* heraus. Der Schmerz von damals wird vergessen, die Zipperlein von heute aber aber höchst real. Dadurch muss im langfristigen Vergleich immer die Vergangenheit obsiegen.

Warum funktionieren wir so?

Der Psychologe Baruch Fischhoff hat im Jahre 1975 an der Carnegie Mellon University den Rückschaufehler zum ersten Mal systematisch untersucht, allerdings in einer anderen Variante. Er untersuchte jenen Aspekt der menschlichen Psyche, mit dem wir uns rückwirkend zu Schlaumeiern machen. Wir glauben, früher immer »alles schon gewusst« zu haben. Wenn die Börsen zusammenkrachen, wenn Amerika im Irak scheitert, wenn eine politische Partei gewinnt oder verliert, macht sich stets eine weitaus *größere* Anzahl von Menschen vor, dies längst früher – nämlich vorher – gewusst zu haben, als es tatsächlich der Fall war![9]

Dieser Mechanismus ist zunächst natürlich banal, er beruht auf unserer Sehnsucht nach der Kontrolle unserer Umwelt (eine gelungene Prognose ist nichts anderes als ein Kontrollakt). In seinen erweiterten Funktionen wirkt er aber wie ein umgedrehtes Fernrohr, in dem Probleme früherer Zeiten verkleinert, heutige vergrößert scheinen. So lässt sich ein großer Teil des »Nostalgismus« erklären, der alarmistische Debatten strukturiert.

Verstärkt wird das Phänomen durch die simple Tatsache, dass wir *älter* werden. Früher, das war eben immer die Zeit, in der wir die Dinge zum ersten Mal staunend erlebten. In der wir (meistens) mehr Sex hatten. Und in vielerlei Hinsicht »aufgeregter« waren, sprich: mehr Dopamin im Hirn ausschütteten, das sowohl Wahrnehmungsintensität wie Erinnerungsfähigkeit erhöht.

Die nostalgische Wahrnehmungsverzerrung hat auch einen Sinn im Kontext seelischer Hygiene. Das Hirn strukturiert seine Wahrnehmungen im Hippocampus, also in jenem Teil des Hirns, der für die Gedächtniskonsolidierung zuständig ist, entlang von Funktionalitätsketten, die dem Überleben des Individuums dienen (das ist ein Grund dafür, warum auch nach großen Katastrophen und schrecklichen Kriegen Menschen nicht in katatonische Starre verfallen). Positive Erinnerungen motivieren uns zu »Wiederholungstaten«, das heißt, wir versuchen die »guten Zustände« wieder herzustellen. Richtig dosierte Nostalgie ist also für das Hirn und seine »Untergebenen« ein hervorragender Motivator.[10]

## Der Fahrstuhleffekt

Die Vergangenheit, das ist aber auch die Zeit, in der vieles, was heute als »Problem« markiert wird, noch gar nicht vorhanden war. Oder ganz anders gedeutet wurde. Zum Beispiel die Bildungsdebatte: Wer hätte nicht in den letzten Jahren in das Lied von den »immer blöderen Schülern« eingestimmt? Ist das nicht skandalös? Die können ja gar nicht mehr schreiben und rechnen!

Wer sich etwas nüchterner mit dieser Materie beschäftigt,

merkt irgendwann, dass wir auch hier die Birnen der Gegenwart mit den Äpfeln der Vergangenheit vergleichen – und die Bananen des Zukunftsirrtums erhalten.

• Die Intelligenzquotienten jeder Alterskohorte steigen seit dem Krieg regelmäßig an – die sogenannte »Flynn-Formel« zeigt dies für die meisten Länder.[11]

• Die Lesekompetenz von Erwachsenen hat in praktisch allen Ländern ein deutlich geringeres Niveau als das der jüngeren Alterskohorte (Daten von ILAS, International Literary Service). Das heißt: Das Bildungsniveau steigt von Generation zu Generation.

Warum halten wir trotzdem – übrigens in praktisch allen Kulturen zu allen Zeiten – unsere Kinder für blöd? (Nein, natürlich nicht *unsere* Kinder, sondern die *anderer* Leute.) Neben dem Bedürfnis nach Selbstüberhöhung wirken hier die sich ändernden Nachfrageaspekte der Bildung. Unsere Lebens- und Arbeitswelt befindet sich heute in einem gewaltigen Übergang zwischen Industrie- und Wissensgesellschaft. Das fordert ganz andere Dinge von jungen Mitarbeitern. Den Lehrling oder »Stift«, der früher jahrelang an einem Eisenstück feilen, die Werkstatt fegen oder Bier holen durfte, um dann selbstredend eine Lebensstelle in der Werkstatt zu bekommen, gibt es nicht mehr. »In einzelnen Lehrberufen müssen die Bewerber/innen heute so viel können wie früher am Ende des ersten oder zweiten Jahrganges«, schreibt Thomas Meyer in einem klugen Text zur »Bildungsmisere« in der *Neuen Zürcher Zeitung*.[12]

Natürlich gibt es Problembrennpunkte; in Städten mit monochromem Migrationshintergrund, in verwahrlosten Milieus und bildungsfernen Subkulturen. Aber all das gab es *immer* – nur wurde es »damals« gesellschaftlich nicht problematisiert. Was früher die Proleten aus der Soundsogasse waren, die ohne Schulbildung als Hilfsarbeiter anheuerten und danach zum Militär gingen oder zur See fuhren, sind heute die Problemkinder. Was früher die heiklen Schüler von der Sonderschule waren, die irgendwann im Knast landeten, sind heute die medial präsenten Schläger vom Kreuzberger

Kiez. Wo früher Migranten sowieso keine Schulbildung zu haben brauchten (schließlich gingen sie ja bald wieder in ihre Heimatländer zurück oder auf direktem Wege in die Fabrik ans Fließband), entdeckt man sie heute als gigantisches Integrationsproblem.

Der Wandel zu einer komplexeren Gesellschaft und Ökonomie erzeugt also in der Tat ein Problem. Dinge, die wir früher »lassen« konnten, sind heute als Phänomene des Übels »markiert«. Heißt das im Umkehrschluss, dass früher alles besser war? Nein: Es heißt, dass es Fortschritt gibt und dass dieser Fortschritt uns zum Handeln und zu neuen Aufmerksamkeiten zwingt!

»Während der Fahrstuhl der Ansprüche nach oben fährt, fährt die Welt aus der Sicht der Fahrstuhlpassagiere nach unten.« Das Zitat stammt von Odo Marquard, und es benennt den Kern jenes Mechanismus, mit dem wir uns ständig die Welt schlechtreden. Es gilt punktgenau für die meisten Steigerungsvermutungen, Immermehr-Propagandismen oder »Schlimme Dinge häufen sich«-Behauptungen, die die mediale Maschine tagtäglich produziert. Und auf die unser nostalgisches, mustersüchtiges, straflüsternes Hirn viel zu oft hereinfällt.

## Die »Restübelthese«

Menschen sind normale Reiz-Reaktionsmaschinen. Wenn wir eine neue Erfahrung machen, etwa eine sensationell leckere Speise essen, führt dies zu wahren Lustkaskaden in unserem Nervensystem. Beim nächsten Mal sind die entsprechenden Synapsen schon eingepegelt, wir brauchen dann eine etwas höhere Dosis. Und gleichzeitig legen wir unsere Erwartungslatte ein kleines Stück höher ...

Dies gilt nicht nur im Reich der Kulinarik, sondern auch und gerade für kulturelle und zivilisatorische Normen. Wer vor 100 Jahren seine Kinder in der Öffentlichkeit mit roher Gewalt »züchtigte«, beging einen gesellschaftlich anerkannten Akt, der ihm öffentliche Zustimmung einbrachte. Wer vor 100 Jahren beleibt war, galt als wohlhabende Respektsperson, die ihren Wohlstand demonstrierte. Wer in engen Räumen seinen Nachbarn die Lungen vollqualmte, war in einer Alltagskultur, in der 80 Prozent der Männer rauchten (weil Rauchen als Wohlstandszeichen galt), ein völlig normaler Mensch.

In einer Gesellschaft aber, die sich an ihren Gesundheitskosten selbst zu ruinieren droht und in der die Menschen verstanden haben, dass sie bei wachsender Lebenserwartung mehr für die Erhaltung ihrer Gesundheit tun müssen, werden Raucher plötzlich vor die Tür gewiesen oder – wie auf Flughäfen zu besichtigen – in kleine Glaskäfige gesperrt, dass es ein Erbarmen ist!

Greifen wir hinein in die Grabbelkiste des Studienwesens, mit dem uns die Medien tagtäglich beglücken:

*Deutsche Studenten psychisch auffällig*
Bochum, 28. August: Mehr als 20 Prozent der deutschen Hochschüler zeigen psychische Auffälligkeiten wie Suchtverhalten, Essstörungen oder Depressionen. Das berichtete das Studentenmagazin *UNICUM* in seiner Septemberausgabe. Besonders der Einfluss von Alkohol sei frappierend: 16 Prozent seien schon einmal wegen einer durchzechten Nacht zu spät, 20 Prozent *gar nicht* in die Vorlesung gegangen.

16 Prozent? Mein Gott, möchte man rufen, was glaubt ihr, wie es *damals* war, in den wilden Tagen von 68 ff.? Oder noch früher, als der Studentinnenanteil unter 2 Prozent lag und saufende Männervereine jedweder Couleur die deutschen Universitäten dominierten?

Hamburg, Mai 2005: Jedes zweite deutsche Kind zeigt deutliche Symptome von Schulstress. Das ergab die Befragung von 100 Müttern und Vätern im Auftrag der Deutschen Angestellten Krankenkasse und der Zeitschrift *Focus Schule* ... Demnach leiden 60 Prozent der Schüler unter Konzentrationsschwächen und Nervosität, 47 reagieren mit Bauch- oder Kopfschmerzen. Eltern sollen Hilferufe ernst nehmen, aber nicht dramatisieren, hieß es.

Wie oft hatten wir in der Schule »Schulstress« – nur gab es noch nicht einmal das Wort dafür! Und wer hat früher Mütter und Väter befragt, ob ihr armes Kind Schulstress hat?

Odo Marquard bringt es in seinem Buch *Zukunft braucht Herkunft* auf den Punkt:

Wo Kulturfortschritte wirklich erfolgreich sind und Übel wirklich aus-schalten, wecken sie selten Begeisterung; sie werden vielmehr selbstver-ständlich, und die Aufmerksamkeit konzentriert sich dann auf die Übel, die übrig bleiben. Dabei wirkt das Gesetz der zunehmenden Penetranz der Reste: Je mehr Negatives aus der Welt verschwindet, desto ärger-licher wird – gerade weil es sich vermindert – das Negative. Knapper werdende Übel werden negativ kostbarer ...[13]

Auch früher starben bei Hitzewellen im Sommer alte Menschen. Das ist logisch, denn geschwächte Organismen sind nun einmal hitzeanfälliger. In der »Restübelgesellschaft« aber werden daraus »Hunderte, wenn nicht Tausende von Todesopfern« – eine Mel-dung, ein Skandal, eine Verschwörung, die am Ende mit »Global Warming«, neoliberalistischen Altersheimen, Werteverfall und Einsamkeit zu tun haben muss. So wird sie in unserem Hirn »codiert«, das heißt zu einem »Glaubens-Mem« umgeformt, das dann in den Kanon des »konventionellen Wissens« übergeht.

Dort bildet die moderne Medienkultur in Symbiose mit den »Nachfragesystemen« unseres Hirnes nichts anderes als eine Pro-blemerzeugungsmaschine. Sie folgt einem einzigen Zweck: Zu-stände der Nicht-Signifikanz in Signifikanz, sprich in »Probleme« und damit in Aufmerksamkeitsressourcen zu verwandeln.

## Opferkult und egozentrischer Negativismus

Die Verhaltenspsychologin Antonia Hamilton von der University of London arrangierte im Jahr 2004 ein spannendes Social-Ex-periment. Sie ließ in mehreren Gruppen Menschen einfach nur

Kisten heben. Mittelschwere, mittelgroße Kartons von immer den gleichen Ausmaßen und Gewichten.

Hoben die Probanden einzeln ihre Kisten hoch, konnten sie das Gewicht relativ gut und realistisch einschätzen. Aber kaum waren sie mit einer oder mehreren Personen in einem Raum, *über*schätzten sie regelmäßig das Gewicht ihrer Kiste und *unter*schätzen die Schwere der Kisten der *anderen*.[14]

Wir menschlichen Hirne besitzen sogenannte »Spiegelneuronen«, die permanent unser Handeln mit dem anderer Menschen abgleichen. »Unsere Hirne sind darauf gedrillt, Aktionen zu vergleichen«, erklärt Antonia Hamilton. »Das macht uns gut in sozialen Situationen, verzerrt aber auch unser Urteilsvermögen.«

Fragt man die Deutschen nach dem Zustand der Welt und der Natur, bekommt man in allen Umfragen immer dieselben Antworten: Es steht schlecht. Sehr schlecht. *Rasend schlecht!* Je mehr man sich der persönlichen Sphäre nähert, desto positiver fallen aber die Urteile aus. »In unserer Gemeinde ist die Umweltqualität sehr gut.« »Meiner Familie geht es materiell eigentlich stetig besser.« »Ich persönlich bin recht glücklich.«

Erstaunlicherweise existieren auch Umfragen, die genau das gegenteilige Ergebnis zu zeigen scheinen. Man muss nur die *Fragestellung* ein wenig umdrehen: »Glauben Sie, dass Sie *ganz besonders* unter der sozialen Ungerechtigkeit/Hitzewelle/Steuererhöhung/Wirtschaftsflaute zu leiden haben?«

*Ja, aber klar!* Der Nachbar hat eine Klimaanlage und einen viel besseren Steuerberater! Und das ist himmelschreiend *ungerecht*!

Wir lieben es, uns als Opfer widriger Umstände zu definieren, weil wir moralische Vorteilsnahme mit dieser Behauptung betreiben. Wer viel jammert, bekommt Hilfe und Subvention; diese Rechnung geht nicht immer, aber immer öfter auf, je hysterisierter die allgemeine Öffentlichkeit in Bezug auf die »Gerechtigkeitsfrage« ist. Aber gleichzeitig möchten wir natürlich nicht als reines Opfer *dastehen*. So tricksen wir – und nehmen aus beiden Welten jeweils das Beste in Anspruch. Je nach Situation und opportunis-

tischer Gelegenheit spielen wir mal Opfer, mal den starken Max
(wer pubertierende Kinder hat, kann diesen Effekt im Turbo-Roh-
zustand beobachten). Wie es der Autor Sven Hillenkamp in der
*Zeit* auf den Punkt brachte:

Der Protestwähler ist im Zivilstand Schnäppchenjäger ... Als Bürger
sind wir Sozialisten – Verfechter der alten, sozialen Errungenschaften.
Als Kunden sind wir neuliberale Marktradikale. Uns ist recht, was billig
ist. Für 19 Euro nach Barcelona? Noch nie war Doppelmoral so preis-
wert![15]

Untergangsgeschichten spielen in diesem Setting eine wichtige
Rolle. Es sind die »Storys«, die Kulissen, in denen wir unsere Ambivalenz gegenüber der Welt wunderbar inszenieren können. Entweder in der Konstruktion von der unweigerlich niedergehenden
Welt, in der wir – als noch Verschonte – in der Ausnahmesituation
des Glücks leben. (»Die Welt ist im Arsch, aber mein Audi sieht
verdammt gut aus.«) Oder in der Situation des Märtyrers, der
durch seine Erretterpose hohes gesellschaftliches Ansehen erringt
(Modell Günter Grass). Pascal Bruckner formuliert in seinem
Buch *Ich leide, also bin ich*:

Zu beidem gehört jenes Paradox des heutigen Individuums, das bis zum
äußersten auf seine Unabhängigkeit bedacht ist, zugleich aber Fürsorge
und Hilfe beansprucht, das die Doppelgestalt des Dissidenten und des
Kleinkindes miteinander verbinden möchte und die doppelte Sprache des
Nonkonformismus und der unstillbaren Forderungen spricht.[16]

Aus demselben Grund handeln auch so viele religiöse Skripte vom
Leiden und seiner Erhöhung. Vor allem der christliche Mythos
arbeitet mit der Umcodierung von Lust in Leiden, es wimmelt
nur so von archaischen Blutsymbolen und daraus resultierenden
Erlösungen. Aber auch die Klagemauer der Juden, die Feste zu
Ehren von Schiwa, dem Zerstörer, sind Monumente menschlicher
Intensitätserfahrung bei gleichzeitigem Anspruch auf Erhöhung
der individuellen Existenz.

## Das Worte-Hirn

Schließlich sind wir Wesen, die in Worte geradezu verliebt sind. Denn die biokulturelle Evolution hat uns mit einer ganz bestimmten Fähigkeit versehen: Wir stehen zu unserer Umwelt in einer *phonetischen* Verbindung. Nicht umsonst heißt es in der Bibel: »Im Anfang war das Wort!«

Werfen wir einmal aus der Sicht des Klangs einen Blick auf die Ängste unserer Tage: »Waldsterben« – »Atomtod« – »Rinderwahn«–»Vogelgrippe«–»Klimakatastrophe«–»Feinstaub«–»Überalterung«–»Krieg der Kulturen«–»Krieg der Generationen«–»neoliberalistische Globalisierung« – »Neue Unterschicht«.

All diese Wörter bilden Wohlklänge. Seit »Mama« und »Papa« sind es Reime und Alliterationen, die das menschliche Hirn ganz besonders ansprechen. Bestimmte Wörter »branden« sich einfach leichter in unserem Hirn als andere. Sie verschaffen unseren Synapsen jenen mentalen *Kick*, der die Information als »wahr« einspeichert.

*Ohne Wörter keine Wirklichkeit.*

*Wörter* machen *Wirklichkeit.*

Besonders die deutsche Sprache eignet sich hervorragend zu »phonetischen Ankern« (das ist auch der Grund für die vielen deutschen Wortprägungen, die Aufnahme ins Englische gefunden haben, wie »Schadenfreude« oder »Blitzkrieg«, sogar »Zeitgeist«). »Krieg der Kulturen« zum Beispiel beinhaltet einen Rhythmus *und* eine Alliteration. Das Doppel-K, das harte »Krieg«, das weiche u in Kulturen – Schärfung und Entschärfung zugleich, ganz ähnlich wie in »Klimakatastrophe«. »Gammelfleisch« illustriert mit weichen Vokalen und dem finalen »sch« eindrucksvoll das Ekelige, Schleimige an verdorbener tierischer Nahrung. Und »Vogelgrippe« hat mit seinen vielen harten Konsonanten die besten Voraussetzungen für eine Karriere in unserer phonetischen Software.

»Eine halbe Million Mobbing-Opfer an deutschen Schulen!«,

lautete eine der Top-Schlagzeilen in der *Welt* im Jahr 2006.[17] »Mobbing«! Einer solchen großartigen phonetischen Schöpfung *muss* man einfach große Opferzahlen zubilligen!

»Mietnomaden«, »Stalking«, »Mobbing«, »Burnout« – hier finden wir prächtige phonetische »Brands« für Phänomene, die früher stumm waren – und deshalb »eigentlich« nicht existierten.

- *Mietnomaden:* Ein Mieter zieht ein, zahlt keine Miete und verschwindet schließlich einfach. Im Wortstamm findet sich das Motiv des exterritorialen Symbionten, der auf unserem Gebiet siedelt, Ressourcen verbraucht und einfach weiterzieht – eine Urangst, phonetisch auf Hochglanz gebracht.

- *Stalking:* Immer schon haben enttäuschte Liebende diejenigen, die ihre Liebe nicht erhörten, zu Opfern von Übergriffen gemacht. Immer schon gab es Fans, die sich vor die Limousine schmissen, um ihrem Idol näher zu sein (in den Zeiten der Beatles und der Stones war dies eine Epidemie). Mit dem wunderbaren Begriff Stalking wird so etwas in ein spitzes, aggressives Wortkonstrukt verpackt. Es adelt nun (»*Ich* habe einen Stalker«). Und es hat juristische Konsequenzen!

- *Mobbing:* In den goldenen Wachstumsjahren 1966 bis 1980 fuhren alle gleichzeitig mit dem Wohlstandsfahrstuhl nach oben. Es fiel nicht weiter auf, wenn man sich dabei bisweilen in die Hacken trat.

  »Ein halbe Million Mobbing-Opfer« – in dieser stolzen Schlagzeile bildet sich die klassische Steigerungsvermutung, dass es »früher so etwas nicht gab«. Natürlich ist Mobbing ein Problem. Aber kein Beweis dafür, dass die Welt immer schlechter wird. Denn Mobbing gab es immer schon. Nur redete früher niemand drüber. Es hatte keinen Namen Und deshalb, so ist zu vermuten, war es weit schlimmer!

- *Burnout:* Schon wer das Wort hört, fühlt sich besser. Gibt es doch nun einen magischen Namen für alles, was einen quält. Ist nicht alles heute »viel stressiger« als früher? Steigen nicht

»Leistungsdruck«, »berufliche Belastungen« und »Mobilitäts-anforderungen« »ständig an« (und dazu »Hektik« und »Stress« und nicht zu vergessen: »Ausbeutung«). *Ja,* das möchte man gern glauben, denn es entlastet von der Schwierigkeit, den eigenen Alltag zu gestalten und zu strukturieren, seine Leistungsfähigkeit (zum Beispiel durch Sport) aufrechtzuerhalten. Jene Entscheidungen zu treffen, die die Energiebilanz von Körper und Seele sichern und die Balance zwischen unseren Lebenssphären wahren. Das ist schwierig, gewiss. Aber es ist eben auch Freiheit – die Freiheit der Wahl, der Entscheidung, der Selbstverantwortung.

## Die Magie der Zahlen

Zahlen verfügen wie Worte über eine eigene Magie, ja eine regelrechte Mystik (was sich unter anderem auch in Numerologie und Zahlenkabbalistik ausdrückt). Mit Zahlen kann man, wenn man geschickt jongliert, *alles* beweisen, auch wenn es barer Unsinn ist. Johann Michael Möller, einer der Berufsapokalyptiker der *Welt*, schrieb dort unter dem an sich optimistischen Titel »Kinder sind die Zukunft«: »Um die gegenwärtige, schon nicht optimale Altersstruktur unserer Bevölkerung aufrechtzuerhalten, bräuchte Deutschland die schier unglaubliche Zahl von 188 Millionen erwerbstätigen Zuwanderern!«[18]

Rechnen Sie mal. Tatsächlich »stimmt« es irgendwie – ein Statistiker hat das auf komplizierte Weise einmal nachgewiesen. Es bleibt trotzdem barer Unsinn, hat aber vor allem *einen* Sinn: die Angst vor »Ausländern« zu nutzen, zu stärken und damit eine komfortable Alarmpose einzunehmen. Im Kern liegt die tribalistische Selbstbehauptung: »Wir« sterben aus, wenn »wir« nicht mehr Kinder bekommen.

## Das romantische Konstrukt

Meine frühe Jugend habe ich, wie viele deutsche Jungen, tief in einem virtuellen Universum verbracht, das aus Cowboys, Indianern und endlosen Savannen bestand, in denen sich rätselhafte Canyons mit Gold und Edelsteinen verbargen; eine wundersam erotische Topografie. Es war das fiktive Amerika eines Mannes, der als skurriler Außenseiter in Sachsen lebte und, wie wir heute wissen, ein Kostüm- und Waffenfetischist und verklemmter Schwuler war.

Karl May wurde 1842 in Ernstthal in Sachsen in einer armen Familie geboren; ein typischer Außenseiter seiner Zeit, die von der weiten Welt träumte und doch in vielerlei Hinsicht bodenständig und unmobil blieb. Welches Universum schuf uns dieser Eigenbrötler in über 100 Romanen mit mehr als 30 000 Seiten? Da ritten dunkle Männer in Rudeln einher, schmutzig, brutal, ungewaschen, von Profitsucht und Goldgier getrieben. Gegen diese rohen Urkapitalisten wehrten sich hoffnungslos einige bis zur Debilitätsgrenze naive Indianerstämme. Über allem schwebten zwei archetypische, männliche Identifikationsfiguren in genau beschriebener Designer-Lederkleidung. Frauen kamen nur als rehhafte, überirdische Krankenschwestern vor.

Tiefenpsychologisch lässt sich hier in der Tat ein reicher Schatz heben: Old Shatterhand, die idealisierte Vaterfigur; immer zum rechten Zeitpunkt rettend, immer mit dem Wundergewehr ins Schwarze treffend, wenn Not am Mann war (so ziemlich das Gegenteil von dem, wie viele deutsche Jungsgenerationen ihre Väter erlebten). Winnetou, die Figur des romantisierten Wilden, des antizivilisatorischen Grenzgängers und Mystikers, der stets aus den Bergen kam und dorthin entschwand. Sein Weg musste zwangsläufig im Opfertum enden, mit einem gewaltig inszenierten heroischen Abgang; sagen wir: Wagner plus Mundharmonika.

Es sind drei Elemente romantischer Tradition, die hier zusammenfließen. Das eine speist sich aus dem typisch deutschen

*Naturromantizismus.* In den Landschaftsbildern Karl Mays wird Landschaft stets als »unberührt« geschildert, als von »keines Menschen Hand beschmutzt«. Sie ist der harmonische Urzustand, dem die Menschen allerlei »Frevel« antun.

Das zweite Element handelt vom Sündenfall der Ökonomie. Besitz- und Güterstreben werden als »Verseuchung« dargestellt, die »die Seelen« ergreift und emotional verändert. Geld raubt den unverdorbenen Wilden ihre Würde. Der Antiamerikanismus und Antiökonomismus, der bis heute den gefühlten Mainstream in Zentraleuropa dominiert, erzählt diese Geschichte weiter.

Das dritte Element besteht in einer *existenziellen Erlebniskultur,* in deren Zentrum der an der Schlechtigkeit der Welt leidende, empathische und dadurch überhöhte Mensch steht. Wo ist »der Mensch« am »tiefsten« bei sich selbst? Richtig: im Untergang. Bruno Ganz zeigte als Hitler im Bunker seine menschlichen Züge. Es mag ein Klischee sein, aber von den Nibelungen über Karl May bis ins Nazireich stimmte es schon: Indianerspielen wird in Deutschland sehr ernst genommen. Bitterernst.

Unschwer zu erkennen, wie diese Tradition heute im alarmistischen Denken fortlebt, das sich inzwischen weiter Teile der Mittelschicht bemächtigt hat. Das »Natürliche« wird in geradezu religiöser Weise verklärt, das »technisch Entfremdete« dämonisiert, das Rationale, Abwägende verachtet. Überall lauern Gifte, Verschmutzungen, vom Elektrosmog über »Nahrungsmittelzusätze« bis zu den dämonischen Kräften elektronischer Medien; dagegen werden magische Systeme (wie zum Beispiel die Homöopathie, die Astrologie oder das Wünschelrutengehen) umstandslos als »Wissenschaft« anerkannt. Deshalb sind Deutschland und Österreich (die deutschsprachige Schweiz gehört bedingt dazu) die einzigen Länder, in denen man »genfreie« Nahrungsmittel kaufen kann (anderswo weiß man, dass anorganische Substanzen unzuträglich für den menschlichen Verdauungstrakt sind).

Es ist wichtig, diese kulturellen Sedimente zu kennen – sie bilden letztlich die Grundierung unserer Paniksyndrome. Es ist auch hilfreich, die historischen Wurzeln zu verstehen. Deutschland war immer ein Waldland, und seine Wälder verhießen Nahrung, Schutz, aber auch Bedrohung. Die waldreiche Topografie beförderte den Separatismus kleiner, ländlicher, provinzieller Einheiten. Deutschland »verpasste« im 19. Jahrhundert die bürgerliche Revolution, und deshalb zogen sich seine Dichter und Denker metaphorisch »in die Wälder« zurück. Zivilisationsfeindlichkeit entstand auf dem Humus missglückter Reformen und weil die idealistischen Energien sich auf Innenräume des Seelischen konzentrierten.[19]

So erklären sich auch die Unterschiede zu anderen Angstkulturen. In Amerika zum Beispiel gestaltet sich Naturromantik gänzlich anders: als Eroberungswille und heroischer Kampf einerseits, als Respekt vor der Grandiosität der Wildnis andererseits. (Alexis de Tocqueville beschreibt diese ambivalente Haltung der Amerikaner zur Wildnis in seinen Schriften, und selbst in Thoreaus *Walden* wird Natur keineswegs als Idyll beschrieben, sondern als fremdes Terrain, dem man die eigene Autonomie abringen muss.) Amerikanische Alarme tendieren haben deshalb eher zur *Hygieneparanoia* – ebenso wie die in Japan, wo Natur eher etwas Künstliches, zu Gestaltendes gilt. Man denke an Zen-Gärten, Ikebana und Bonsai. In England wandelte sich der Naturbegriff bereits in der frühen Industrialisierung hin zu einem gestalteten Landschaftsideal. (Engländer empfinden deutsche Wälder als düster und angsteinflößend, »Natur« ist für sie eine differenzierte Gartenlandschaft.)

Jede Gesellschaft bildet auch spezifische Helden- und Siegermythen aus. Für die Amerikaner ist der soldatische Mythos immer noch lebendiges Erbe. In Japan und China lebt bis heute eine Tradition der Selbstaufopferung fort, die sich in heroischen Ökonomie- und Technologiebildern zeigt. Die Franzosen konnten ihre idealistischen Energien nach der Revolution in einen stolzen Fortschrittsdiskurs transformieren; deshalb existiert noch heute in Frankreich ein tiefer Glaube an die Kräfte der Technik und die Macht der Vernunft.[20] Die angelsächsische Kultur war stets von

Handel und Wandel abhängig, denn sie wuchs in einer Schiff-fahrtsnation. Deshalb sind in ihr Elemente des Rationalismus, der pragmatischen Vernunft, des Empirismus ungleich tiefer verankert als in den »Waldideologien« Zentraleuropas.

Das Gebräu von Idealismus, Naturromantik und Erlebnis-existenzialismus bietet einen idealen Nährboden für die weniger harmlosen Spielarten des Alarmismus. Romantische Helden lösen keine Probleme, sondern beziehen ihre Energien stets aus dem Abgrund, an dem sie sich wähnen. Wer romantisch tickt, legt die Messlatte stets dorthin, wo garantiert niemand rankommt. So erzeugt Romantizismus eine Frustrationsmechanik, die sich permanent nach oben schraubt.

Negative oder apokalyptische Weltbilder speisen sich zu einem großen Teil aus enttäuschten Romantizismen. Weil man überall statt großer Harmonie und Emphase nur schnöden Alltag und Probleme sieht, wendet man sich enttäuscht von der ganzen Welt ab – und deklariert sie als unrettbar. Soll sie doch zum Teufel gehen! Früher oder später verwandelt sich der Romantizist so zwangsläufig in einen »Gefühlsterroristen« (ein Bonmot von Helmut Fuchs und Andreas Huber[21]) – je normaler und unspektakulärer die Welt, desto fundamentaler muss er darauf beharren, dass es sich um eine gigantische Täuschung und Verschwörung handelt. Denn es gilt ja, um es noch einmal zu summieren:

- Natur ist heilig und harmonisch.
- Menschen sind schlecht (wenn sie nicht überirdische Leistungen vollbringen).
- Geld (Ökonomie) ist »kalt« und verderbt.
- Die Strafe wird folgen!

## Das panische Hirn

Im Dezember 2005 brach an einer großen Schule in der Region Shelkovsk eine Seuche aus. Die Symptome, die sich schnell unter den Schülern aller Altersklassen verbreiteten, ergaben ein erschreckendes Bild: Krämpfe, Übelkeit und Erbrechen, schwere Atemnot – es schien sich um einen gefährlichen Virus oder eine massive Vergiftung zu handeln. Schnell griff die Epidemie auf andere Schulen über und wurde in den Medien dramatisch kommentiert. Verschiedene Erklärungen kursierten: Giftgasversuche der Russen. Biologische Waffen. Vergiftung durch terroristische Nationalisten.

Shelkovsk liegt in Tschetschenien, einem von einem brutalen Krieg seelisch und physisch verwüsteten Land. Aber die Schule von Shelkovsk ist vom Kriegsgeschehen wenig betroffen; der Unterricht verläuft seit vielen Jahren normal, es gab weder Geiselnahmen noch andere Gewalt in der Umgebung.

Ähnliche Epidemien zeigten sich auch in anderen Regionen mit besonderen Spannungen. In Mazedonien brach eine Vergiftungsepidemie unter Schulkindern in einer überwiegend von Albanern bewohnten Region aus – und wurde von den mazedonischen Behörden schlichtweg als nicht existent deklariert. Ein unabhängiges internationales Team aus Kinderärzten, Toxikologen und Epidemieexperten untersuchte den Fall mehrere Wochen lang, nahm Labor- und Blutproben, prüfte die Krankenhäuser, interviewte Familien und Lehrer. Der Abschlussreport sprach von einem hochgradigen Stresssymptom, das auf die Situation in der Region zurückzuführen sei. Der Report wurde von beiden regionalen Parteien barsch zurückgewiesen. Von den Albanern, weil sie nach wie vor von einer Vergiftung ausgingen. Von den Mazedoniern, weil sie entrüstet von sich wiesen, in ihrem Land gäbe es Spannungen ...[22]

Ängste und psychologischer Stress können zu ausgedehnten paranoiden Hysterien führen, bei denen bedrohliche und sehr *reale* körperliche Symptome entstehen. Nach den Anthrax-Attacken in den USA wurden Tausende Amerikaner mit Vergiftungserscheinungen in Krankenhäuser eingewiesen, die einer Anthrax-Symptomatik aufs Haar ähnelten, obwohl sich in ihrem Blut kein Nanogramm der Erreger feststellen ließ. Nach einem radioaktiven Unfall in Brasilien 1987 landeten 120 000 Menschen mit den Symptomen der Strahlenkrankheit (Ausschläge, Erbrechen, Durchfall) in Krankenhäusern, obwohl nur 250 Menschen tatsächlich Verstrahlungen erlitten hatten.

Eine besondere Sparte der Hirnforschung, die Neurotraumatik, gibt uns weitere Hinweise für die Funktionsweise alarmistischer Hysterien: Tritt, vor allem in jungen Jahren, eine Verletzung, ein starker Schmerz – eine Traumatisierung eben – auf, werden Schmerz- und Angstgefühle neurologisch ins Hirn »eingefräst«. Es entsteht ein Schmerzgedächtnis, ein neurologisches Skript.

Ganze Gesellschaften können auf diese Weise »angstcodiert« werden, über Generationen hinweg. Sie können Vermeidungssyndrome mit monströsen Dimensionen entwickeln – es gibt kein höheres Bedürfnis, als jede Nähe zum Urerlebnis zu vermeiden. Traumatisierte Individuen, aber auch Kollektive, funktionieren gleichzeitig wie eine kaputte Schallplatte, die immer dieselbe Geschichte erzählt, abgewandelt nur in kleinen Variationen.

Genau so lässt sich die besondere Intensität erklären, mit der Alarmismus in Deutschland grassiert. Der Publizist Richard Herzinger sprach in Bezug auf das Phänomen der »deutschen Angst« von einer »umgekehrten Trauerarbeit«: Indem wir uns vor der Zukunft fürchten, betrauern wir die Vergangenheit. Der barbarische Zivilisationsbruch des Nationalsozialismus, der ja auch ein totaler Werte- und Wohlstandsverlust war, wirkt auf diese Weise nach: Demokratie, Rechtsstaat und Wirtschaftsordnung werden als brüchig, jederzeit aufkündbar und »eigentlich schon verloren« empfunden. Politiker gelten grundlegend als korrupt und die Ökonomie als völlig verrottet. So entsteht das absurde Bild, das ausländische Journalisten immer wieder staunend beschreiben: In einem blühenden, stabilen Wohlstandsland spielen die Bewohner Dauerkrise – als stünde die absolute Verelendung und die finale Wirtschaftskrise unmittelbar bevor.

Kann ein kollektives Trauma geheilt werden? Man könnte

etwas salopp formulieren: Es hilft zumindest, wenn es gut »durchlüftet« wird. Eine öffentliche Streitkultur, wie sie die Deutschen in den achtziger Jahren entwickelten, mit zahllosen aufgeregten Diskursen, Zerwürfnissen und Versöhnungen, Ereiferungen und Geständnissen, kann durchaus förderlich sein. Traumapatienten können sich über ihre Verkrampfungen »hinwegspielen«. Es gibt immer zwei Möglichkeiten: Verstehen, Bewusstmachen, Diskurs »auf der Couch«. Oder direkte Konfrontation. Wer Spinnen fürchtet, muss sich Spinnen aussetzen. Wer Flugangst hat, sollte viel fliegen. Oder Pilot werden.

Die Erfahrungen mit Hysteriekrankheiten zeigen, dass die Symptome schnell wieder verschwinden, wenn man den »Patienten« mit einer gewissen Autorität klarmacht, dass der Anlass für ihre Befürchtungen nicht existiert. Hilfreich sind dabei neutrale Botschafter, die aus einem anderen Kontext stammen. (Die »Tschetschenien-Vergiftung« wurde tatsächlich von einem ausländischen Ärzteteam gestoppt.)

Wer aber dementiert die alarmistischen Gerüchte unserer Zeit? Wer ist die neutrale Instanz, die uns an der Hand nimmt und uns glaubhaft versichert:

*Es ist alles okay!*

*Es wird nicht übel enden.*

*Die Welt geht weiter.*

## Der politische Alarmismus: Politik als Zuchtanstalt

Als am 25. April 1990 eine von Wahnvorstellungen heimgesuchte Frau den Politiker Oskar Lafontaine auf einer Wahlveranstaltung niederstach, warf sie die Biografie eines der größten politischen Talente Deutschlands aus der Bahn.

Lafontaine gehörte zu den sogenannten »Enkeln«, die die Tradition der Sozialdemokratie an die Herausforderungen des 21. Jahrhunderts heranführen wollten. Er war ein Politiker des

»Dritten Weges«, einer Denkrichtung, die das alte Links-Rechts-Schema aufbrechen wollte. Die Herausforderungen, so wusste Lafontaine, lagen *jenseits* der traditionellen Klassenfragen. Während das Proletariat schrumpfte und sich die Industriegesell-schaft in eine Wissensökonomie verwandelte, musste die »soziale Frage« neu formuliert werden. Als Frage nach *Zugang* vor allem: zu Bildung, zu Information, zu Technologie. Als Frage von Selbst-verantwortung, Kreativität, Innovation in intelligenteren gesell-schaftlichen Systemen.

Lafontaine war in all diesen Punkten neugierig und ex-perimentierfreudig: ein Zukunftspolitiker. Als Intellektuellster der sozialdemokratischen Führungsriege der späten Neunziger (Schröder und Scharping waren die anderen) bestand sein politi-sches Talent in seiner Fähigkeit, rhetorische Stärke mit Emotion und konzeptuellem Weiterdenken zu verbinden. Er kritisierte die Gewerkschaften, legte die Finger auf die Wunden eines zur Ver-teilungsmaschine erstarrten Sozialstaats, hielt Reden voller Geist und Gefühl. 1998 löste er den eher drögen Scharping in einer Art Putsch als Parteivorsitzenden ab. Alles wird gut für die SPD, konnte man meinen.

Die Geschichte kam anders, wie wir heute wissen. Lafontaine schied nach kurzer Zeit schmollend aus dem rot-grünen Kabinett aus, zog sich in sein Haus im Saarland zurück – und brütete dort drei Jahre lang an Racheplänen. Dann gründete er in einem Hu-sarenritt eine neue, traditionssozialistische Partei. Und realisierte sein wichtigstes Anliegen: die Wiederwahl der rot-grünen Allianz zu verhindern.

»Den Oskar machen« – das erinnert irgendwie an das katato-nische Trommeln des Oskar Matzerath in der Verfilmung von Günter Grass' *Blechtrommel*. Schon in der Körperhaltung La-fontaines spürt man die tiefen narzisstischen Verletzungen, die dieser Mann erlitten hat. Sein rotes Gesicht, seine eckigen Bewe-gungen mit einem immer runderen Körper, seine nun hölzerne, auf Strafandrohung und Schuldzuweisung abzielende politische

Rhetorik (»Ihr seid alle neoliberalistische Globalisierungsver-
brecher!!!«) – all das erzählt die Geschichte eines eingekapselten
Traumas. (Es berichtet gleichzeitig von der eigentlichen Herkunft
von Ideologien: Sie sind nichts als die Resultate traumatisierender
Kontrollverluste.)

Das traurige Beispiel der politischen Regression Lafontaines
ist typisch dafür, wie sich das politische Metaphernsystem in
Deutschland in den letzten Jahren regressiv entwickelt hat – als
ideologisches Strafgericht mit alarmistischer Grundierung. Das
Publikum, sprich die Bürger, wurde abwechselnd gepeitscht und
angetrieben, beschimpft und verdammt. Immer war es in dieser
Rhetorik fünf vor zwölf – wenn nicht schon eine Viertelstunde
später! Am Ende wurde Politik zur Schwarzen Pädagogik – Schre-
ckenspolitik par excellence.

Die Litanei ging ungefähr so: *»Wir« waren fleißig, aber jetzt
sind wir faul. Weil wir die falschen Werte haben, werden uns die
Chinesen überholen und der Islam wird uns, via Kaninchenver-
mehrung, überrollen. Der Staat ist pleite, die Innovationskraft
Deutschlands zusammengebrochen. Radikale Reformen müssen
her! Blut, Schweiß und Tränen! Der neoliberale Kapitalismus à
la Amerika saugt uns das Blut aus, und jeden Tag stecken sich
Vorstandsvorsitzende mehr Kohle in die Tasche!*

Diese Alarmisierung der deutschen Politik – sie erfolgte glei-
chermaßen von links wie von rechts – erlebte 2005 ein jähes Ende.
Die Wähler verweigerten einfach die Entscheidung und gaben
keiner der großen Parteien einen klaren Regierungsauftrag. Das
Resultat war eine politische Katharsis, die bis heute anhält, eine
Implosion, die ein seltsam mildes Vakuum hinterlässt. Zwar gibt
es immer noch keine Sprache für das Zukünftige, für den Wandel
in die Wissensgesellschaft, die die Links-Rechts-Denkmuster
hinwegfegen muss. Aber immerhin wurde dem politischen Billig-
Populismus eine Absage erteilt. Das ist, angesichts der deutschen
Geschichte, schon eine ganze Menge Fortschritt.

# Die Wirkungen des Alarmismus

Der Pessimist behauptet, dass alles schon so schlimm ist,
dass es gar nicht schlimmer sein könnte. Worauf der Optimist erwidert: Oh doch!

*Vladimir Bukowsky*

## Kurzes Loblied des Pessimismus

Also gut, könnte man jetzt sagen, Alarmismus ist profitabel für seine Adepten und Propagandisten, bisweilen unappetitlich in seinen medialen oder politischen Formen, ziemlich klebrig in seinen Inhalten.

Aber warum sollte er *gefährlich* sein?

Handelt es sich nicht eher um einen Mechanismus überschießender Emotionen, der durch seine Trial-and-Error-Komponente einen höchst segensreichen Effekt bietet? »Rinderwahn« zum Beispiel mag weniger Todesopfer gefordert haben als gefürchtet – aber hat uns die Angst vor den Prionen nicht gezwungen, intensiver über unsere Lebensmittelproduktion nachzudenken? »Waldsterben« hat sich als einer der größten Hypes der Mediengeschichte erwiesen. Aber war die Durchsetzung des KFZ-Katalysators und vieler Luftreinhaltungsnormen nicht mit dieser Hysterie verknüpft?

Muss man also das Schlimmste fürchten und so drastisch wie möglich inszenieren, um das Bessere zu gewinnen?

Die amerikanische Psychologin Suzanne Segerstrom fand in einer Langfristuntersuchung mit 250 Teilnehmern die segensreiche Seite des Pessimismus heraus. Zwar ging es den Optimisten stets besser, was subjektives Lebensgefühl und Lebensqualität betraf. Die Pessimisten konnten jedoch leichter mit echten Lebenskrisen umgehen. Bei Schwierigkeiten, die sich der eigenen Kontrolle entzogen, erwies sich ihr Pessimismus als *entlastend*. Eben *weil* sie keine hohen Ansprüche an Glück und Leben stellten, waren sie besser in der Lage, Bedürfnisse loszulassen, die sich nicht mehr erfüllen ließen.[1]

Eine ähnliche These vertritt der »Ketzer der Motivationstrainerszene«, der Neuropsychologe Paul Pearsall. In seinen Büchern zieht er gegen den »Positivwahn« und die »Hoffnungsliteratur« zu Felde. Pearsall weist nach, dass die Ideologie des »Du schaffst es!« erhebliche Nebenwirkungen aufweist. Wo behauptet wird, man könne mit Willenskraft und richtiger Einstellung *alles* erreichen, entsteht ein »Terror des Erfolgs«, der weder für die Psyche noch für die Gesellschaft als Ganzes produktiv ist.

Resignation kann hingegen heilsam und hilfreich sein – und sogar neue Lebensperspektiven eröffnen. Wir alle wissen das aus unserem persönlichen Leben. »Loslassen« ist eine hohe Kunst.

Auch neueste Untersuchungen über »Körperalarmisten« wiesen die positive Funktion pessimistischer Haltungen nach. Hypochonder gehen früher zum Arzt als die Fraktion der »Wird schon werden«-Jünger. Wer nachts schweißgebadet aufwacht, weil er sich vor Herzinfarkt und Lungenkrebs fürchtet, raucht deutlich weniger. Und lebt länger.

Kombinieren wir dies mit den Erkenntnissen der evolutionären Psychologie. Wenn der Mensch als nomadischer Jäger und Sammler von der Evolution dazu geprägt wurde, sich »auf das Schlimmste« einzustellen – kannibalische Nachbarn, Fluten, Vulkanausbrüche, Dürrezeiten –, ist die Übertreibung von Gefahren dann nicht ein notwendiger *Modus Operandi* des menschlichen Hirns?

## Der Abstumpfungseffekt

Der erste Einwand, den wir an dieser Stelle vorbringen können, ist zwar nicht neu, aber dennoch gewichtig: der Abstumpfungsfaktor. Wenn jemand in einem Dorf ständig die Feueralarmglocke schlägt, wird niemand mehr darauf achten, wenn es wirklich brennt.

Der mediale Alarmismus hat auf dieser Ebene schon gewaltigen Schaden angerichtet. Viele Menschen haben inzwischen aufgegeben, überhaupt noch etwas zu glauben. Sie entwickeln *allen* Medienkontexten gegenüber nur noch eine wurstige Haltung. *Stimmt sowieso nicht!*

Abstumpfung ist jedoch nur die Vorstufe zu einem Habitus, den wir immer häufiger als generelle Welthaltung finden: Zynismus. Medien können Zynismus regelrecht züchten. Der *Spiegel*, das Leitmedium des deutschen Diskurses, hat über viele Jahre lang eine Welthaltung verbreitet, die von einer manchmal atemberaubenden zynischen Kälte geprägt war. Inzwischen gibt es manchmal tatsächlich Geschichten, die nicht nur niedermachen, sondern auch über die Zukunft nachdenken, eine Richtung haben, ein konstruktives Ziel, die *staunen* können. Im Kern atmet der *Spiegel* jedoch immer noch jene dem Negativen fast süchtig verfallene Haltung, die man so leicht und wohlfeil mit »kritischem Journalismus« verwechseln kann. Auch die *taz*, einst ein kritisches Blatt der Quer- und Andersdenker, hat sich heute eher zu einem Organ des apokalyptischen Mainstream-Spießers entwickelt, zu einem Hort für zynische, besserwisserische Narzissten. Grundtenor: *Alle anderen sind eh Idioten, die Welt ist ein Scheißhaufen, aber wir wissen Bescheid!*

Michael Rutschky schrieb dazu 2003 in der *Süddeutschen Zeitung*:

Skepsis als intellektuelles Verfahren wechselt so seine Funktion. Im Aufgang der modernen Welt diente sie der Aufklärung; sie weichte religiöse Gewissheiten auf und ermächtigte das Individuum, erlaubte Erfahrungen und Erkenntnisse, die bis dahin unerhört waren. In dieser neuen Form aber wehrt die Skepsis neue Erfahrungen und Erkenntnisse ab. Sie dient der Verteidigung von Glaubensgewissheiten. Dass auch dieses Kind sexuell missbraucht wurde. Dass die Gentechnologie in die Barbarei führt.

Dass die Familie Bush den Irak ihrem Ölgeschäft einverleiben wolle. Wenn von der Dialektik der Aufklärung der Rede ist, war dies gemeint: ihr Umschlag in Aberglauben.[2]

## Selffulfilling Prophecy

Ein zweiter Folgeschaden alarmistischer Gerüchte besteht in ihrer Rückkoppelung auf unser Verhalten: Wenn wir an einen negativen Sachverhalt glauben, dann agieren wir auch so, dass dieser wieder und wieder bestätigt wird.

Ein kleines (deutsches) Beispiel: Nach einer Umfrage des Instituts für Arbeitsmarkt- und Berufsforschung (IAB) vom Sommer 2006 haben ältere Bewerber recht gute Chancen. Erfahrungswissen wird in der Wirtschaft inzwischen durchaus geschätzt. Bei 16 000 Betrieben in Deutschland bekamen in fast 50 Prozent der Fälle die *älteren* Bewerber den Job![3]

In jeder Talkshow, in jedem Stammtischgespräch, in jedem Small Talk beim Bäcker heißt es aber immer wieder und wieder: *Wenn du 50 bist, gehörst du zum alten Eisen! Der neoliberale Turbokapitalismus braucht nur die Jungen, extrem Leistungsbereiten – du hast keine Chance!*

Deshalb hatten sich auf 60 Prozent der Jobs überhaupt keine über 50-Jährigen beworben!

## Die Informationsopfer

Am 10. Juli 1976 explodierte im norditalienischen Seveso ein Kessel in einer Fabrik der Firma Icmesa, einer Tochter des Chemiekonzerns Hoffmann-La Roche. Freigesetzt wurde eines der problematischsten Gifte der organischen Chlorchemie: Dioxin, ein »Supergift«, wie die Medien nicht müde wurden zu betonen. Natürlich reagierten die Eigner der Fabrik, wie damals üblich, haarsträubend ignorant. Und schufen der noch jungen Umweltbewegung ein erstes Fanal, eine »Marke«, die sich in den nächsten Jahren ins kollektive Bewusstsein eingraben sollte.

»Seveso ist überall« hieß es damals eingängig; die Geburtsparole der Umweltschutzbewegung. Von Chlorakne entstellte Mädchengesichter gaben der industriellen Verschmutzung ein Gesicht. Hunderte, nein tausend Jahre sollte die Verseuchung dauern, ganz Norditalien betreffen und unzählige Generationen, deren Erbgut mutierte.

Wie stellt sich heute, aus bald einem halben Jahrhundert Distanz, die Bilanz dieses Ereignisses dar? Kaum ein Unfall ist in seinen Langfristfolgen so gut dokumentiert. Kurz nach der Freisetzung ebnete man eine ganze Ortschaft ein, siedelte die Bewohner um und grub die Erde 40 Zentimeter tief ab. Tausende Menschen wurden langfristig medizinisch untersucht. Das Ergebnis: Es gab keinen einzigen Todesfall. Es gab 400 dokumentierte Fälle von Hautläsionen, die verheilten, aber teilweise Narben hinterließen. Es gab einige marginale Zunahmen bei Lymphomen und Leukämien, doch die Sterblichkeit der Dioxinbelasteten hat sich statistisch nicht erhöht. Die Untersuchungen abgetriebener Föten (viele Frauen der Region ließen damals aus Angst vor Missbildungen abtreiben) stellten keine genetischen Schäden fest. In der Gegend um Seveso lässt sich heute keine Spur von Dioxin mehr finden, und die chemischen Verfahren, die dieses Supergift schaffen könnten, existieren nicht mehr.[4]

Die Folgeschäden des Unfalls lagen auf einem ganz anderen Feld: in der »Dritten Welt«. Die Chlorchemie geriet durch den Unfall als *Ganzes* in Misskredit. Eine andere Substanz entstammt ebenfalls der Chlorchemie: DDT, ein hochwirksamer Stoff in der Insektenbekämpfung. Mit DDT kann man Sumpfgebiete sehr effektiv malariafrei bekommen – was in Europa nach dem Zweiten Weltkrieg auch geschah. Das Problem ist nur, dass Malaria kein fotogenes Motiv darstellt. Die Bilder der Chloraknegesichter wirken viel drastischer. Wer Malaria hat, magert ab und stirbt leise. Millionenfach.

DDT wurde im Jahre 1979 in Deutschland verboten und ist seitdem auch international geächtet. Umweltschutzverbände verhindern regelmäßig die Wiederzulassung, obwohl viele Hilfsorganisationen in Afrika aufgrund der zahlreichen Malariaerkrankungen inzwischen dringend dafür plädieren.[5]

Seveso hat vielen Menschen ernste Gesundheitsprobleme verursacht. Das ist schlimm genug. Aber schlimmer: Es hat Millionen Menschen in den Entwicklungsländern das Leben gekostet – auf dem Umweg des institutionalisierten Umweltalarmismus.

Der amerikanische Thriller-Autor Michael Crichton ist vielleicht am rabiatesten mit Ökoradikalismus ins Gericht gegangen. In seinem Buch *A State of Fear*[6] beschreibt er eine weitweite Kamikaze-Terrorismusaktion von Umweltschützern, die durch eine selbst herbeigeführte Katastrophe den Planeten retten wollen. In einem ins Internet gestellten Vortrag begründet Crichton dieses drastische Szenario so:

Der größte Schaden für die Bewohner der Tschernobyl-Region wurde durch falsche oder schlechte Information verursacht. Diese Menschen wurden nicht durch Strahlung geschädigt, sondern durch falsche Berichte terrorisiert. Wir müssen eine Minute darüber nachdenken, was das impliziert. Wir verlangen zu Recht strenge Kontrollen über radioaktive Strahlung, weil dies eine starke Gesundheitsgefährdung ist. Aber das Beispiel Tschernobyl zeigt, dass falsche Information eine genauso große Gesundheitsgefahr darstellen kann wie Strahlung. Ich sage *nicht*, dass Strahlung nicht gefährlich ist. Ich sage damit *nicht*, dass Tschernobyl kein ernsthafter Unfall war … [7]

Crichton formuliert diese Sätze nach Auswertung eines UN-Reports über die Folgewirkungen der Reaktorschmelze von Tschernobyl aus dem Jahre 2005. Darin heißt es:

Der größte negative Einfluss des Tschernobyl-Unfalls auf die Gesundheit der Menschen bestand in den psychologischen Konsequenzen durch man-

gelnde Informationen, die sich als negative gesundheitliche Verhaltensmuster, Glauben in eine Verkürzung der eigenen Lebensspanne, Passivität
und verstärkte Abhängigkeit von den Behörden manifestierten.[8]

Hunderttausende von Menschen, die vom Unfall nicht unmittelbar betroffen waren, aber danach um- und ausgesiedelt wurden,
leiden bis heute unter Depressionen, Alpträumen und Traumati-
sierungen. Da sie fest davon überzeugt waren, lebensgefährlich
verstrahlt und zu einem schrecklichen Siechtum verurteilt zu
sein, verfielen sie zu großer Zahl dem Alkoholismus, brachen
Ausbildungen ab, kündigten ihre Jobs. Allein die Suizide gingen
in die Tausende – und das, obwohl kaum einer dieser Menschen
ernsthafte Strahlenbelastungen erlitten hatte.

An dieser Stelle verliert der Alarmismus sein moralisch-un-
schuldiges Gesicht und enthüllt seine brutalen Schattenseiten.
Informationsopfer alarmistischer Prozesse finden sich überall.
Und sind keineswegs harmlose Ausnahmen:

• *Kindesmissbrauch.* Gabriele Gordon, eine Staatsanwältin im
  Städtchen Neuruppin in Ostdeutschland, hat sich intensiv mit
  der Zunahme des Kindesmissbrauchs beschäftigt. Die Zahlen
  sind erschreckend und tatsächlich »alarmierend«, aber nicht,
  weil die *realen* Fälle zugenommen hätten: Von 200 Anklagen
  im Raum Neuruppin kamen nur 20 zur Anklage, 170 wurden
  eingestellt, in zehn Fällen ermittelte die Staatsanwaltschaft
  umgekehrt wegen bewusster Falschaussage.[9] In Deutschland
  gab es allein in den letzten zehn Jahren fünf große Prozesse, in
  deren Verlauf die Unschuld der Eltern nachgewiesen wurde. In
  Tausenden von Fällen wurden Existenzen zerstört, Menschen
  unschuldig ins Gefängnis gebracht und unter einen ungeheuerlichen Verdacht gestellt. Hysterischen »Übertragungsneurosen«
  von Hilfsorganisationen mit sektenhaftem Charakter wurden
  Tür und Tor geöffnet, und eine Zeit lang hatte »man« das
  Gefühl, in jedem Familienhaushalt wandele ein Vergewaltiger,
  der nur darauf warte, sein schändliches Werk zu verrichten ...

Heute weiß man, dass viele der Zahlen, die Ende der neunziger Jahre über Kindesmissbrauch kursierten, absurd übertrieben waren. Dennoch warb eine österreichische Hilfsorganisation noch 2006 im ORF monatelang mit der bizarren Übertreibung, dass »jedes vierte Mädchen und jeder sechste Junge sexuell missbraucht wird«.

- *Impfalarm.* Vor allem im Bereich der Medizin können Alarmgerüchte langfristige Folgen für Tausende, ja Millionen Menschen haben – oder womöglich sogar über die Zukunft der Menschheit entscheiden. Die Alarme, die sich zum Beispiel um das Impfen ranken – Masernimpfung erzeugt Autismus, so ging es durch die Medien[10] –, haben heute schon zu einer breiten Abnahme des Immunstatus in manchen europäischen Ländern geführt. Die Folge: »Harte« Kinderkrankheiten wie Masern, Röteln oder Scharlach kehren zurück. Tausende toter und behinderter Kinder, aber auch schwere Schäden bei Erwachsenen sind die Folge.

- *Wirtschaftsalarme* können in vielen Dimensionen fatale Folgen haben. Umweltgerüchte ruinieren ganze Firmen unter einer hysterisierten öffentlichen Meinung, aber auch allgemeine Hysterien zeigen fatale Folgen. Die Formel »Euro = Teuro« zum Beispiel, die heute immer noch von 50 Prozent der Bevölkerung geglaubt wird, bremst spürbar den Konsum und drängt das Kaufverhalten in Richtung Billigsektor. Konjunkturkrisen entstehen nicht selten aus dem Glauben, »der Wirtschaft geht es schlecht« – ein perfekter Rückkoppelungskreis.

## Die Ablenkungs- und Kompensationsfunktion

Amerikaner sind fette, verantwortungslose Umweltverpester. Und natürlich völlig oberflächlich und kulturlos (im Gegensatz zu den empfindsamen, edlen Indianern respektive Europäern). Diese Haltung hat sich in der öffentlichen Meinung Mitteleuropas weitgehend verfestigt; sie wird heute von Herrn Müller und Frau Schmidt geteilt. Ihre Wurzeln finden sich in einer langen Geschichte von Kultur- und Standesdünkel, der im Nationalsozialismus seine extreme Fratze zeigte. Lassen wir einmal beiseite, wie »legitim« die Inhalte dieser Kritik sind (denunzierende Kritik ist niemals legitim, sondern Ausdruck einer aggressiven Geisteshaltung). Betrachten wir ihre Funktion. Wenn ich Amerika als Kriegstreiber hasse, was kann ich dann negieren? Die Notwendigkeit, Krieg zu führen zum Beispiel. Genau das aber ist das Problem.

Die Europäer haben vor ihrer Haustür in den letzten Jahrzehnten zwei Kriege mit Genozidversuchen erlebt. Besonders die Deutschen hätten aus ihrer Geschichte hier die einzig mögliche Konsequenz ziehen müssen: Völkermord muss um jeden Preis verhindert werden! Verantwortung bedeutet ein klares *Nein*. Und auch dessen machtpolitische Durchsetzung.

Die Traumatisierung durch den Zweiten Weltkrieg hat die deutsche Öffentlichkeit jedoch auf einen ideologisch gefärbten Strukturpazifismus codiert. »Nie wieder Krieg«, diese apodiktische Formel der Friedensbewegung ist zu einer kleinen Identitätshymne geworden, die heute in Deutschland von den meisten Bürgern mitgesungen wird.

Theorien können, wie Vilfredo Pareto einmal richtig bemerkte, äußerst falsch, aber unerhört nützlich sein. Die antiamerikanisch-pazifistische »Theorie« bietet eine solche Nützlichkeit. Sie schützt uns vor der großen, schwierigen, in der Tat schmerzhaften Frage des 21. Jahrhunderts: Wie kann man in einer globalisierten Welt seiner Verantwortung auch für das Leben *anderer* gerecht werden?

Der Risikoforscher Lutz Niemann hat in zahlreichen Studien nachgewiesen, dass Menschen Risiken »operativ« betrachten. So werden zum Beispiel Gefahren, die von radioaktiver Strahlung ausgehen, gewaltig überschätzt – während mögliche Folgeschäden des Rauchens und des Alkohols, zweier Alltagsgifte, um ganze Dezimalstellen unterschätzt werden.[11]

Der Alarmismus funktioniert wie ein mentaler Verschiebebahnhof der Ängste. Wir ersetzen eine unmittelbare und eigentlich »vernünftige« Befürchtung durch eine ferne, aufgeblasene Gefahr – und schon geht es uns wieder besser. Es ist so unendlich viel leichter, Amerikaner und Atomenergie als Geißeln der Menschheit zu brandmarken, als die Energie- und Sicherheitsfragen der Zukunft verantwortungsvoll zu beurteilen. Es ist so viel angenehmer, Gesundheitspolitiker für korrupte Schweine zu halten, als, verdammt nochmal, die Finger vom Glimmstängel zu lassen, sich gesund zu ernähren und endlich genügend Sport zu treiben!

## Das Gefängnis verklären

»Wer Neues schaffen will, hat alle zu Feinden, die aus dem Alten Nutzen ziehen.« Diese Devise von Machiavelli begründet einen vierten systemischen Effekt des Alarmismus. Ich möchte ihn »das Gefängnis verklären« nennen. Ein Beispiel ist die Angst vor der Arbeitslosigkeit. In Deutschland mit seinen auf lebenslanger Berufserwerbsarbeit fixierten Arbeits- und Identitätsformen ist diese Angst besonders umfassend.

Der Verlust von Arbeitsplätzen ist sicher eine schwierige Sache für die Betroffenen. Aber er ist weder neu noch negativ. Seit Beginn der industriellen Revolution blühen und vergehen »Arbeitsplätze«, weil arbeitsteilige Produktion sich stets neu organisiert und dabei ständig produktiver wird. Unsere Arbeitswelt driftet von einer Vollerwerbsgesellschaft zu einer »multiplen Arbeitsgesellschaft«. Der Anteil der Selbstständigen, der kreativen Arbeit, wächst. Das Milieu der Wissensarbeiter erzeugt ständig neue Formen von Jobs und Dienstleistungsnachfragen, es entstehen neue Berufsformen, Marktnischen, Tätigkeitsfelder. Die Freiräume für Sinnerfüllung und Selbstverwirklichung im Gesamtsystem der Arbeit werden anhaltend größer.

Wenn jedoch die panische Angst vor dem Verlust des Arbeitsplatzes den gesamten gesellschaftlichen Diskursraum erfüllt, bleibt kein Platz mehr für die Sicht auf das Neue. Der Horizont des Möglichen ist mit Brettern vernagelt. Die Entscheidung fällt *immer* zugunsten der Sicherheit gegen die Freiheit. Früher war eben alles besser, als jeder noch seine lebenslange Festanstellung hatte! Und für eine lebenslange Festanstellung tun wir alles!

*Auch Lohneinbußen in Kauf nehmen.*

*Auch auf unsere Rechte verzichten.*

*Auch unsere Großmutter verkaufen.*

*Hauptsache, eine Arbeitsplatzgarantie bis zum Jahr 2020!*

Im Namen der Angst wird das genaue Gegenteil von dem erreicht, was die Verteidiger der alten Rechte beabsichtigen. Die Unsicherheit für den Einzelnen steigt, weil der Lösungsweg – ein verändertes Selbstbewusstsein, ein anderer Umgang mit der Ressource Humankapital, ein neuer *Mindset* – verbaut wird.

So klammern wir uns in der Globalisierungsangst am alten Nationalstaatkonstrukt fest – als ob der Nationalstaat historisch immer seinen Segen erwiesen hätte! In der Angst vor der Gentechnik verklären wir die kleinbäuerliche Landwirtschaft – eine Produktionsform, die Männer und Frauen an einen einzigen Ort band und die Frauen zu einer lebenslangen Tätigkeit als Vorratswirtschafterinnen verdammte. In der Propaganda vom »Zerfall der Werte« verteidigen wir ein Familienbild, das sich vor allem für Männer als vorteilhaft erwies, aber auch »damals«, als es angeblich so intakt zuging in den Ehen, niemals Realität war.

Angst als Maßstab aller Beurteilungen genommen lässt uns an den Fesseln der Vergangenheit festhalten.

*Angst macht reaktionär.*

*Angst verhindert Zukunft.*

## Der Verlust des Fortschritts

»Der Zweifel ist der Beginn der Wissenschaft. Wer nichts anzweifelt, prüft nichts. Wer nichts prüft, entdeckt nichts. Wer nichts entdeckt, ist blind und bleibt blind«, so schrieb es Teilhard de Chardin.

2004 inszenierte der Anti-Alarmist Björn Lomborg ein interessantes Experiment. Er lud Wissenschaftler und Politikplaner, Nobelpreisträger und Systemtheoretiker aus vielen Ländern nach Kopenhagen ein, um mit ihnen eine Konferenz zur globalen Risikosteuerung zu veranstalten. Die Fragestellung lautete: Wie kann die Weltgemeinschaft ihre begrenzten Mittel zur Verbesserung der globalen Lebensverhältnisse möglichst vernünftig und optimal einsetzen?[12]

Lomborgs Experiment sollte provozieren, und das tat es auch. Das Gremium kam übereinstimmend zum Ergebnis, dass Milliarden Dollar für die Verhinderung von Global Warming schlechter eingesetzt sind als Milliarden zur Bekämpfung der schlimmsten und tödlichsten Krankheiten in den Schwellenländern. Das konfrontierte den ökologischen Absolutheitsanspruch mit der Nüchternheit ökonomischer Abwägungen – und zeigte, dass es auch in Sachen Moral Verteilungskonflikte gibt. Die Presse mit ihren notorisch guten Beziehungen zum Imperium der Angst fiel prompt fast einstimmig über Lomborg her. Er wurde von universitären Kommissionen als »unwissenschaftlich« denunziert und von den Feuilletons in der Luft zerrissen. Die Umweltbewegung verhängte eine finale Quarantäne über ihn. Unglaubliche Aggressionen tobten sich aus, Hassbriefe, unflätige Beschimpfungen – die Ideologen der diversen Alarmismusbewegungen machten aus ihrem Herzen keine Mördergrube.

Für die Rinderwahntests an Kühen hat allein Deutschland in den Jahren 2000 bis 2003 3,5 Milliarden Euro ausgegeben. Obwohl kein einziger Mensch in Deutschland an dieser Krankheit starb. Für die Bekämpfung der Vogelgrippe wurden Medikamente in dreistelligen Millionenwerten eingelagert oder gleich prophylaktisch geschluckt. Ist das gerecht? Ist das moralisch?

Darf man solche Fragen stellen?

Man muss.

Jede zivilisatorische Entwicklung, jeder Fortschritt *überhaupt* ist das Resultat einer gelungenen Abwägung von Risiken, die sich in Entscheidungen übersetzt. Dabei geht es immer auch um Knappheiten. Fehler und Irrtümer sind nicht zu vermeiden, können aber korrigiert werden. Zumindest, wenn man das System, das uns umgibt, nicht absolut setzt – und die Natur als Strafgericht umdefiniert.

In seinem Hang, eine bestimmte Gefahrenseite apodiktisch überzubetonen, sabotiert Alarmismus gleich welcher Couleur auf Dauer jeden Fortschritt. Sein Maximalanspruch zerstört das feine Netz der Zivilgesellschaft mit ihren Kompromissen, Balancen und lebenswichtigen Beharrungen. Sein Existenzialismus hat die Macht, politische Vernunft grundlegend auszuhebeln und die nackte Panik an seine Stelle zu setzen. Alarmismus ist der Nährboden des Populismus, der eigentlichen politischen Gefahr des 21. Jahrhunderts.

Alarmismus macht manche politischen Zukunftsdebatten praktisch unmöglich. Ein typisches Beispiel ist die Integrationsproblematik: Als Anfang 2006 Berliner Hauptschulen Deutsch als »Schulhofsprache« deklarierten, damit sich die Schüler auf dem Schulhof besser verständigen konnten, reagierte die »kritische Öffentlichkeit« mit dem üblichen Faschismus-Geschrei: Die Einigung, von den meisten Schülern mit Migrationshintergrund ausdrücklich begrüßt, wurde als nationalistische Zwangsmaßnahme denunziert.[13] Ein weiteres Beispiel ist die Hysterie, die in den Niederlanden im Kontext der Integrationsdebatte entstand: Eine »moralische Panik«, bei der am Ende alle Maßstäbe verloren zu gehen drohten.[14]

Alarmismus führt am Ende immer – ob in religiöser, politischer oder weltanschaulicher Form – zu einem *Privilegiensystem, das sich hinter hehren Ansprüchen verbergen kann.* Er kann die ästhetischen Luxus- und Komfortmaßstäbe einer wohlhabenden Schicht zur Überlebensfrage umetikettieren und damit unangreifbar machen. Alles soll ein froschfreundliches Biotop werden, biodynamisch und handgemacht! Sonst droht der sofortige Untergang![15]

Pascal Bruckner hat in *Ich leide, also bin ich* den entscheidenden Satz dazu geschrieben:

Warum ist es ein Skandal, so zu tun, als gehe es einem schlecht, wenn man unter nichts zu leiden hat? Weil man dadurch *den wirklich Armen den Platz wegnimmt*![16]

Die anfängliche Vermutung der Harmlosigkeit hat sich also nicht bestätigt. Das apokalyptische Spießertum, das in unserem öffentlichen Diskurs an vielen Schaltstellen die Macht übernommen hat, ist brandgefährlich. Auf der alarmistischen Packung sollte ein deutlich sichtbarer, in fetten Versalien geschriebener Warnhinweis zu lesen sein:

Wer Gefahren übertreibt, dramatisiert oder falsch kontextualisiert, macht sich schuldig an gefährlichen mental-politischen Entwicklungen!

Wie beim Rauchen gibt es auch hier keine Grenzwerte. »Ein bisschen Alarmismus« ist genauso schädlich für andere wie die volle Dröhnung. Und wie beim Drogenhandel macht sich auch der Kurier mitschuldig. Wir sollten also hinzufügen:

Wer falsche Panik, negative Klischees durch Nachplappern und unkritisches Kolportieren mitverbreitet, haftet ebenfalls für den Verlust der Zukunft![17]

## Die Skripte des Pessimismus

Fassen wir zusammen. Es sind sieben Schritte, in denen sich alarmistische Wellen aufbauen:

1. Eine archaische Angst finden.
2. Die romantizistische Vogelscheuche aufstellen.
3. Schulddruck aufbauen.

4. Kompensationen ermöglichen (Beispiel Gentechnologiedebatte – Biofood).
5. Das Gefängnis verklären.
6. Die Wahrnehmung codieren.
7. Das Thema branden.

Ich möchte diese alarmistischen Kettenreaktionen »Skripte« nennen. Dies sind Kausalketten der Zukunftsangst, die sich in unserem Hirn verankern und langfristig als »Wahrheiten« festsetzen. Diese Skripte speisen sich aus folgenden Quellen:

• Aus den archaischen Urängsten, auf denen das menschliche Kulturerbe basiert. Hier findet sich ein reichhaltiger Fundus an Figuren, Symbolen, Bildern, die das »Bühnenbild« der Angstkonstruktionen möblieren.

• Aus unserem Bedürfnis nach Schuld, Sühne und Katharsis, wie sie in allen kulturellen Kontextsystemen, besonders in den Religionen, abgelagert sind.

• Aus den ideologischen Konstrukten der sechziger und siebziger Jahre, die bis heute überdauern und einer ganzen (halben) Generation Einkommen und Deutungsmacht verschafft haben.

• Aus den linearen Denkfiguren, mit denen wir Prozesse verkürzt und unterkomplex wahrnehmen, indem wir sie rein mechanistisch-linear deuten – und nicht als lebendige Systeme wahrnehmen.

Der zweite Teil dieses Buches widmet sich den einzelnen alarmistischen »Märchen« detaillierter. »Märchen« nicht deshalb, weil sie generell »unwahr« sind (die Globale Erwärmung ist ein Fakt, ebenso die Globalisierung). Sondern weil sich in jeder dieser Erzählungen eine ganz bestimmte symbolische Botschaft verbirgt, die wir dechiffrieren müssen, um den Sirenenklängen der Alarmisten zu widerstehen.

# Teil II
# Die Skripte der Zukunftsangst

Ich hasse diese selbstgefälligen Pessimisten, die sich über
den Weltuntergang freuen, die jeden Tag das Ende von allem
propagieren – man sieht ja, wie es denen gefällt.

*Claudio Magris*

Wahrheiten werden von den Dummen zu Meinungen
gemacht, und diese werden zum Kinderspiel.

*Heraklit*

# Das Märchen von der bösen Globalisierung

Die Globalisierung, das ist unübersehbar, zerstört die »Dritte Welt« und bedroht die europäische Zivilisation. Sie bringt heute mehr Menschen um als alle Kriege.

*José Bové, französischer Bauernsprecher*

In einer Welt, die immer enger zusammenwächst, beziehen Menschen, Unternehmen und ganze Nationen ihre Kraft und Identität in wachsendem Maße sowohl aus dem unmittelbaren Umfeld *als auch* aus der Ferne und Fremde. Der Unreine, der Mischling, der Befleckte, der Struppige, der Dunkelblaue: diesen Menschen gehört das Erbe der Erde. Vermischung ist die neue Norm.

*Pascal Zachary*

## Der Aufstieg der Dritten Welt

Wenn man auf dem Flughafen von Dhaka landet, umfängt einen sofort die Atmosphäre der »Dritten Welt«. Chaotische Kofferberge, vielköpfige Familien mit Mädchen im Tschador, aufgereiht wie die Orgelpfeifen. Überall bröckelt Putz von den Wänden, hängen weiß-rote Plastikbänder, weil wieder ein Gebäudeteil wegen Einsturzgefahr oder Wasserschäden abgesperrt ist. Schon hier überall Bettler, Diebe, Halsabschneider. Kein Polizist, kein Zollbeamter, den man nicht für seine Dienste bezahlen müsste. Willkommen in der globalen Armut!

Auf den Straßen setzt sich der Überlebensdruck fort. Chaotische Verkehrsverhältnisse, in denen der Machtkampf zwischen Autos, Mopeds, Rikschas und Fahrrädern noch lange nicht entschieden ist, fluchende Taxifahrer, Menschenmassen. Der Weg führt vorbei an Hunderten von flachen Gebäuden ohne Fenster, den Sweatshops der globalen Textilindustrie. Es herrscht sichtbarer Aufruhr. Manche Häuser sind mit Spruchbändern und Parolen bedeckt, vor einigen demonstrieren Arbeiter, Mülltonnen brennen. Straßenschlachten tobten praktisch das ganze Jahr 2006 zwischen militanten Gewerkschaftsmitgliedern und der Anti-Riot-Polizei, die mit Schützenpanzern vorrückt und sich nicht vor dem Gebrauch von Schusswaffen scheut. Ein chaotisches, korruptes, elendes – und im selben Atemzug ungeheuer vitales Land.

Bangladesch ist ein Land auf den untersten Sprossen der globalen Wohlstandshierarchie. Und doch ist das Land vorbildlich – es wird eines der Millenniumziele der UNO mit Leichtigkeit erreichen: die Armut von Millionen von Menschen bis zum Jahr 2015 zu halbieren. Der Anteil der Bitterarmen (Maßstab: weniger als 1 US-Dollar pro Tag) ist in den letzten zehn Jahren deutlich gefallen – von 40 auf 25 Prozent. Das ist natürlich immer noch gewaltig viel. Aber Millionen von Menschen in Bangladesch lassen jedes Jahr das Elend hinter sich und setzen einen Fuß in die Welt des bescheidenen Wohlstands.

Bangladesch, das war vor zwei, drei Jahrzehnten noch ein anderer Kontinent. Geplagt von Epidemien, Sturmfluten und Erdbeben schien das Land, das sich 1947 als Ost-Pakistan von Indien separierte und 1971 ein eigenständiger Staat wurde, ein Symbol für jenen Mechanismus der Hoffnungslosigkeit, in dem sich die Alpträume der Entwicklungspolitiker verdichten. Horrende Geburtenraten auf engem Raum, klimatische Extrembedingungen, korrupte Regierung, instabile Demokratie, keine nennenswerte Industrie oder Rohstoffe – all das schien automatisch auf eine malthusische Hungerkatastrophe hinauszulaufen. Und sie kam auch: Anfang der siebziger Jahre starben über eine Million Bangalen in Hungersnöten – die Regierung sprach von 20 000 Todesopfern.

Heute hat Bangladesch den Pessimismus widerlegt. Das Bruttosozialprodukt wächst stetig mit mindestens 4 Prozent und beschleunigte sein Wachstum seit der Jahrtausendwende sogar auf über 6 Prozent; ohne Korruption, so schätzen die Ökonomen, könnte Bangladesch leicht die chinesischen und indischen Wachstumswerte von 9 Prozent schlagen. Die Erlöse aus dem Außenhandel stiegen im Jahr 2005 um 17 Prozent.[1]

Am erstaunlichsten die Geburtenrate: Mit 2,2 Kindern pro gebärfähiger Frau in den Städten und 2,5 auf dem Lande ist sie radikal gesunken – gegenüber sechs Kindern im Jahre 1970.

Wie das? Ausgangspunkt der Aufwärtsdrift war das sogenannte Microbanking – Privat- und Geschäftskredite, die seit zwei Jahrzehnten von der Grameen Bank, einer aus einer revolutionär-genossenschaftlichen Tradition stammenden Kreditgenossenschaft, vergeben werden. Besonders Frauen auf dem Land nutzen diese Kredite, um kleine Unternehmen mit Webstühlen, im Wasserhandel oder im Einzelhandel zu gründen. Aufgrund dieser Erfahrungen entstand schließlich *GrameenPhone* und der Boom der »Telephone Ladies« – Frauen nutzen die Mikrokredite für die Anschaffung von Handys, die sie gegen Gebühr verleihen. So fanden über Nacht 50 000 entlegene Dörfer Anschluss.[2]

Aber es ist nicht nur das »gute« Kapital der Grameen Bank, das die Grundökonomie der Ärmsten stützt und fördert. Es ist auch das »böse« ausländische Kapital, der »neoliberale« Kapitalismus ohne Grenzen, der seinen Teil beiträgt. Bangladesch profitiert massiv von den nervösen Dynamiken der Textilindustrie. Da die Löhne in China in den letzten Jahren stark gestiegen sind, wanderte das Produktionskapital ins – noch – billigere Bangladesch und nach Vietnam aus. Weil viele Frauen nun arbeiteten, als Einzelselbstständige oder in den Fabriken, sank die Geburtenrate, nahm der Gebrauch von Verhütungsmitteln zu. Mädchen wurden nicht mehr mit 13 zwangsverheiratet, sondern gingen in die Stadt und verdienten dort einen – bescheidenen – Lohn. Nun lohnte sich für Eltern auch die Schulbildung ihrer Töchter, was wiederum die Geburtenrate weiter senkte.

Beim zweiten Blick auf das Land verschieben sich die Parameter der Wahrnehmung. Die »riots« rund um die Textilfabriken sind womöglich kein Ausdruck politischer Instabilität, sondern

Begleiterscheinungen eines Prozesses, in dem Menschen um die einfachsten Rechte als Arbeitnehmer kämpfen – wie in Europa in den Klassenkämpfen des 19. und 20. Jahrhunderts. Zeichen dafür, dass auch hier die Löhne steigen, die Fabrikhallen sauberer, die Arbeitszeiten humaner werden.[3]

Und auch wenn die Karawane des Kapitals irgendwann weiterziehen sollte, in *noch* ärmere Länder mit *noch* niedrigeren Löhnen (Sibirien? Afrika?): Wohlstand, Bildung, Selbstbewusstsein und Demokratie lassen sich nicht mehr abschaffen. Oder jedenfalls nicht so leicht.

## Die bipolare Welt

Mit welchem Rastersystem nehmen wir die Welt wahr? Was hat unsere Waagen geeicht, mit denen wir Gegenwart und Zukunft, Armut und Wohlstand bemessen?

Unsere Weltbilder stammen aus der zweiten Hälfte des 20. Jahrhunderts, dem Kalten Krieg. Im »amerikanischen Sektor« entfesselten sich die Kräfte der Wirtschaft, der Demokratie und des Wohlstandes. Auf eineinhalb Kontinenten begann die spektakulärste Wohlstandsentwicklung, die die Erde jemals gesehen hatte. Im anderen Sektor, dem sozialistischen, herrschte fast ein halbes Jahrhundert lang das, was Hans Magnus Enzensberger »die höchste Form der Unterentwicklung«[4] nannte: ein bleierner gesellschaftlicher Stillstand, in dem eine bürokratische Nomenklatura die Gesellschaft erstickte.

Konfliktlinien, aber auch Verbindungen, mentale Pipelines, die für Jahrtausende Kulturen und Regionen verbanden, waren über Nacht unterbrochen. Die Religionen wurden durch politischen Ideologien ersetzt.

Wer in den sechziger Jahren aufgewachsen ist, kann sich noch erinnern, wie prekär dieser Prozess verlief. Ob »der Westen« gewinnen würde, das war lange Jahrzehnte alles andere als sicher.

Auch was »der Westen« war, blieb zunächst undeutlich. Im Jahre 1950 gab es gerade einmal 18 funktionierende Demokratien auf dem Planeten. 1970, mitten in der Wohlstandsprosperität, existierten noch sechs Diktaturen in Westeuropa; Generäle mit verspiegelten Sonnenbrillen und folternden Geheimdiensten regierten unsere Urlaubsländer im Süden.

Die Welt war mit einem sterilen Messer geteilt:

*Die »Erste Welt«:*
kleine Familien, langes Leben, gute Bildung, Wohlstand

*Die »Dritte Welt«:*
große Familien, kurzes Leben, keine Bildung, bittere Armut

Dazwischen, im Niemandsland, verschoben sich die Demarkationslinien der Blockkonfrontation ständig; hier wurden blutige, mörderische, lang andauernde Stellvertreterkriege gefochten und ganze Völker gnadenlos funktionalisiert. Allerdings bekam man davon in den Stammländern des Wohlstands kaum etwas mit. Nur wenn die Supermächte unmittelbar aufeinander trafen, wie im Vietnamkrieg, in Kuba, erreichte dieser Konflikt die Schwelle der öffentlichen Wahrnehmung.

So haben wir gelernt, die Landkarte zu zeichnen: Wir sind drin. Die anderen draußen. Damit *wir* unseren Wohlstand entwickeln können, müssen andere draußen bleiben. *Andere* zahlen den Preis.

So haben wir politisch denken und fühlen gelernt. Und so funktioniert unser Hirn hartnäckig weiter.


## Widerlegungen

Kennen Sie zum Beispiel die Bafokeng, die reichsten Menschen Afrikas? Wahrscheinlich nicht. Denn in den Koordinaten unserer Weltorientierung dürfte es die Bafokeng gar nicht geben. Ein schwarzer Stamm – das kann nur mit »Armut« assoziiert sein.

»Platin« – das ist einer jener teuflischen Rohstoffe, die allenfalls für Elend und brutalste Ausbeutung sorgen. Aber genau damit sind die Bafokeng reich geworden.

Die Bafokeng sind ein 300 000-Menschen-Volk, von denen die meisten in einem Radius von 100 Kilometer um die südafrikanische Metropole Johannesburg leben, in Siedlungen mit ordentlichen Einfamilienhäusern, Villen mit gepflegten Gärten und sauberen Schulen. Es sieht dort fast exakt so aus wie in amerikanischen Vororten, nur etwas ordentlicher.

Die Bafokeng haben einen König. Aber keinen barocken Despoten mit Diamanten an den Fingern, zehn Stretchlimousinen und einem Haus mit Leopardenfellsofas. Kgosi Leruo Molotlegi, 35 Jahre alt, trägt Brioni-Anzüge, fährt einen Toyota und kümmert sich als Manager um die Angelegenheiten seiner Leute. Da der Stamm über die Eigentumsrechte an den örtlichen Platinminen verfügt (in denen Gastarbeiter aus Indien und dem restlichen Südafrika arbeiten), hat er eine Menge Geld umzuverteilen. Das wandert aber nicht in die Taschen seiner Familie. Investiert wird in Infrastrukturmaßnahmen, Schulen und Sport. In Phokeng, der Hauptstadt der Bafokeng, steht ein supermodernes, blitzblankes Sportstadion für 30 000 Besucher, das auch von den Johannesburgern gerne frequentiert wird. In dieser Hauptstadt entstehen derzeit viele kleine Unternehmen in Zukunftsbranchen der verarbeitenden Industrie – und eine ehrgeizige Universität.[5]

Warum ist Kgosi Leruo Molotlegi noch nie im Fernsehen aufgetreten, mit einer netten Grußbotschaft (»Hi, Europeans!«)? Warum wissen wir stattdessen alles über das monegassische Königshaus, auch das, was wir lieber nicht wissen wollen?

Die Antwort ist im Grunde einfach: Wir möchten uns die Schubladen nicht durcheinander bringen lassen. Lieber klagen wir lautstark über die Ungerechtigkeit der Welt im Allgemeinen und der Globalisierung im Besonderen (damit lässt sich, nebenbei, eine Menge Geld verdienen).

Außerdem soll uns keiner das Privileg auf den Wohlstand streitig machen.


## Failing States und Hidden Winners

Noch geht es nicht *allen* Regionen unseres Planeten besser. Einigen geht es sogar deutlich schlechter. »Failing States« wie Somalia, Afghanistan, Kongo sind in den Schlagzeilen, die Bilder ihres Chaos prägen unsere Weltwahrnehmung: *Es wird immer schlimmer.*

Aber die Frage bleibt: Von welchem Maßstab gehen wir aus?

Wer berichtet über Sierra Leone, ein völlig verarmtes Land, das sich unter unendlichen Mühen (und mit wackerer Hilfe der Vereinten Nationen) von einer jahrzehntelangen Diktatur und schrecklichen Bürgerkriegen erholt? Noch ist der Frieden brüchig, noch sind die Institutionen fragil, aber die Zeichen der Hoffnung sind unübersehbar. Wer nach Sierra Leone fährt, der erlebt zuversichtliche Menschen, deren glühende Energie ansteckend wirkt.[6]

Oder Ghana, dass sich trotz aller Anfechtungen und mancher Rückschläge als »kleines afrikanisches Wunder« erweist. Oder Mauritius, das multikulturellste Land der Erde, gleichzeitig die wohlhabendste Nation in Afrika ...

Wer weiß schon, dass in Angola und Mosambik, zwei Ländern mit 20 Jahre währenden Kalter-Krieg-Stellvertreterbürgerkriegen, die Millionen Tote forderten und vor zehn Jahren zu Ende gingen, das Wirtschaftswachstum in den letzten Jahren immer wieder die 10-Prozent-Marke überschritten hat?[7] Und dass in Mosambik nach der großen Elbe-Flut 2002 ein Benefizkonzert stattfand, das 300 000 Dollar für bedürftige Deutsche erbrachte?

Wer kennt das mittlere Pro-Kopf-Jahreseinkommen von Botsuana, einem kleinen afrikanischen Land im Süden des Kontinents, das seit vielen Jahrzehnten eine stabile Demokratie und kluge Verwaltung aufweist und das seine Bodenschätze – überwiegend Diamanten – konsequent zur Modernisierung und zum Wohle seiner Bevölkerung eingesetzt hat?[8] Es sind 5 000 US-Dollar (und das, obwohl fast ein Drittel der Bevölkerung HIV-positiv ist).

Wer hat wahrgenommen, wie in Ruanda eine ganze Gesellschaft mit rührender Energie versucht, den Völkermord in einer Art »Grassroots Justice« zu verarbeiten?[9] Wer weiß, dass Burkina Faso, ein bitterarmes, aber weitgehend demokratisch regiertes Land in der Sahara, es geschafft hat, die Zahl der Primarschulen in den letzten zehn Jahren von 300 auf 5 500 zu erhöhen?[10]

Interessiert uns das überhaupt?

Wer hat die Erfolgsstory Costa Ricas registriert, eines Landes, das keine Armee unterhält und in dem biologische Landwirtschaft und Fair Trade boomen? Wer hat das Wirtschaftswachstum Chiles gewürdigt, die Fortschritte wahrgenommen, mit denen Bolivien und Peru in den letzten Jahren ihre Bürgerkriege zumindest teilweise überwunden haben? Wer weiß, dass in den ostrussischen Regionen Jekaterinburg und Tomsk in Sibirien ein stabiler Wirtschaftsboom eingesetzt hat, weil sich diesen Regionen durch die Globalisierung ganz andere Chancen eröffnen?[11]

Immerhin wird uns langsam bewusst, dass Indien und China gewaltige Boomprozesse durchlaufen. Aber dies gilt auch – und sogar mehr! – für Vietnam, das arme, kriegsversehrte Vietnam, in dem heute die optimistischsten Menschen der Welt leben, die beginnen, sich mit ihrem ehemaligen Todfeind zu versöhnen.[12] Es gilt ebenfalls für die Riesenstaaten Indonesien und Pakistan, das in den letzten Jahren trotz Terrorismusaktivitäten einen unvergleichlichen Wirtschaftsaufschwung erlebt.[13] Ist uns bewusst, dass Mexiko und Brasilien ihr Bruttosozialprodukt in den letzten 15 Jahren verdoppelt haben?

Das reichste Land der Welt, gemessen nach Pro-Kopf-Vermögen, ist ein Land, das noch vor 100 Jahren ein Hort schrecklicher Hungersnöte war. Und vor 20 Jahren noch als rückständiges, folkloristisches, biertrinkendes Bauernland galt: Irland.

Südkorea, das boomende, brodelnde Südkorea, das uns in

seiner asiatischen Tigerhaftigkeit regelrecht Angst macht, war vor 30 Jahren noch ein Entwicklungsland mit durchschnittlich unter 500 Dollar Jahreseinkommen pro Einwohner.

Was wir sehen würden, wenn wir denn hinschauen wollten, wäre *Globalisierung in Aktion*. Dieser Prozess wirkt nicht immer sehr appetitlich. Er kennt gewaltige Ungleichzeitigkeiten, Turbulenzen, auch Konflikte. Er ist vom Schweiß der Millionen »upward mobiles« geprägt, die sich mit aller Macht nach oben strampeln. Er beinhaltet Mafia und Gangster, Korruption und Gewalt, Schmarotzer und Hasardeure. Aber eben auch den millionenfachen, zähen Aufstieg derjenigen, die etwas *erhoffen*.

Wie bei uns vor 100, 150, selbst noch vor 50 Jahren.


## Die Wurzeln der Globalisierung

Wann begann jener historische Prozess, der heute in jeder Talkshow als Quelle allen Übels tituliert wird? Wie *alt* ist Globalisierung?

Die meisten von uns haben in der Schule gelernt, dass der Homo sapiens vor rund 30 000 Jahren in Europa auftauchte – geheimnisvoll aus dem Nebel der Eiszeit – und sich dann mit dem Neandertaler herumstritt. Die Menschheitsgeschichte ist im Grunde kurz und schnell beschrieben: ein schneller Triumph mit europäischem Fokus.

Der Homo habilis, das wesentlich ältere »Vorläufermodell« des Homo sapiens, ist ein behaarter Primat, dessen Gesicht an einen etwas lang gezogenen Gorillaschädel erinnert. Aber dieser »Affe« geht aufrecht, und er beherrscht die ersten Grundtechniken der Frühsteinzeit: die Herstellung primitiver Werkzeuge und deren dauerhaften Gebrauch (auch Schimpansen nutzen Steine, aber sie »vergessen« es schnell wieder). Auch erste Ansätze einer Sprache besaß er bereits.

Der Homo habilis entwickelte sich in »Savannestan«, jenem

riesigen Graslandgürtel, der das Produkt eines gewaltigen globalen Abkühlungsprozesses war, vor rund einer Million Jahren. In der Arktis wuchsen damals die Eispanzer. In Ostafrika mussten sich die an Wald gewöhnten Antilopen an das Grasland anpassen. Im Wandlungsdruck bewährten sich neue, robustere Primatenarten mit größeren Hirnen, die größere Strecken – auf zwei Beinen – zurücklegen und das knapper werdende Nahrungsangebot intelligenter nutzen konnten.

So erwuchsen unsere Vorfahren aus einer Klimakatastrophe – und begaben sich vor rund 900 000 Jahren auf der Suche nach neuen Nahrungsvorräten auf eine erste Wanderung um den halben Planeten. Eine zweite Reisewelle setzte vor zirka 70 000 Jahren ein.[14]

Von Anbeginn an also haben Menschen den Planeten »globalisiert«.[15] Immer schon haben sie Beziehungen gesucht, haben gehandelt, getauscht, sich gegenseitig unterjocht – und sich dabei kräftig vermischt. Mischkulturen waren nicht die Ausnahme, sondern die Norm. Gerade dann, wenn Menschen sesshaft wurden, synthetisierten sie unterschiedliche Impulse und Lebensarten. Zivilisation ist nichts anderes als Amalgamierung. (»Kultur ist eine Methode, vom Lernen der anderen zu lernen – ohne die Kosten zu zahlen, die die anderen zahlen mussten«, erklärt Robert Wright.[16])

Es ist kein Zufall, dass eher die isolierten, »monochromatischen« Völker beziehungsweise Kulturmodelle ausstarben oder scheiterten. Die Tempelgesellschaften Mittelamerikas, aber auch Fernasiens (Burma, Kambodscha), die tief im Dschungel versteckt lebten, waren auf Dauer nicht adaptiv genug gegenüber den sich wandelnden Bedingungen ihrer Umwelt. Im Vergleich dazu agierten die Händler, die Seefahrer, die Wandervölker ungleich erfolgreicher. Die Wikinger etwa, ein raubeiniges Seefahrervolk, entdeckten nach den neuesten Erkenntnissen schon im 5. Jahrhundert die Küsten Amerikas. Zheng He, ein chinesischer General, bereiste mit einer riesigen Flotte schon im 12. Jahrhundert die Gestade

Indiens, Arabiens, wahrscheinlich sogar Nordamerikas – die erste korrekte Kontinentallandkarte stammt aus seinem Generalstab.[17] Dschingis Khan, der grausame Herrscher über 100 Reiche, globalisierte den eurasischen Kontinent. Er schuf ein durchgängiges »Mobilitätssystem« von Polen bis nach Wladiwostok, ein Imperium der Pferde, in dem man in schnellen Tagesreisen den gesamten Kontinent durchqueren konnte; diese Routen machte sich der Venezianer Marco Polo auf seiner ersten »Globalisierungsreise« Mitte des 13. Jahrhunderts zunutze.

Gleichzeitig brachte die Menschheit auf ihrem langen Weg eine Unmenge Varianz hervor. Die Baatombu in Benin geben ihre Kinder fort, leben in Vielehen und kennen faktisch keine stabile Mutterrolle. Die Guiana-Indianer aus dem Amazonasgebiet haben weder Götter noch ein Jenseits, sie kommen auch weitgehend ohne Symbole und Zeichen aus. Es gibt Kulturen, die auf Polygamie basieren, auf matrilinearen Traditionen aufgebaut sind, selbst auf inzestuösen Verhältnissen haben sich Überlebensstrategien gegründet.[18]

Es gibt also keine »reine« Menschenkultur, zu der wir »zurückkehren« oder an der wir uns orientieren müssten oder sollten. Das »Natürliche«, wie es in den neuen Ideologiediskursen wieder gepredigt wird, ist eine Imagination. Wie die biologische verläuft auch die kulturelle Evolution immer nach dem Prinzip von Selektion, Kombination, Adaption. Varianten der Stammesrituale unsere afrikanischen Vorfahren finden wir heute in Fernasien – und im Fernsehen, bei den Gala-Shows, die nichts anderes sind als große *potlachs,* rituelle »Feste des Schenkens« der indianischen Kulturen der nordwestlichen Küstenregionen Amerikas, bei denen Reichtümer demonstrativ verteilt werden. Die christliche entstammt der jüdischen Kultur, die wiederum auf die mesopotamische vor 10 000 Jahren zurückgeht, als die Menschen zum ersten Mal in der Geschichte vom Jäger- und Sammlertum zur Sesshaftigkeit wechselten ... und so fort.

Die Schönheiten der kulturellen Welt, von der ägyptischen Architektur über die griechisch-römische Formensprache bis zur

Faszination Venedigs und der Skyline New Yorks – das alles verdanken wir einem umfassenden Prozess der Globalisierung. Immer dort, wo Kulturen, Ideen, Impulse aufeinandertrafen, entstanden Brückenköpfe des Fortschritts; im islamisch-abendländischen Austausch während des Mittelalters, in den Vielvölkerstädten des Vorderen Orients, im Italien der Renaissance.

Reisen bildet, schafft Technologien und erweitert den Horizont. Und ist die Grundlage der Globalisierung, der materiellen, der geistigen, der mentalen. Reisen heißt immer auch vermischen, verändern, befruchten, »bastardisieren« von kulturellen und sozialen Formen. Und dieser Prozess ist noch lange nicht zu Ende. Die soziokulturelle Evolution des Menschen ist in vollem Gang, und die Globalisierung ist ihr Motor.

## Wie Wohlstand entsteht

Wenn es dem einen schlecht geht, muss es dem anderen gut gehen. So funktioniert die alte linear-binäre Logik in unserem Kopf. Das impliziert zwei Botschaften: a) Globalisierung kann immer nur »auf Kosten der anderen« gehen. Und b) Globalisierung bedroht, wenn sie anderenorts gelingt, *unseren* Wohlstand.

Auf den ersten Blick scheint die Indizienlage klar: Die Länder mit dem größten technologischen Fortschritt haben immer schon die Rückständigen unterjocht. Die europäisch-koloniale Dominanz, auf den Vorteilen von Tonnage, Materialkunde und Feuerkraft gegründet, dauerte bis etwa Mitte des 20. Jahrhunderts, als Indien seine Unabhängigkeit erlangte. Bis dahin hatte die »Erste Welt« dermaßen viele Reichtümer enteignet, dass ihr Vorsprung unaufholbar war. Seitdem, so die »Imperialismus«-Formel, wurden die Herrschaftsinstrumente durch McDonald's und Co. lediglich verfeinert. Aber immer noch geht es den einen gut – *weil* sie den anderen etwas wegnehmen.

Ein wunderbares Märchen. Aber völlig falsch.

Man stelle sich vor, alle Wohlstandsnationen würden über Nacht in einem großen, schwarzen Loch verschwinden. Zack! Würde es den »Problemländern« besser gehen?

Inzwischen haben wir sehr viel mehr Antworten auf die Frage, wie Prosperität entsteht. Kulturanthropologie, evolutionäre Soziologie, neue Fusionswissenschaften wie die Geobiologie können uns heute dabei helfen, zu verstehen, warum weite Teile Afrikas sich immer noch in Stammeskriegen befinden, während andere Regionen der Erde sich in einem ungebrochenen wirtschaftlichen Aufschwung befinden.

Jared Diamond beleuchtet in seinem Buch *Arm und reich* die Grundbedingungen: klimatische Umstände, Beschaffenheiten des Bodens und vor allem die Biodiversität. Die neolithische Revolution, mit deren Hilfe Menschen zum ersten Mal Überschüsse und Nahrungsreserven erzeugen konnten, fand nicht zufällig in den fruchtbaren Schwemmländern großer Flüsse statt. Die ersten Hochzivilisationen entwickelten sich nicht zufällig dort, wo die *Vielfalt* der Kultur- und Nutzpflanzen sowie der Nutztiere am höchsten war. Die Hochkulturen der Anden kannten nur zwei Nutztiere (Lama und Hase), die in Mesopotamien fünf (Kuh, Ziege, Schwein, Schaf, Geflügel). Mesopotamien bildete die Wiege der (Welt-)Zivilisation, während die südamerikanischen Imperien wieder von der Landkarte verschwanden.[19]

Der Kulturökonom David Landes fügt in *Wohlstand und Armut der Nationen* die Puzzleteile der Kultur- und Ökonomiemodelle hinzu. Unter welchen Bedingungen kommt es zu »kaskadischen« Lernprozessen, sprich Durchbrüchen von Technik, zu verbesserten sozialen Systemen wie Demokratie und Marktwirtschaft? Wie gelang es zum Beispiel England, sich seit dem Ende des 18. Jahrhunderts als die Speerspitze der industriellen Revolution zu etablieren? Mit einer effektiven Verwaltung, einer kosmopolitischen Elite, freien, aber geordneten Märkten, einem frühen liberalen Rechtssystem und einem Wertesystem, das die Leistungen des Individuums *und* den Wert von Kooperationen feierte.

Die Engländer lernten zuerst »das Erfinden zu erfinden« – und die Ergebnisse mit einem Patent- und Eigentumsrecht in ökonomische Kräfte zu übersetzen.[20]

Michael Mitterauer schließt schließlich in seinem Buch *Warum Europa?* die Lücken dieser Beweiskette. Zwei magische Wörter begründen für ihn den historischen Wohlstandsvorsprung Europas: »Regen« und »Ehe«. Europa, so Mitterauer, ist der einzige Kontinent mit lang andauernden moderaten Regenfällen und einer »gefälligen« Topografie. Damit ist eine differenzierte Mittelgebirgslandschaft mit dauerhaft fließenden Bächen und Flüssen geprägt, an denen sich durch eine relativ konstante Fließgeschwindigkeit *Mühlen* errichten ließen – das war die Bedingung für die industrielle Revolution! In Europa setzte sich, im Rahmen des Christentums, historisch zuerst das Prinzip der »Gattenehe« durch, die das (Eltern-)Paar ins Zentrum der häuslichen, bäuerlichen Ökonomie setzte. Und damit der wirtschaftlich aktiven Generation Verantwortung zubilligt und zuschreibt.[21]

Man kann die Relevanz solcher Kulturmodelle für die Logik des Fortschritts gar nicht überschätzen. In Ostasien, aber auch in Afrika ist die Sozialstruktur bis heute durch den *Ahnenkult* geprägt. Auch nach dem Tod bevölkern die Altvorderen Haushalt und Lebenswelt, geben Anweisungen und fordern Tribut. Damit besetzen sie den Raum der Gegenwart. Sie verhindern die Zukunft und jede Art von Veränderung.

### Die afrikanische Nacht

Afrika ist nicht deshalb ein geschlagener Kontinent, weil seine Menschen versklavt und kolonialisiert waren: Sondern weil die entscheidenden soziokulturellen Transformationen hier nicht stattfanden, die *jede* Prosperität benötigt, um als System existieren zu können.

Afrika ist zwar fruchtbar und rohstofffrei, aber auch ein

Kontinent der Klimaextreme, wo – wie im Mittelamerika der Mayas – feuchte Klimaphasen auf extreme Dürre folgen oder unerträgliche Hitze jede Bewegung lähmt. Deshalb konnte sich das sesshafte Bauerntum nur sehr schwer entwickeln. Bäuerliche Produktionsweisen verlangen berechenbare klimatische Phänomene, Rhythmen der Natur, die sich durch Kulturtechniken nutzen lassen. Und nur mit bäuerlichen Produktionsweisen lassen sich jene Überschüsse erzeugen, die zur sozialen Komplexitätsentwicklung von Arbeitsteilung, Städtebildung, stabilen Institutionen et cetera führen.

Afrika vollzog deshalb den »ersten Zivilisationsübergang« – von der tribalen zur agrarischen Gesellschaft – nur teilweise. Und deshalb konnte auch der *zweite* Übergang – in den industriellen Nationalstaat mit seinen Institutionen, der Gewaltenteilung, der zivilen Ordnung – nie wirklich gelingen. Dominant blieben die *Kulturmodelle* der Jäger- und Sammlerkulturen, die von Magie und Sippentum geprägt sind, von zyklischen Weltmodellen und rituellen Weltordnungen.

Noch heute bildet in Afrika das Hexertum eine mächtige politische Macht. Es ist kein Zufall, dass in Robert Mugabes Kleptokratie Simbabwe vor kurzem das Zaubereiverbot (erlassen 1899 von der britischen Verwaltung) aufgehoben wurde. In einer »Zauberkultur« lassen sich Herrschaft und Kontrolle ungleich leichter ausüben. Wer anders ist, Erfolg hat, gar die Familie verlässt, gilt als verhext und wird mit bösen Flüchen belegt, die im Kontext afrikanischer Kultur äußerst wirksam sein können. Elternlose Kinder zum Beispiel, die in vielen Städten nach Bürgerkriegen zu Straßenkinder wurden, gelten nicht selten als »gefährliche Zauberer« die ihre »Eltern gegessen« haben.[22]

Noch immer ist die Sippe, der großfamiliäre Clan der einzige soziale Orientierungsrahmen. Was zur Folge hat, dass jeder, der individuelle Leistungen vollbringt, die Früchte seiner Arbeit *immer* dem Clan anzuliefern hat.

In einem grundlegenden Essay zu diesem soziokulturellen Phänomen beschreibt der Schweizer Ethnologe David Signer einen jungen Ivorer (einen Bürger der Elfenbeinküste), der am Rande eines Busbahnhofes eine Telefonzelle unterhält und damit zu bescheidenem Wohlstand gekommen ist – beziehungsweise kommen könnte.

»Eigentlich bringt es mehr, nichts zu tun, als zu arbeiten«, sagte er mir eines Tages, als ich auf eine Verbindung wartete.

»Warum?«, fragte ich.

»Weil es auf dasselbe rauskommt. Jeden Tag kommen zehn Leute, um mich anzupumpen. Weitere zehn kommen, um auf Kredit zu telefonieren. Sie reden auf mich ein, bis ich nachgebe. Ich habe ja Bargeld in der Schublade, ich kann nicht sagen, ich hätte nichts.«[23]

Was oft den individualisierten Gesellschaften des Westens zugeschrieben wird – eine Kultur des Neides und der Missgunst –, grassiert besonders in den post-tribalen Kulturen Afrikas. Und der Geborgenheit versprechende Hort der Großfamilie zeigt hier seine andere, seine fortschrittshemmende Seite. Die Urreligionen Afrikas trennen nicht zwischen dem Einzelnen und seiner Umwelt, zwischen Geistes- und Vorstellungswelt. Somit sind Lernprozesse, kulturelle Wandlungen, *Erfindungen* nur sehr schwer möglich.

Natürlich hat auch die Kolonialgeschichte mentale Spuren hinterlassen, in einer oftmals destruktiven oder depressiven Selbstbeschreibung der Afrikaner. Aber in vielen anderen Ländern endete der Kolonialismus schon vor einem Jahrhundert – und ähnliche Probleme zeigen sich auch dort. Deshalb fordern heute viele nachdenkliche Intellektuelle *auch* in Afrika ein Ende des traditionellen Umgangs mit Kultur und Geschichte.

Unter der Devise »Die Menschen haben Hunger, also geben wir ihnen Geld, Altkleider und Nahrungsmittel« haben wir viele Jahrzehnte lang versucht, uns freizukaufen. Afrika hat uns »an sich« nicht sehr interessiert. Was uns am Herzen lag, war vielmehr ein sauberes Gewissen. Etwas bösartig titelte neulich die englische *Mail on Sunday* über Bob Geldofs Kampagne gegen den Hunger in Afrika: »Können Afrikas Hungerkinder alternde Rockstars retten?«

## Die große Wanderung

Die Bilder sind eindringlich und archaisch. Im Licht starker Scheinwerfer werden in der Nacht halbnackte, glänzend schwarze Körper auf den Landesteg geworfen. Illegale aus Afrika, halb verhungert und verdurstet, mit dem entschlossenen Blick der Geschlagenen, die es wieder versuchen werden.

*Sie kommen. Sie werden uns überfluten! Die Rache der »Dritten Welt«.*

Auch die Flüchtlinge Afrikas sind eine logische Produktion der Globalisierung, Resultat weltumspannender Medienwirklichkeiten, die noch im entlegensten Dorf die bunten Verlockungen des Fernsehens entzünden. Sie sind letztlich ein Resultat des Wissens über das »Andere«, das, was noch möglich wäre außer der Realität, in der man aufgewachsen ist und unter der man leidet.

Wohlstand war *immer* auch eine »Story« des Weggehens, des Auswanderns und der späteren Wiederkehr.[24]

200 Millionen Menschen sind heute von Land zu Land unterwegs, um ihr Glück (oder wenigstens ein Quäntchen Wohlstand) zu erreichen. 200 Millionen von 6,4 Milliarden Menschen.[25] Ist das wirklich »viel«? Ist es so katastrophal, wie uns die Alarmisten weismachen wollen?

Migrationsströme sind immer Win-win-Spiele, wenn man sie auf einer Metaebene und im langfristigen Resultat betrachtet.[26] Emigranten nutzen den Zielländern, wenn dort die Energie umgesetzt werden kann, die im Entschluss eines Aufbruchs steckt. Denn es kommen ja immer die mobilen, die hungrigen, die cleveren und leistungswilligen Emigranten. Diese sind wertvoll für die Zuzugsländer, weil sie dort Jobs übernehmen, die niemand tun will, oder weil sie bestimmte neue Kenntnisse und Fähigkeiten mitbringen. Die Erfolgsgeschichte der europäischen Demokratien ist nichts anderes als eine Geschichte der *Ein*wanderungen, auch in der jüngeren Vergangenheit. Aus Osteuropa zu Beginn der industriellen Revolution, aus dem Süden nach dem Krieg. Und ohne die Emigration in die USA, die insgesamt fast die *Hälfte* der europäischen Bevölkerung aufnahmen, wäre die Bevölkerungssituation im Europa des späten 19. Jahrhunderts unerträglich explosiv geworden.

Emigranten nutzen auch ihren Heimatländern. Während die »Hungrigen« ausziehen in die Welt, verändert sich zu Hause vieles. Die Migranten schicken Geld und neue Gedanken. Wenn sie irgendwann zurückkehren, um nach zwei, drei Generationen ihr Heimatland mit ihrem gesparten Geld, ihren Ideen und ihrer Energie zu befruchten, entsteht etwas Neues, eine Synthesis.[27]

Es gibt ganze Volkswirtschaften, deren materielle Basis auf dieser Dynamik gründet. 6,2 Milliarden US-Dollar überweisen die Emigranten der Philippinen aus aller Herren Länder jährlich in ihr Heimatland – eine eigenständige, lebendige Ökonomie der globalen Putzmänner, Krankenschwestern, Altenpfleger.[28]

Statt uns vor den »Armutsmigranten« zu fürchten, sollten wir uns überlegen, wie wir die Erfolgsmodelle der Geschichte wiederholen können. Auch in diesem Punkt werden wir uns von zahlreichen falschen Bildern und schlechten Gewohnheiten verabschieden müssen.

Ist es wirklich moralisch, billige Arbeit, die bei uns ja zu bekommen und dringend benötigt wäre – in der Altenpflege, in den »personal services«, in der Landwirtschaft –, im Sinne des Schutzes unserer *eigenen* Arbeitsmodelle zu verhindern?

*Nutzt das am Ende unseren Arbeitnehmern? Ist es ökonomisch klug? Bringt es Wachstum?*

Wohlstand ist kein Kuchen, den man verteilt, *and that's it.* Wohlstand ist ein dynamisches System, das immer neue Herausforderung, immer neue Win-win-Dynamisierung braucht. »Sozialstaat statt Einwanderung« lautete die Parole einer rechtsradikalen Partei im österreichischen Wahlkampf. So denken nicht nur Rechtsradikale. Aber genau diese Alternative würde uns auf Dauer beides nehmen.

## Reality Check: die Wahrheit über die Globalisierung

Globalisierung ist ein universeller, »ewiger« Prozess, eine Metakraft, die ihre Wurzeln tief in der menschlichen Geschichte hat. Ihn zu verhindern oder auch nur zu relativieren, hätte fatale Konsequenzen. Denn dieser Prozess ist engstens verbunden mit der Komplexitätsevolution in menschlichen Kulturen. Und damit mit jener Konstante des Fortschritts, die immer mehr Menschen Zugang zu materiellem Wohlstand und Freiheitsrechten ermöglicht.

Globalisierung ist nicht isoliert als *ökonomisches* Phänomen zu denken. Sie hat viele Dimensionen:

• Globalisiert wird der Zugang zu Technologie. Menschen in den »Entwicklungsländern« bekommen schnelleren Zugriff auf medizinische Dienstleistungen und Kommunikationstechnologien. Kaufleute in Sambia nutzen Handys für Bankgeschäfte, Bauern im Senegal, um Getreidepreise zu verfolgen, Gesundheitsarbeiter in Südafrika nutzen Handys für schnelleren Zugang zu Krankendaten. Dies führt zu dynamischeren Entwicklungsmöglichkeiten, als sie die alten Industrienationen vor 100 Jahren jemals hatten.

• Globalisiert werden in einem zähen, von Rückschlägen umsäumten Prozess *Wohlstandsmuster*, man könnte auch sagen: Privilegien. Sinkende Kinderzahlen zum Beispiel. Frauenrechte. Steigende Anteile von Erwerbsarbeit. Die Globalisierung ist in ihrem Wesen ein Diskurs über die Zukunft: über Menschenrechte und ihre Universalität wie Durchsetzbarkeit.

• Globalisiert werden auch kulturelle Zeichensysteme. Dies führt keineswegs, wie Kulturpessimisten unterstellen, zu einem

»kulturellen Brei«. Sondern zu neuer Vielfalt und vermehrter Kreativität. Weltmusik und »Fusion-Kitchen« sind Beispiele, wie globale Kulturen einen neuen Reichtum erzeugen und wie sie Randkulturen Zugang zu globalen Märkten ermöglichen. Bollywood schlägt auf Dauer Hollywood – und aus beidem entsteht irgendwann wieder etwas ganz anderes ...

Die Globalisierung ist keine Himmelsmacht, in der alle Dinge automatisch vonstatten gehen. Sie benötigt die Entwicklung eines verlässlichen Regelwerks, dessen Gültigkeit sich auch administrativ durchsetzen lässt.[29] Globalisierung verlangt allen beteiligten Parteien massive Wandlungsprozesse ab. Das gilt für die Gesellschaften der »Dritten Welt«, die in den Bannkreis des Eigentümerrechts und der demokratischen Institutionen gezwungen werden und ihre Kulturmodelle anpassen müssen. Es gilt aber auch und gerade für die privilegierten Spät-Industrienationen des Westens.

Damit aus der Wanderung der Kapitalströme kein negatives oder Nullsummenspiel wird, müssen wir im Westen uns schneller vom traditionellen Industriemodell verabschieden, als uns vielleicht lieb ist. Während die industriellen Arbeitsplätze nach Fernost abwandern, müssen wir unseren Strukturwandel vorantreiben. Wir werden von der Globalisierung nicht »aus dem Haus«, sondern »die Treppe hochgetrieben« – in die Wissensökonomie, in der die Kräfte des Geistes, des Wissens, des Designs, der komplexen schöpferischen Arbeit die Spielregeln bestimmen.

Dafür müssen wir uns anstrengen, verdammt! Und das ist nur gerecht so!

# Das Märchen von der »aufklaffenden Schere« zwischen Arm und Reich

Ich war nie arm, nur pleite. Arm sein ist ein Geisteszustand, pleite sein ein vorübergehendes Desaster.

*Mike Todd*

## Die Schweizer Armut

Sommer 2005 auf den grünen Almen und in den schmucken Städtchen der Schweiz. Düstere Wolken verdunkeln die Idylle. Schweizer Zeitungen brachten ein Stakkato von sich gegenseitig übertreffenden Meldungen über die »neue Armut«, die sich nun auch und gerade in der Schweiz unaufhörlich ausbreite.

*Armut*
*Fatal – der Anteil der armen Bürger steigt!*
*Working Poor auch in der Schweiz*
*Skandal: Immer mehr Menschen müssen ohne Wohlstand leben!*
*Schon 1 Million Schweizer gelten als arm!*
*Reich und Arm: Schere geht immer mehr auseinander*

Jahrelang hatte man es befürchtet, und nun zeigte der neoliberalistische Turbokapitalismus auch in einem Land sein hässliches Gesicht, das sich bislang als Insel der Seligen gewähnt hatte. In dem der Begriff des »Wohlstandsbürgers« gewissermaßen erfunden wurde.

Was war dran am Armutsalarm? Zunächst müssen wir die statistischen Methoden kennen, mit denen Armut definiert wird. In der Europäischen Union wird die Armutsgrenze mit 60 Prozent des durchschnittlichen Pro-Kopf-Einkommens einer Nation definiert. In der Schweiz wird sie etwas anders gerechnet. Hier nimmt man die untersten 20 Prozent der Einkommenspyramide und ermittelt daraus einen Mittelwert. Wer darunter liegt, ist arm.

In konkreten Zahlen vom Herbst 2005 bedeutete das: Wer ein Monatseinkommen von unter 2 450 Schweizer Franken hatte (etwa 1 635 Euro), und zwar *nach* Steuern und Sozialabgaben, galt als arm.

2 450 Schweizer Franken. Man lasse sich diese Summe einmal auf den Tisch blättern. Ein Vier-Personen-Haushalt mit monatlichen 4 450 Schweizer Franken (rund 3 000 Euro) wird als arm eingestuft. Und zwar unabhängig von der Wohnungseinrichtung, vom »Stabilvermögen«.[1]

Nun will ich nicht bestreiten, dass es auch in der reichen Schweiz Armut gibt (und vielleicht ist sie inmitten eines Wohlstandslandes schwerer zu ertragen als dort, wo auch der Nachbar nur das Nötigste hat). Diese bizarre Debatte illustriert jedoch die *Relativität* des Armutsbegriffes – seine unglaubliche Anfälligkeit für ideologische Funktionalisierung, seine Wandlungen im Verlauf der Geschichte.

Vor 10 000 Jahren waren, mit Ausnahme einer schmalen Herrscherkaste, alle Menschen auf diesem Planeten bitter arm. Selbst die Herrschenden blieben, im Sinne unseres heutigen Wohlstandsbegriffs, arme Teufel. Litten sie doch an denselben tödlichen Infektionskrankheiten wie alle anderen. Selbst die teuersten Doktoren konnten keine anständige Operation durchführen, und die sanitären Anlagen ließen, auch wenn sie aus Gold und Alabaster waren, zu wünschen übrig. Ebenso war die körperliche Mobilität sehr eingeschränkt. Um Weltreiche zu erobern oder Artgenossen zu besuchen, brauchte man Monate oder Jahre.

Gegenüber der Besatzung des Raumschiffs Enterprise im 24. Jahrhundert sind wir Heutigen dagegen allesamt äußerst arm, selbst wenn wir voluminöse Nummernkonten in der Schweiz unterhalten. Deren Kommandant, Captain Picard, sagt beiläufig in einer Folge von *Star Trek*: Wir haben im vergangenen Jahrhundert das Geld abgeschafft. Wir hatten Wichtigeres zu tun!

Wohlstand gebiert immer neue relative Armut. Je wohlhabender ein Land, eine Gruppe von Menschen, ein Planet wird, desto mehr werden die statistischen und »erlebten« Schwellenkriterien für Armut nach oben wandern. Dies erzeugt unentwegt neue Lobbys, die die Unterschiede zwischen Menschen skandalisieren und daraus in der einen oder anderen Weise Honig saugen.

Diese Relativitätstheorie der Armut müssen wir verstehen, bevor wir uns mit der *realen* Armut auseinandersetzen. Dass skandalöse, grausame Armut existiert, ist unbestritten. Nur: Wohin entwickelt sie sich? Nimmt sie zu? Oder ab? Eskaliert sie gar? Was sind die Ursachen? Um diese Fragen ist einer der härtesten Propagandakriege unserer Tage entflammt. In diesem Mentalkrieg werden keine Gefangenen gemacht, denn es geht ja um die »Unterschichten«.

Zur Berechnung von Gleichheit und Ungleichheit gibt es eine einfache, relativ unbestechliche Größe: den Gini-Koeffizienten. Benannt nach dem italienischen Statistiker Corrado Gini, misst der Gini-Koeffizient die Relation zwischen den obersten und den untersten Einkommensschichten. Bestimmt wird er entweder auf einer Skala von 0 bis 1 oder in Prozent von 1 bis 100. Je höher der Wert liegt, umso größer ist die Ungleichheit.

Der Gini-Koeffizient der Wohlstandsnationen hat sich in den letzten Jahren und Jahrzehnten wenig geändert. Er liegt zwischen 0,2 in den nordeuropäischen und 0,3 in den meisten anderen Wohlstandsnationen. In Deutschland erhöhte er sich in den letzten Jahren minimal von 0,27 auf 0,28. In Österreich blieb er konstant bei 0,24. Sehr »gleiche Gesellschaften« wie Schweden und Norwegen wurden einen Hauch ungleicher – von 0,20 auf 0,23 (Schweden). In Europa stieg der Ungleichheitsfaktor am stärksten in Italien (0,31 auf 0,35, was mit den Schwierigkeiten des unterentwickelten agrarischen Südens und dem Boom in Norditalien zusammenhängt).[2]

Die USA hat traditionell einen relativ hohen Gini-Koeffizienten (0,34) mit leicht steigender Tendenz. In einigen Ländern, etwa Kanada, nahm der Gini-Faktor deutlich ab. In Japan blieb er gleich, trotz lang andauernder Wirtschaftskrise.[3] Der Gini-Koeffizient der Erde verändert sich je nachdem, was wir zur »Erde« zählen. Wenn China eingerechnet wird, nimmt der Welt-Gini-Faktor deutlich *ab* – von 0,57 auf 0,51 im Jahre 2003. Rechnen wir China mit seinen vielen Aufwärtsmobilen heraus, steigt er leicht an.[4]

## Das Armutsparadox

Das vielleicht gründlichste Werk zur globalen Ungleichheit stammt von einem Top-Ökonomen der Weltbank, Branko Milanovic.[5] Wenn wir sein Buch *Worlds Apart* genau lesen, kommen wir zu folgenden – zunächst verwirrenden – Einsichten.

*Wahr ist: Die »absolute« Distanz zwischen den ärmsten und den reichsten Menschen nimmt tatsächlich zu.* Diese Tatsache erklärt sich allein schon aus der Dynamik der Globalisierung. Diese schafft immer größere, eben planetare Märkte. In diesen Riesenmärkten können einzelne Firmen oder Individuen von immer größeren ökonomischen Hebelwirkungen profitieren. Bill Gates wird immer *noch* reicher, weil seine Software bis in die entlegensten Winkel der Erde vordringt. Finanzspekulanten werden nicht nur reich, sondern superreich, weil ihnen nun nicht nur die Börsen von Paris oder New York zur Verfügung stehen, sondern ein gigantischer, elektronischer Simultan-Finanzweltmarkt von L. A. bis Singapur. Schlaue Reiche werden also noch reicher, weil sie nun den ganzen Globus als Ressource nutzen können.

Gleichzeitig hat sich die Anzahl der »Failed States«, in denen die Ärmsten der Armen leben, leicht erhöht. Darunter befinden sich Länder, die noch *nie* die Wohlstandsschwelle überschritten haben, aber auch einige sogenannte »Backlash-Länder«, die in den siebziger oder achtziger Jahren zur »Zweiten Welt« gehörten und dann, durch Bürgerkriege, Diktaturen, falsche Politik oder

Abkapselungsprozesse einen Niedergang erlebten (zum Beispiel der Iran bis 1990, Nicaragua, Nordkorea, einige GUS-Staaten und die Hälfte der Länder Afrikas).[6]

Wichtig ist aber zu wissen: Die meisten der »Failed States« haben sehr geringe Bevölkerungszahlen. Haiti gehört heute zu den ärmsten Nationen der Welt. Und das war noch nie viel anders. Aber die Bevölkerung Haitis zählt weniger als ein Hundertstel der von China, wo, wie wir alle wissen, die ökonomische Musik spielt.

*Wahr ist: Immer mehr Menschen werden immer wohlhabender.* In den bevölkerungsstarken Ländern der Erde, in denen zwei Fünftel der Weltbevölkerung leben, entsteht derzeit eine gewaltige neue Mittelschicht, die die Wohlstandsverluste der »Failed States« mehr als kompensiert. Allein die indische Mittelschicht (mittleres Jahreseinkommen um 5 000 US-Dollar pro Kopf) wird in den nächsten Jahren auf über 150 Millionen Haushalte anwachsen – mehr als in ganz Europa. Solche Prosperitätsprozesse finden sich aber auch in bevölkerungsreichen Staaten wie Mexiko, Vietnam, Thailand, Brasilien, Indonesien. Und allen Unkenrufen zum Trotz auch in nicht wenigen islamischen Ländern (Tunesien, Algerien, Ägypten, Türkei, sogar Iran).

*Wahr ist: In vielen aufstrebenden Nationen erhöht sich die Ungleichheit – aber nur in der ersten Phase des Wohlstandszuwachses.* Wie in der frühen Industrialisierung im Europa des 19. Jahrhunderts entsteht im Transformationsprozess zunächst eine »pauperisierte Klasse«, der die alten agrarischen Lebensgrundlagen wegbrechen, ohne dass sie im allgemeinen Aufwärtstrend sofort mithalten kann. Die chinesischen Bauern werden zu Wanderarbeitern. Die Indios Boliviens werden zu nahezu rechtlosen Landarbeitern. Bei der *Festigung* des Wohlstandsprozesses nimmt diese Ungleichheit allerdings wieder ab – durch Spill-off-Prozesse des Wohlstands, verbesserte Infrastruktur und staatlich

organisierte Transferprozesse, die sich vor allem im Gesundheits-
und Bildungswesen manifestieren. Irgendwann entsteht dann jene
klassische Einkommensverteilung mit »Mittelstandsbauch«, wie
wir sie aus Westeuropa kennen.

## Ein Zukunftswohlstandsmodell

Wie kann diese verwirrende »Gleichzeitigkeit des Ungleich-
zeitigen« existieren?[7] Zum besseren Verständnis verhelfen
Grafiken, (vereinfachte) Darstellungen der Wohlstandskurve
(oder des »Wohlstandsbauches«) der Erde im letzten Halbjahr-
hundert.[8]

1970 ist der Wohlstandsbauch der Erde relativ flach und deutlich zweigeteilt (Abbildung 1). Das mittlere Monatseinkommen
in den USA oder Westdeutschland beträgt rund 500 US-Dollar.

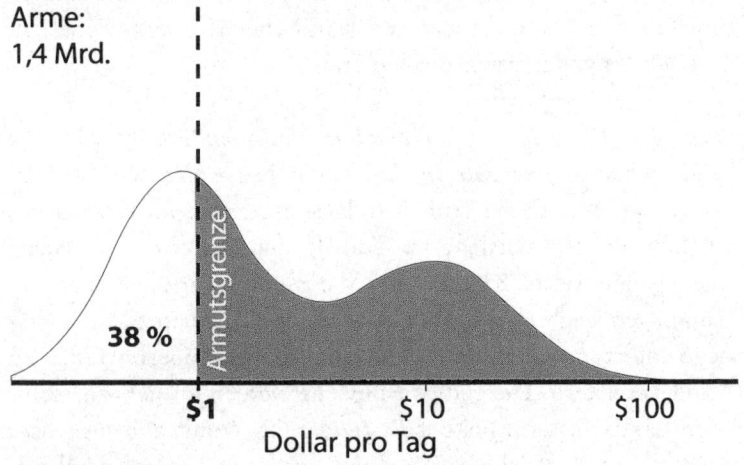

Abbildung 1: Armut und Weltwohlstand 1970.

Industrialisierungsprozesse haben in der »Dritten Welt« so gut wie noch gar nicht stattgefunden. Der Abstand zwischen »ganz arm« und »ganz reich« ist also klar erkennbar. 1,4 Milliarden Menschen, satte 38 Prozent der damaligen Menschheit von 3,7 Milliarden, liegen unter der Elendsschwelle von (kaufkraftbereinigten) 1 US-Dollar pro Tag.

Im Jahre 1990 hat sich der Weltwohlstand massiv erhöht, wobei der »Peak«, also jener Kurvenbereich mit den meisten Menschen, sich bereits nach rechts, hinter die Armutsgrenze verschiebt, wie man in Abbildung 2 sehen kann. In *absoluten* Zahlen hat sich die Menge der bitter Armen nicht verändert. Da gleichzeitig aber die Weltbevölkerung auf 5,3 Milliarden stieg, sank ihr Anteil auf 26 Prozent.

In den neunziger Jahren, nach dem Fall des Eisernen Vorhangs, beschleunigte sich die Globalisierung massiv; Indien, China und andere Schwellenländer gewannen an wirtschaftlicher Dynamik. Damit flachte die globale Spaltung weiter ab; nur noch ein »Wohl-

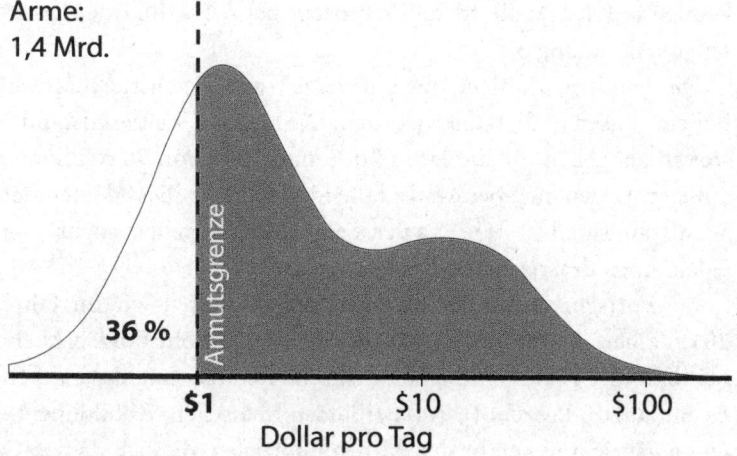

Abbildung 2: Armut und Weltwohlstand 1990.

## Weltbevölkerung 6,1 Milliarden

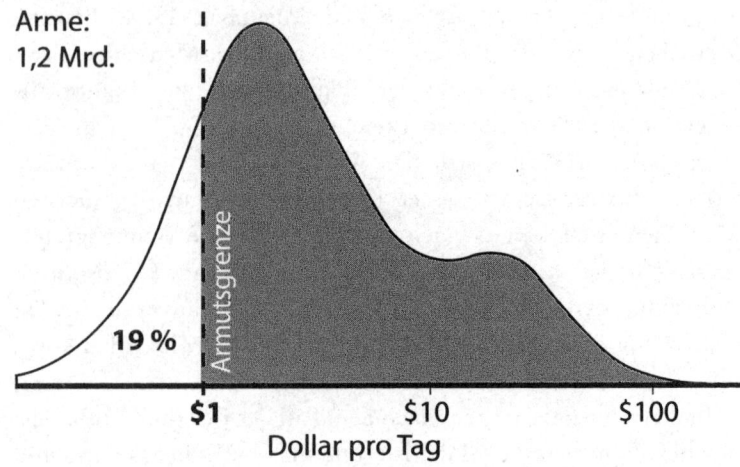

Abbildung 3: Armut und Weltwohlstand 2000.

standsbuckel« blieb von der geteilten Welt der Nachkriegszeit übrig. Die Zahl der Ärmsten *sank* bis zum Jahr 2000 in absoluten Zahlen auf 1,2 Milliarden: 19 Prozent bei 6,1 Milliarden Menschen (Abbildung 3).

Die heutigen Zahlen, obwohl derzeit erst bruchstückhaft erhoben, weisen in dieselbe Richtung. Die meisten Weltwohlstandsstatistiken gehen für die Jahre 2006 und 2007 von 90 Millionen äußerst Armen aus, bei weiter fallender Tendenz. Dissidenten der Wohlstandsanalyse wie Xavier Sala-i-Martin gehen sogar von einem noch drastischeren Rückgang aus.[9]

Bei Fortschreibung der heutigen Trends hätten wir im Jahre 2015 einen kaum noch wahrnehmbaren »Wohlstandsbuckel« oberhalb der Peak – und eine drastische Reduzierung der starken Armut auf 10 Prozent (= 700 Millionen Menschen; Abbildung 4). Das entspricht ungefähr den Millenniumzielen, die sich die UNO und andere Organisationen gesetzt haben.[10]

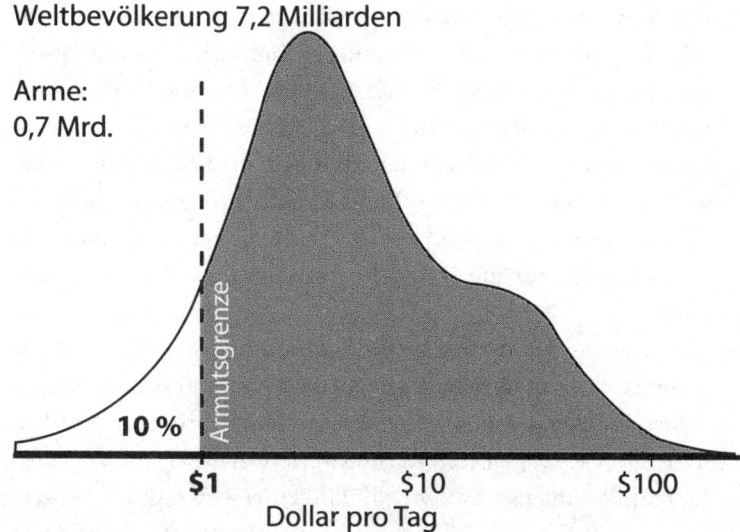

Abbildung 4: Armut und Weltwohlstand 2015.

## Wahr ist auch: Vielen Armen geht es immer besser

Arm ist arm, könnte man meinen. Aber Armut ist nicht nur über das *Einkommen* definiert, sondern auch über *Zugang* – zu Ressourcen der unterschiedlichsten Art.

- Der Zugang der Armen zu *Gesundheitsressourcen* nimmt zu. So sank zum Beispiel die Säuglingssterblichkeit auch in den Ländern der »Vierten Welt« in den letzten 50 Jahren beständig (mit Ausnahme sehr weniger Länder wie Uganda), während die Geburtenrate drastisch abfiel. Dies weist darauf hin, dass die Frauen verbesserten Zugang zu Verhütungsmittel haben.[11]
- Der Zugang der Armen zu *Bildung* verbessert sich. Die Alphabetisierungsrate der Welt ist kontinuierlich gestiegen, gerade in Afrika wuchs sie überproportional, wenn auch ausgehend von niedrigen Niveaus.

- Der Zugang der Armen zu *Nottransfers* nimmt zu. Hunger-
  oder Naturkatastrophen verlaufen heute weniger dramatisch;
  sie werden in einer Welt der globalen Transportkapazitäten
  schlichtweg besser gemanagt. Die Weltöffentlichkeit reagiert
  heute weitaus aufmerksamer als noch in Zeiten des Kalten
  Krieges. Die Macht, Anzahl und Effektivität global agierender
  Institutionen hat sich erheblich erhöht (jüngstes Beispiel: die
  Hilfsaktionen für die Opfer des Tsunami im Indischen Ozean
  2004).[12]
- Der Zugang der Armen zu *Billigprodukten* und *Technologie*
  verbessert die materielle Lage auch für die untersten Einkommensschichten. Die gewaltigen Produktivitätsprozesse der Weltwirtschaft erzeugen immer preiswertere Artikel, die auch für
  sehr Einkommensschwache allmählich erschwinglich werden.
  »Climber Products«, Billigprodukte in massenhaften Auflagen,
  gelangen heute durch verbesserte Distributionssysteme bis in
  den hintersten Winkel der Erde.[13]

Wenn wir Armut in *Kaufkraftparitäten* messen, stellt sich die
Entwicklung in einem noch anderen Licht dar. Ein Haushalt in
Indien mit einem Einkommen von 300 Euro im Monat kann sich
für diesen Betrag Güter und Dienstleistungen kaufen, die einem
Äquivalent von hierzulande 1500 Euro entsprechen. Deshalb
gehen heute junge Deutsche nach Bangalore, um zu arbeiten – und
leben dort von 600 Euro Monatseinkommen ein wunderbares
Mittelschichtsleben.[14]

## Wege aus der Armut

Der Süden Kenias ist eine fruchtbare Landschaft, in der Rin-
derherden seit vielen Jahrhunderten die Nahrungsgrundlage für
die Stämme der Massai und für sesshafte Bauern bilden. Aber
diese Gegend wird seit Menschengedenken immer wieder von

Dürreperioden heimgesucht, in denen das Vieh verdurstet und die Menschen verhungern. Veränderte Sozialstrukturen hatten dazu geführt, dass die Bewohner nicht mehr fortzogen in regenreichere Gegenden, wie sie es im Zeitalter des Nomadentums taten. Sie blieben. Und hungerten. Und starben.

Bislang wurden Dürreperioden durch den westlichen Spendenstrom überbrückt. Die Menschen bekamen Hirse, Reis und Wasser von den zahlreichen Hilfsorganisationen, die die spendenwilligen Reichtumsländer inzwischen wie eine Pipeline mit den Elendsregionen der Erde verbinden. Und irgendwann fiel dann wieder Regen. Das System funktionierte im Großen und Ganzen, führte aber – wie alle Spendensysteme – zu Nebenwirkungen. Viele Viehbauern gaben in der Trockenzeit ihre Tätigkeit ganz auf. Nun aber bahnt sich eine neue Idee Raum. Warum nicht aus dem klimatischen Wechsel, wie in jeder Risikoökonomie, ein Geschäft machen? Die Axa Re, eine der weltgrößten Rückversicherungen, schloss im Jahr 2006 den ersten Versicherungsvertrag für humanitäre Notfälle ab – und zwar mit der äthiopischen Regierung. Für eine Prämie von 70 000 Euro wird eine Deckungssumme von bis zu 5,8 Millionen garantiert, falls es in einem bestimmten Zeitraum nicht regnet.[15]

Könnte ein solches Modell einer Klimaversicherung einen Paradigmenwechsel einläuten, von den »Hungerspenden« mit all ihren fatalen psychologischen Folgen der Abhängigkeit und Demoralisierung der örtlichen Bevölkerung hin zu einem marktwirtschaftlichen Modell der Armutsbekämpfung?

Der Ökonom, Soziologe, Philosoph und Nobelpreisträger Amartya Sen beschreibt in seinen Schriften Armut als *System*. Man kann dieses System quantifizieren, diagnostizieren – und verändern. Es geht im Kern um »social choice«, um Zugang: zu Rohstoffen, Bildung (besonders für Frauen), Kapital. Und diesen Zugang kann man mit den Kräften des Marktes stützen und stärken.[16]

Jeffrey Sachs hat in seinem Werk *Das Ende der Armut* gleichwohl auf die Grenzen dieser marktwirtschaftlichen Möglichkeiten hingewiesen. Er schildert die komplexe Systemik der Wohlstandsentwicklung – das Ineinandergreifen von Markt, Institutionen, gesellschaftlichem Vertrauen von der Basis her. Er ist optimistisch, dass die romantische Forderung einer Rock'n'Roll-Kampagne von 2005 – »Stop Poverty Now!«– in den nächsten Jahrzehnten Wirklichkeit werden kann. Gleichwohl spricht er von einer »Einstiegslücke«: Wo Gesellschaften sich in lang andauernden Kriegen befinden, unter dem Joch von Diktatoren stehen, wo die grundlegenden Dinge wie eine basale Gesundheitsversorgung, Rechtsprechung und sauberes Wasser nicht vorhanden sind, können die Mechanismen der Wohlstandsentwicklung nicht greifen. Sachs plädiert deshalb für eine »Politik der ersten Leitersprossen«: Die Weltgemeinschaft soll und kann den armen Nationen auf jene Stufe der Leiter verhelfen, von der aus sie allein weiterklettern können.[17]

## Loblied des vitalen Unterschiedes

Eine Frage sollte in diesem Zusammenhang zumindest einmal vorsichtig gestellt werden: Wie viel Gleichheit ist »richtig«? Wie viel Armut »brauchen« wir? Wie viel Sicherheit ist »gerecht«?

Der moralische Mensch (und wer wäre das nicht?) wird an dieser Stelle sofort empört die Hand heben und Einspruch einlegen. Ungleichheit kann *niemals* gerecht sein!

Aus der Weisheitssicht der Spiel- und Systemtheorie stellt sich die Lage jedoch anders dar. Ein Gini-Koeffizient von null – jeder Bürger hat ein gleiches Einkommen – ist nicht nur in den kommunistischen Experimenten des 20. Jahrhunderts gründlich gescheitert. Eine Gleichheitsgesellschaft lähmt, weil sie jene aufwärtsdynamischen Anreizwirkungen nicht zur Verfügung stellt, von denen *alle* profitieren. Und sie wäre gegenüber den besonders Leistungsbereiten völlig ungerecht.

Eine gute und gerechte Gesellschaft zeichnet sich nicht durch

Ergebnisgleichheit, sondern durch verbesserte *Aufstiegsoptionen* aus. Ihr Indikator ist die Aufwärtsmobilität, also die Anzahl der Menschen, die im Zeitraum x ihre Lage verbessert haben – aus eigenem Antrieb! Und die ist in den meisten Fällen, auch in der von der »Neuen Unterschicht« gebeutelten Bundesrepublik, viel höher, als wir denken.[18]

Es liegt auf der Hand, dass allzu viel Sicherheit – von Arbeitsplätzen, Status und sozialer Stellung – dieser Dynamik keine Chance lässt. Die »Alteingesessenen« sitzen dann bräsig auf ihren Privilegien. Und jammern, weil dies ökonomischen Erfolg verspricht. Die Gesellschaft erstarrt. »Soziale Sicherheit«, deren Vermehrung und Perfektionierung in jedem zweiten Zeitungskommentar gefordert wird, hat also eine kontraproduktive Wirkung auf die Vitalität einer Ökonomie.[19]

Ebenso gilt, dass Reichtum nichts Böses ist, sondern eine Ressource. Reichtum nimmt, entgegen des weit verbreiteten binären Gerüchtes, niemandem »etwas weg«. Im weltweiten Ideenkapitalismus wird *alles* zu Produktionskapital. Selbst der Milliardär, der sein Geld in Aktiendepots oder Kunstwerken hortet, befeuert damit die Weltwirtschaft, wovon andere einen Vorteil haben.

Wichtig ist allerdings, dass *alle* die Chance haben, sich nach oben zu bewegen. Und dass diejenigen, die dies nicht allein können, eine verlässliche sanfte Kraft finden, die ihnen dabei hilft, die entsprechenden »Tools« zu entwickeln.

## Reality Check: die Wahrheit über Armut und Wohlstandsentwicklung

Armut ist eine anthropologische Konstante. Es wird niemals gelingen, sie völlig auszurotten. Weil Menschen verschieden sind. Weil das Schicksal menschlicher Gesellschaften Niedergänge ermöglicht. Weil Wohlstand ein komplexes soziokulturelles Kunstwerk ist, das auf langen Lernprozessen beruht.

Der überwiegende Teil der Weltbevölkerung ist in den letzten 30 Jahren wohlhabender, gesünder, gebildeter, langlebiger geworden. Ein Trend, der sich fortsetzen und im Zeitalter der Vernetzung und Globalisierung auch beschleunigen lässt.

Das, was in vielen Wohlstandsnationen in den letzten Jahrzehnten möglich war – die Absicherung der *grundlegenden* Lebens- und Wirtschaftsrechte –, wird in diesem Jahrhundert auch auf globaler Ebene zu realisieren sein. Die Erde bekommt eine Art Sozialsystem. Dieses Sozialsystem kann aber nicht auf (sinnlosem und schädlichem) rein geldlichem Transfer basieren. Es muss auf die *Grundlagen* von Wohlstandsprozessen zielen. Armutsbekämpfung benötigt ein eigenständiges *Benchmarking*, in dem folgende Faktoren gemessen und vorangetrieben werden:

- *Zugang zu Investitionskapital:* Microbanking im Sinne einer neuen monetären »Basisökonomie« wird seinen Siegeszug weiter fortsetzen. Von Bangladesch ausgehend, ist die Idee heute in Osteuropa und Afrika angelangt, ebenso in Indien, wo mit sogenannten »Smart Cards« Aufbaukapital für Millionen von indischen Kleinunternehmern zur Verfügung gestellt wird.[20] Auch in Mexiko vergeben Banken neuen Typs wie die Banco Azteca Millionen von Kleinkrediten.[21]
- *Garantie der Basisgesundheit:* Gewaltige neue Gesundheitsgroßorganisationen, finanziert vom Privatkapital der Globalisierung (wie die »Gates Foundation«), werden auf dem Feld der internationalen Hilfsorganisationen eine ganz neue Rolle spielen. Gerade in der Krankheitsbekämpfung, einem zentralen Thema besonders in Afrika, können solche Organisationen gewaltige Fortschritte erzielen. Und tun es auch heute bereits: AIDS hat seinen dramatischen Höhepunkt in vielen Ländern der Dritten Welt bereits überschritten, erste Erfolge zeigen sich auch bei Malaria und Infektionskrankheiten von Kindern.
- *Rechtsgarantie*: Nichts verschärft und verhärtet Armut derart wie Diktaturen. Obwohl die Anzahl diktatorischer Systeme

kontinuierlich abnimmt, bleibt eine wichtige politische Frage, wie man hartnäckige Willkürregime, die unentwegt Elend produzieren (man denke an Nordkorea) beenden kann.

# Das Märchen von der medialen und sonstigen Verblödung der Menschheit

> Bildung ist wichtig, vor allem wenn es gilt, Vorurteile ab-
> zubauen. Wenn man schon ein Gefangener seines eigenen
> Geistes ist, kann man wenigstens dafür sorgen, dass die
> Zelle anständig möbliert ist.
>
> *Peter Ustinov*

> Die Kinder von heute sind Tyrannen. Sie widersprechen
> ihren Eltern, kleckern mit dem Essen und ärgern ihre Lehrer.
>
> *Sokrates*

## Das verderbte Medium

Die ersten Medienkritiker waren wahrscheinlich Schamanen, die die Künstler von Lascaux verdammten. Weil diese, statt sich der schönen Hirsche und Bisons in der lebendigen Natur zu erfreuen und fleißig zu jagen, sie profan und *künstlich* in Höhlen auf *Stein* übertrugen! Welche absurde Vorstellung! Welche frevelhafte Tat!

Einige Jahrtausende später galt Platons kulturpessimistische Kritik bereits dem Alphabet, der geschriebenen Sprache. Mit dem allgemeinen Aufkommen der Schrift, so Platon, würden die Menschen Texte nur noch repetieren, statt sie auf dem Wege der Rhetorik und des gesprochenen Wortes zu verinnerlichen:

> Denn dieses Schlimme hat doch die Schrift ... und ist darin ganz der Malerei ähnlich: Denn auch diese stellt ihre Ausgeburten hin als lebend, wenn man sie aber etwas fragt, so schweigen sie gar ehrwürdig still.[1]

Im 18. Jahrhundert galt das sich schnell ausbreitende Printprodukt als verderbtes Kulturprodukt. Leibniz klagte über die »schreckliche und stets wachsende Menge von Büchern«, die zwangsläufig das Ende der Autorenrolle nach sich ziehen würde (er schrieb selbst 20 davon). J. G. Hoche verfasste im Jahr 1794 ein Pamphlet, in dem er die Ressentiments gegen das Lesen schlechthin summierte:

Die Lesesucht ist ein törichter, schädlicher Missbrauch einer sonst guten Sache, ein wirklich großes Übel, das so ansteckend ist wie das gelbe Fieber in Philadelphia; sie ist die Quelle des sittlichen Verderbens für Kinder und Kindes Kinder. Torheiten und Fehler werden durch sie in das gesellige Leben eingeführt und darin erhalten, nützliche Wahrheiten entkräftet und Irrtümer und Vorurteile begünstigt und vermehrt.[2]

Im Reichsspielfilmgesetz von 1920 wurde das öffentliche Abspielen von Filmen als eine Gefährdung der inneren Ordnung definiert. Alfred Döblin bezeichnete den Film damals als »ziemlich banales Unterhaltungsmedium, mit dem die Sensationslust befriedigt werden kann«. Nach dem Zweiten Weltkrieg schrieb Günther Anders in seinem kulturpessimistischen Bestseller *Die Antiquiertheit des Menschen* über die Vereinsamung und Isolierung durch das Radiohören.[3] Wenig später, in den siebziger Jahren, häuften sich dann Schmähschriften über das Fernsehen, diese »Droge im Wohnzimmer«[4], das die Menschen zur Passivität verdamme. Und als in den späten achtziger Jahren das »Computerzeitalter« anbrach, standen die Intellektuellen Schlange, um ihre wortgewaltigen Bedenkentiraden abzuliefern. Das Spektrum reichte vom »Big-Brother«-Vorwurf bis zum damals üblichen radikal-marxistischen Geschwurbel.[5]

Medienkritik ist so alt wie die Menschheit selbst – und sie treibt in allen Zeitaltern die wildesten Blüten.[6] Ihr Sinn, besser ihre Absicht, liegt auf der Hand: Medien repräsentieren Macht, und sie haben, wenn sie sich erneuern und verändern, immer auch eine subversive, zersetzende Funktion. Jedes neue Medium zerstört oder kritisiert zumindest die davor dominanten Kulturtechniken. Umgekehrt verleiht das Beherrschen der jeweils dominanten Kulturtechnik enorme Deutungsmacht. Wer Macht bewahren

will, muss vor allem die herrschenden Medien usurpieren und als
»alleinig mögliche« darstellen.

Bislang hat das auch ganz gut geklappt. Immer noch gilt das
lineare Lesen klassischer Texte als Bildungsakt, während der
Umgang mit multimedialen, vernetzten Medien wie dem Computer als eher verdächtige Tätigkeit süchtiger Jugendlicher gehandelt wird. Noch immer gilt das Abschreiben undenklich vieler
Quellen und das Fabrizieren massiver Fußnotenfriedhöfe als
»akademisch« und »wissenschaftlich«. Denn wir leben in einer
linearen Kopierkultur. Diese ist nicht so extrem ausgeprägt wie
im fernöstlichen Kulturraum, wo das perfekte Kopieren jahrtau-
sendelang die höchste Tugend darstellte. Aber auch bei uns gibt es
sie, die Nomenklatura des alten Wissens, die eifersüchtig darüber
wacht, dass niemand auf »dumme Gedanken« kommt.

Dafür müssen sie, *ad totum*, wie der Lateiner sagt, den Rest der
Menschheit für dumm verkaufen.


## Kollaterales Wissen

Wie haben frühere Generationen ihr Wissen erworben? Auf der
Straße, von Erwachsenen, im alltäglichen Leben. Schule, wie wir
sie kennen, ist erst ein Produkt des 18. Jahrhunderts. Lange Zeit
von der Kirche bekämpft, entwickelte sich die »Allgemeinbildung«
in den europäischen Nationalstaaten des späten 19. Jahrhunderts.
Sie war, zumindest in Europa, staatlich kontrolliert und differenzierte das Bildungsbild entlang der damals vorhandenen Schich-
tengesellschaft: Volksschule für die Arbeiter und Bauern, Mittel-
schule für die Handwerker und einfachen Kaufleute, Oberschule
für die Akademiker, Politiker und Wirtschaftsmächtigen.

Um die Grundlagen unseres heutigen Bildungsbegriffs zu ver-
stehen, müssen wir in die Gründungsphase zurückgehen. Die
Kernidee der Aufklärung bestand im *Weltwissen*, wie es durch die
Erfindung der Enzyklopädie manifestiert wurde. Diderot, Brock-

haus und viele andere Wissensverleger verfolgten die auf antiken Vorstellungen gegründete Idee des *Kanons*, der Inhalte, die jedem Menschen zugänglich sein sollten.

Die Schule griff diese Idee auf. Und seitdem sitzen sie da, die Schüler, aufgereiht in Reih und Glied. Vorne spricht der Lehrer die Wahrheit, den Kanon, die Schüler lauschen und adaptieren Wissen, überwiegend immer noch durch Auswendiglernen.

Aber neben dieser Welt des Curricularen gab es immer schon eine andere Welt der Kognitionen und des Kognitiven. In ihnen formte sich Wissen als subjektives Know-how oder als instinktive Verständigung zwischen Menschengruppen. Wissen »sickerte« in Menschen und Kulturen ein, durch die unendlichen Schnittstellen, die den menschlichen Geist mit seiner Umwelt verbinden. Durch Kommunikation, Neugier, durch reales und mentales Reisen.

Zum Beispiel die Elternerziehung – auch dies ein Begriff der Neuzeit. »Erziehung«, das war in der agrarischen Welt reine Schulung im Umgang mit Natur und Naturereignissen: Wie hackt man einen Acker, wie schlachtet man ein Tier? »Persönlichkeitserziehung«, das kam erst in der bürgerlichen Gesellschaft zum Tragen. Nun wollte man Menschen »charakterlich formen«, zur »Tugend erziehen«, »zum Leben ermächtigen«. Denn die Kulturleistungen, denen sich das Bürgertum verpflichtet hatte, erzwangen eine hohe Disziplinierung des Selbst – kulturell, sozial, wirtschaftlich. Sprache wurde ein wichtiges Werkzeug beruflichen Fortkommens, Schrift, Formalität und Höflichkeit – alles das brauchte man für eine neue Welt der gesellschaftlichen Beziehungen, in denen die Ökonomie und ihre Zähmung eine zunehmende Rolle zu spielen begann.

Kindererziehung blieb dennoch über lange Zeit nichts anderes als »schwarze Disziplinierung«. Die Reformpädagogen der bürgerlichen Welt – Montessori, Freinet und viele andere –, die die Idee der kindlichen Individualität und Autonomie verfolgten, blieben isoliert. Kinder bekamen – Ausnahmen bestätigen die

Regel – gesagt, was sie *nicht* tun sollten, der elterliche Einfluss beschränkte sich auf Ermahnung und moralische Zurechtweisung. Verbote dominierten alle Erziehungsmaßnahmen, was einerseits in einer Knappheitsgesellschaft sinnvoll war, andererseits auch ein gigantisches emotionales Vakuum erzeugte.

Spätestens nach dem Zweiten Weltkrieg, der Autoritäten und Hierarchien auf breiter Front delegitimierte, musste dieser Kessel explodieren. Und auch hier spielten die Medien eine wichtige Rolle. Das Fernsehen holte das Entfernte heran, die Musikindustrie verbreitete rasend schnell die Rhythmen des Beat und des Rock'n'Roll, die Sphärenklänge der Psychedelik und die Raserei des Jazz. »Alles Teufelszeug!«, riefen die Eltern. Und sie hatten ja Recht! Die elektronischen Medien erst verliehen der jungen Generation jene »Power«, mit der sich das Generationenverhältnis aushebeln ließ.

Es folgte die antiautoritäre Zeit mit ihrem ungeheuren Aufbruch in ein mega-autonomistisches Menschenbild. Wer die Kinderbücher und pädagogischen Traktate dieser Zeit liest (und ihre heutigen Kopien), wird Zeuge eines schier unglaublichen Umdeutungsprozesses: Alles diente plötzlich der Aufmüpfigkeit, der Rebellion, der Selbstentdeckung und radikalen Selbstbehauptung. Es wimmelt seitdem in unserem Charakterkosmos von frechen Mädchen und kleinen Mäxchen, die fröhlich alle Monster erschlagen und jeden Polizisten am Bart durch die Stadt führen. Das Ich und seine (rebellische) Selbstkonstruktion und Selbstbehauptung stehen seitdem im Zentrum aller pädagogischen Bemühungen (deutsche Kinder heißen deshalb heute alle »Maximilian«, »Leo« oder »Marie«).

»Gebt den Kindern das Kommando«, sang Herbert Grönemeyer 1989. Erziehung, das wurde nun zum »Lernen am Kind«. Eltern mutierten zu Kumpels ihrer Kinder, die nun statt Respektspersonen geschrumpfte Erwachsene zur Seite hatten, denen man kaum etwas abschlagen konnte. Heute wird diesem Extremismus in zahlreichen Fernsehsendungen und Literaturproduktionen widersprochen. Derzeit ist die »kooperative Familie« im Kommen – man geht höflich und mit ausgefeilten Regelsystemen miteinander um. Zwischen den Generationen, und neuerdings auch zwischen Ehepartnern.[7]

Das alles haben wir gelernt, obwohl es kaum gelehrt, obwohl es noch nicht einmal *begriffen* wurde.

## Die Wunder des Profanen

Steven Johnson hat in seinem Buch *Everything Bad Is Good For You* den Begriff des »Kollateralen Wissens« entwickelt.[8] Auch das Fernsehen, so Johnson, auch und *gerade* die Kultur des Profanen entwickeln unsere kognitiven Fähigkeiten ständig weiter. Dieses Wissen entsteht »kollateral«, quasi als Nebenwirkung intensiven Mediengebrauchs.

Wie das, möchte man sofort fragen – massiver Mediengebrauch *kann* doch nur verblöden! Die nachmittägliche »Outing-Show« mit tätowierten Bauarbeiter- und Sozialhilfeempfängerpaaren, die sich gegenseitig ihre Sexprobleme beichten, sich anschreien und vor laufender Kamera zu heulen anfangen, mag nicht besonders ästhetisch wirken. Aber das sind letztlich Geschmacksprobleme. Soap-Operas, so schaumig auch der Name klingt, weisen heute eine soziale und dramaturgische Komplexität auf, die in den sechziger Jahren kaum ein Spielfilm besaß. In diesen Shows und Dramen wird für alle, die bislang aus dem medialen Diskurs ausgeschlossen waren, *Selbstthematisierung* geübt. Und eine zentrale Botschaft moderner Gesellschaften bis tief in die Unterklassen hineingetrieben: *Du musst über deine Probleme reden*!

Schon die schiere Vielfalt des medialen Angebots, so Johnson, zwingt uns zu immer raffinierteren Entscheidungsalgorithmen, sie trainiert unsere mentalen »Metakognitionen«. »Kollaterales Wissen« ist das, was wir aus dem Meer der Informationen durch eine Art Meta-Scan heraussaugen. Blitzschnell entscheiden wir, was relevant ist und was nicht. Welche Diskurse welchen Interessen entspringen. Und unser Instinkt ist oft viel besser, als wir selbst glauben.

Man kann es an der schnellen Art sehen, in der heutige Jugendliche ihre Umwelt »scannen«: Sie haben gelernt, Tunnel in den gigantischen Brei des Medienangebots zu bohren und sich das herauszuholen, was für sie einen *Kontext* bildet. Diese Fähigkeit kann ihnen niemand mehr nehmen, auch wenn das Objekt ihrer Interessen zunächst »nur« Shakira oder Tokio Hotel heißt. Und diese metakognitive Entwicklung steigert sich im Multimedium des vernetzten Computers.

»We have to know what we want to know before we can start looking for it«, sagt der Medientheoretiker Kenneth Boulding treffend. Hier, im »Google-Bewusstsein«, findet tatsächlich ein Quantensprung statt, den die Medienkritiker vieler Jahrzehnte immer einforderten: Radio, Fernsehen, die klassischen Massenmedien, so hieß es zu Recht, sind nur *Passiv*medien, die den Zuschauer zum bloßen Empfänger machen. »Online« sein bedeutet hingegen beides. Es heißt *Adressat* zu sein von Kanälen, deren Auswahl man selbst bestimmt. Es heißt aber zunehmend auch »zurückzufunken«, sich einzumischen, sei es in die Produktion einer gigantischen Enzyklopädie (Wikipedia), eines komplexen Arbeitsprojektes oder virtueller, spielerischer Gemeinschaften.

John Seely Brown, der Ex-Direktor des legendären Xerox PARC, bringt die enormen kognitiven Potenzen der Computerspiele für die Lern- und Arbeitswelt der Zukunft so auf den Punkt:

Anders als Bildung, die durch die lineare Vermittlung von Büchern und frontalem Unterricht zustande kommt, findet in einem komplexen Online-Rollenspiel ein Prozess statt, den wir »Lebenslernen« (*accidental learning*) nennen. Man lernt nicht »über etwas«, sondern man »lernt zu sein« – sich in einer ständig wechselnden Umwelt zu behaupten und zu entwickeln. Man lernt durch Fehler, durch *trial and error*, durch Stolz und Freude, und das ist genau das, was die Kultur der Wissensgesellschaft ausmacht.[9]

Und Norbert Bolz ergänzt in seinem Buch *Bang-Design*:

Der Begriff des kollateralen Lernens befreit von dem Kulturpessimismus, der sich in den letzten Jahren vor allem auf die Videospiele konzentriert hat ... Videospiele trainieren das Entscheiden und den Umgang mit komplexen Systemen. Mehr als jedes andere Medium fördern sie das Vermögen der *Geistesgegenwart*, die »cognitive readiness«. Die Spieler lernen, visuelle Sprachen und Storys als Medien für die Verarbeitung riesiger Informationsmengen zu nutzen. Die neuen, spielerischen Lernumwelten sind nicht der Grund für die *Krise* der Bildung, sondern womöglich ihre Lösung.[10]

## Die Welt hinter dem Bildschirm

»World of Warcraft« (WOW) ist das derzeit größte Online-Computerspiel der Welt, eine dreidimensionale Simulationswelt mit gigantischen Ausmaßen und einer Sogwirkung, die kaum zu verstehen ist, wenn man das Spiel nicht selbst ausprobiert hat. Bald zehn Millionen Spieler leben heute als Bewohner dieser virtuellen Sekundärrealität, in der die Spieler nicht Tage, nicht Wochen, nicht Monate, sondern *Jahre* verbringen.

Lassen wir den »Suchtcharakter« hier einstweilen beiseite. Wovon lebt die Faszination dieses multimedialen Genres, das hier zu einsamen technischen und strukturellen Höhen geführt wurde? Was macht die Sogwirkung aus? Es sind drei Dimensionen, in denen das Spiel uns ergreift und nicht mehr loslässt.

- *Anthropologie:* Das Spiel beamt uns in eine Urlandschaft zurück, in der wir staunend umherwandern. Wälder, Wüsten, Savannen, Täler, Berge, die an die anthropologischen Ursprünge der menschlichen Existenz erinnern. In diesen Landschaften – es sind Tausende von Quadratkilometern, ganze Kontinente – wimmelt es von Tieren, giftigen Pflanzen, Monstern und anderen Bedrohungen, gegen die wir uns wehren müssen. Wir kehren also mental in eine Ursituation zurück: in das Jäger- und Sammlertum in einer feindlichen Umwelt. Und um Jagen und Sammeln geht es im Kern: kämpfen gegen Feinde, sich durchsetzen, die Beute davontragen, unentwegt Punkte machen ...

- *Psychologie:* Das Spiel lässt uns unmittelbar reflexiv mit unserer eigenen Persönlichkeit umgehen. Wir bauen uns in seinem Verlauf einen »Avatar«, einen Stellvertretercharakter, den wir über unendliche Mühen und Krisen entwickeln und verbessern. Dabei werden wir von Level zu Level stärker und mächtiger. Wir entkommen der kindlichen Ohnmacht, wir transzendieren vom schwachen Es zum mächtigen Ich und, wenn wir ehrgeizig sind, zum strahlenden Über-Ich, zum Power-Spieler. Auf diesem Weg können wir unter verschiedenen Persönlichkeiten, Strategien und Berufen wählen. Wir können heilender Priester oder brachialer Krieger, hübscher Elf oder hässlicher Troll, Frau oder Mann sein. Wir können in unserem Spielstil und mit den erworbenen Ausrüstungen magisch oder technisch agieren, auf Verteidigung oder brutale Gewalt setzen.

  Obwohl das Spiel von Kampf und Krieg handelt, ist es kein »Ego-Shooter«, sondern vor allem ein *Sozialspiel:* Die meisten Aufgaben sind ohne Kooperation und komplexe Kommunikation mit anderen Spielern nicht zu bewältigen. (Hier liegt das Zeitproblem begraben: In den höheren Leveln braucht man Stunden allein dafür, riesige Gruppen zusammenzustellen und zu koordinieren.) Das heißt auch: Es gibt im Spiel eine enorm starke Moral; selten wird man so zurechtgewiesen, moralisch abgekanzelt wie bei unfairem, gierigem oder unkooperativem Verhalten.

- *Ökonomie:* Schließlich ist das Spiel auch noch eine gut gemachte »kapitalistische Simulation«. Langfristig geht es darum, Mehrwert zu generieren und Reichtümer in Form von strahlenden Rüstungen und glänzenden Waffen anzuhäufen. Dazu muss man versteigern, spekulieren und handeln. Am Ende winkt das, was Menschen am allermeisten ersehnen: *Status*.

Schon in den ersten Stammesgesellschaften demonstrierten Häuptlinge ihre Stellung mit dem Herzeigen von »überragenden Gegenständen«. Ganze Kulturen beschäftigten sich über Jahrtausende mit dem Ansammeln und Zur-Schau-Stellen repräsentativer Güter. *Mein Haus, mein Swimmingpool, mein Pferd* – diese Dimensionen der mentalen Ökonomie bilden sich im Warcraft-Universum auf geradezu hypnotische Art und Weise ab. Was tut man, wenn man Warcraft zu Ende gespielt hat, also auf Stufe 70 angekommen ist? Anders als in normalen Computerspielen ist das Spiel dann nicht zu Ende. Es folgt eine Phase der Seniorität. Bei der 24-Stunden-Modenschau in der Haupthalle von Ironforge, der virtuellen Hauptstadt, kann man regelrechte Paraden abnehmen, in denen die Spieler ihre Schätze zeigen: unglaubliche Harnische, goldstrahlende Helme, irrsinnige Totschlägerwaffen. Seltene »epische« Gegenstände kosten ein Vermögen in »Gold«, der Währung, die allein im Spiel Geltung hat, die man aber längst auch im realen Raum mittels Euro oder Dollar *kaufen* kann (bei eBay zum Beispiel, ist aber illegal)!

Wenn man auch nur einen Moment aus dem kulturpessimistischen Wertungsraster ausbricht, wonach alle Videospieler seelisch verkrüppelte Gewaltfreaks sein müssen, fällt es einem wie Schuppen von den Augen: Hier wird symbolanalytisch *Menschheit* simuliert! World of Warcraft ist nichts als eine komplexe Simulation sozialer, ökonomischer und metapsychologischer Prozesse, die unseren Alltag auch in der *real world* prägen. Es ist nichts anderes als eine Weltspiegelung!

World of Warcraft ist die *Matrix*. Die Matrix der Humanevolution.

## Die Gamer-Kultur

Welche Eigenschaften entwickeln die Spieler im Reich »jenseits der Bildschirme«?

*Arroganz.* Gamer sind oft sehr coole, überlegen bis arrogant wirkende Typen. Kein Wunder, wenn man jeden Abend die Welt retten, gewaltige Monster besiegen und ganze Universen lenken kann! Die positive Seite dieser Erlebniswelt ist ein erhöhtes Selbstvertrauen: Computerkids haben die grundlegende Erfahrung gemacht, *etwas bewirken zu können.*

*Sozialkompetenz.* Multiplayer-Spieler sind in den meisten Fällen Sozialtiere, die für ihre Freundschaftsnetze nur andere Kanäle nutzen als Briefverkehr und Sammelleidenschaften. Die »social skills« sind auf große, rasch wechselnde Gruppen eingestellt, in denen »loose bonds« herrschen, also variable Bindungen, die man auch wieder lösen kann. Humor, soziale Eleganz und verbale Wendigkeit spielen dabei eine große Rolle. Wer »Warcraft« spielt, muss blitzschnell mit verschiedenen Menschen kommunizieren können – oder er landet als digitaler Außenseiter in der Wüste von Silithius ...

*Koordination.* Eine Studie der Universität von Rochester fand heraus, dass die visuelle Bildverarbeitung bei Gamern schon bei einer Spielzeit von zehn Stunden enorm gesteigert wird.[11] Ebenso verbessert sich das räumliche Vorstellungsvermögen und die Hirn-Hand-Koordination. Momentan experimentiert man mit Videospielen für Alzheimer-Kranke, um bestimmte Hirnareale zu stärken.

*Flexibilität.* Gamer wissen, dass es immer auch einen anderen Weg gibt, den nächsten Level zu erreichen oder ein Problem zu lösen, wenn eine Strategie nicht zum Erfolg führt. Das lässt sie unentwegt nach Alternativen und Innovationen suchen. Man muss im Cyberspace ausprobieren, improvisieren, »sich etwas einfallen lassen« – auch dies ähnelt dem Erfindungsreichtum evolutionärer Prozesse.

*Lust am Wettbewerb.* Gamer agieren in einem riesigen kompetitiven Umfeld, in dem jeder versucht, Vorteile zu ergattern. Diese Vorteile bekommt man manchmal in Win-lose-Spielen (auf Kosten anderer), oft aber auch in Win-win-Konstellationen (in der Gruppe). Gewinnstreben setzt sich hier um in Spielerfolg und bildet die Basis des Spielwitzes und der Spiellust. Anerkennung von persönlichem Ehrgeiz ist deshalb eine ganz logische und »natürliche« Sache für die Teilnehmer.

*Renitenz.* Die »Generation Game« akzeptiert nicht so leicht Autoritäten. Erstens, weil sie weiß, dass man immer nur *vorübergehend* den High Score haben kann. Zweitens, weil sie durch ihre Meinungsmacht auch die »Obrigkeit«, also die Programmierer des Spiels beeinflussen kann (bei WOW existiert eine starke »Produktionsdemokratie« – Blizzard, die Firma, die das Spiel entwickelt und betreibt, beteiligt die Spieler bei der Weiterentwicklung). Drittens, weil sie oft in unwegsamem Gelände in Gruppen unterwegs ist. Das fördert den Eigensinn und die Selbstermächtigung. Und außerdem versteht sowieso niemand ihre Sprache ...

Ist es nicht erstaunlich, wie diese Eigenschaften den »Skills« ähneln, die heute in jedem Assessment-Center großer Firmen von den Bewerbern in lukrative Jobs verlangt werden? Könnte es sein, dass nicht in Eaton, nicht in Harvard und auch nicht im grünen Lesekindergarten die neue Elite der globalen Wissenschaftsgesellschaft geformt wird – sondern in den unendlichen »Dungeons« und »Quests« der multimedialen Virtualität?

## Reality Check: die Wahrheit über Medien und Intelligenz

Entgegen allen kulturpessimistischen Alarmen nimmt die menschliche Intelligenz nicht ab, sondern generell zu. Dies gilt sowohl für die Bildungsniveaus, die in fast allen Ländern der Erde unaufhörlich ansteigen, wie für die »allgemeine Intelligenz«. Der jährliche »Input« an schulischer Bildung in die Menschen hat sich im 21. Jahrhundert verzwanzigfacht. 76 Prozent der Erwachsenen der Erde können heute lesen, 1990 waren es erst 64, in den sechziger Jahren nur 42 Prozent. Menschen werden in einem langen und komplexen Prozess im Durchschnitt immer klüger, und das *obwohl* die Bildungssysteme bisweilen unzureichend sind.[12]

Bildungsniveaus und »klassische« Intelligenzquotienten, wie sie in Tests ermittelt werden, sind jedoch nur unzureichende Maßstäbe, wenn es darum geht, die Entwicklung des menschlichen Geistes, des »mind«, zu beurteilen.

Kognitive Fähigkeiten entwickeln sich durch soziale Komplexität und durch Medien. Medien »morphen« wiederum durch menschlichen Einfluss. Dabei kommt es selten zu völligen Substitutionen, sondern stets zu Weiterentwicklungen und neuen Symbiosen. Das Fernsehen hat das Kino nicht abgeschafft, und das Internet wird das Buch nicht überflüssig machen. Der mediale Kosmos wird jedoch ständig breiter, vielfältiger und vor allem interaktiver, ein *Metaversum*, das den menschlichen Geist neu formt. Und zwar in folgenden Parametern:

- *Die richtigen Fragen stellen (reflexives Wissen).* Wenn alle »Information« nachlesbar, nachschlagbar, abrufbar ist, wandelt sich die Kulturtechnik des Lernens von der Repetition zur Kontextualisierung. Am besten lässt sich das mit der »Google-Technik« illustrieren. Wer »googelt«, muss wissen, wie Wissen stichworthaft verknüpft und »codiert« ist. *Er muss die richtige Frage formulieren, um eine sinnvolle Antwort zu bekommen.* Reflexives Wissen »weiß« also bereits von vornherein etwas über die Metastruktur. Es ist also »visionäres« Wissen.
- *Die richtigen Beziehungen knüpfen (Networking).* Arbeitswelten im 21. Jahrhundert bestehen aus temporären Teams, deren Mitglieder sich in ihren Fähigkeiten ergänzen sollten. Teams leben nicht durch Gleichheiten, sondern durch ergänzende Unterschiede. Dieses Gesetz, das übrigens auch für die Liebe

gilt, sprengt den monochromatischen Charakter unserer Selbst-
und Weltbilder. Wir werden auf neue Weise »in Beziehung«
gesetzt – und überwinden die engen Horizonte von Kultur,
Sprache und Ideologie.

• *Selbstwirksamkeit und emotionale Intelligenz.* Schließlich
erzeugt die Welt vernetzter Medien und globaler Kulturen
Spiegelungsstrukturen, in denen wir mehr Bewusstsein über
uns selbst, unsere Leidenschaften, Schwächen und Grenzen
erfahren. Psychologen sprechen von »Selbstmächtigkeit«. Auch
an dieser »Front« wirken die neuen Medien als Katalysatoren,
weil sie uns in unendlichen Simulationen Probehandeln ermöglichen, Wiedererkennung ermöglichen, uns eben *spiegeln.*

Vor uns liegt nicht die Auswanderung in den Cyberspace ohne
Rückfahrkarte. Die virtuellen Räume, in die wir unsere Intelligenz weiterentwickeln, sind nur »Übungsräume« für den neugie-
rigen, erweiterungsfähigen menschlichen Geist. Nicht der digitale
Zombie ist unsere Zukunft, sondern der Wanderer *zwischen* den
Realitäten. Einloggen und ausloggen, *Schnittstellensurfen,* das ist
die zentrale Kulturtechnik des 21. Jahrhunderts.

# Das Märchen von der demografischen Katastrophe

In der Wahl seiner Eltern kann man nicht vorsichtig genug sein.

*Paul Watzlawick*

## Die kleinen Beißerchen

Als ich Kind war, wohnte im Nachbarhaus, in dessen Treppenhaus es aromatisch nach Kohl roch, die Familie Wagner. Die Wagners waren das, was man eine »große Familie« nannte. Sie hatten acht Kinder: fünf Mädchen, drei Jungen, die auf eine seltsame Weise durchscheinend, dünn und zäh zugleich wirkten. Sie hießen alle Paul und Kurt und Maria, aber richtig auseinanderhalten konnte man sie nicht.

Spielen mit den Wagner-Kindern war stets ein besonderes Ereignis. Sie freuten sich, wenn man mitmachte. Aber sie hielten zusammen wie Pech und Schwefel. Die Kleinen halfen den Großen, und wenn man beim Raufen glaubte, einen von ihnen besiegt zu haben, kam plötzlich der Nächste hinter einer Ecke hervorgeschossen und nahm den Kampf wieder auf.

Sie spielten, wie sie auch waren. Wortlos. Unglaublich intensiv, irgendwie verbissen, und zwar im Wortsinn. Denn die Kleineren (unter einem Meter) *bissen*. Und zwar bis Blut floss. Und dann ließen sie mit ihren kleinen nagelscharfen Zähnen nicht mehr los!

Vier Jahrzehnte später hörte ich, dass aus praktisch allen Wagner-Kindern »etwas geworden war«. Einer war Physiker, ein anderer gut verdienender Architekt. Die Mädchen hatten überwiegend ins Ausland geheiratet, nach Frankreich, Amerika und in die Schweiz. Der deutsche Wohlstandsfahrstuhl hatte auch den verbissenen Wagners gute Dienste geleistet.

Zur gleichen Zeit, als ich von diesen gelungenen Lebenswegen erfuhr, saßen in Deutschland ältere Herren in Ledersesseln vor Fernsehkameras und sorgten sich über das Aussterben. Die Sippe, so hieß es in einem Bestseller zum Thema, sei die einzige überlebensfähige Einheit. Begründet wurde dies zum Beispiel mit der Geschichte vom Donnerpass, wo Ende des 19. Jahrhunderts ein Treck mit nordamerikanischen Siedlern aus Europa in einen Schneesturm und Indianerhinterhalte geriet. Und nur die Familien überlebten.

Um es kurz zu machen: Von den fünfzehn allein reisenden Männern, diesen Inbildern von Kraft und Herrlichkeit, überlebten die Tragödie am Donnerpass nur drei ... Einzig und allein, ob die betreffende Person in einer Familie oder allein gereist war, entschied über sein Leben; mehr noch: Je größer die Familie war, desto größer war die Überlebenswahrscheinlichkeit des Einzelnen.[1]

Angesichts dieser schlichten apokalyptischen Logik, in der der Untergang als Maßstab für das Funktionieren sozialer Systeme genutzt wird – eine klassische alarmistische Konfiguration –, stand das gesamte mediale System Deutschlands Kopf. Der *Spiegel* brachte seine berühmte Titelelegie über das »Egoistenland« (siehe unten das »Märchen vom Werte- und Moralzerfall«). Und alle Oberlehrer und Werteverlustbeklager fingen nun gleichzeitig an, die Familie als den zentralen und finalen, den endgültigen und *heiligen* Ort menschlicher Sozialität zu deklarieren.

Nicht zum ersten Mal übrigens.

## Die Angst vor dem Aussterben

Aussterbehysterie ist ein Phänomen, das nicht nur in der deutschen Geschichte zyklisch vorkommt. Bereits Anfang des 20. Jahrhunderts, als durch Industrialisierung und Verstädterung die Geburtenzahlen im Deutschen Reich kräftig fielen, sprachen mahnende Stimmen vom

»Aussterben des deutschen Blutes«. Friedrich Burgdörfer, ein deutscher Statistiker, benutzte schon in den zwanziger Jahren das Wort »Vergreisung«, ebenso Paul Mombert, Lujo Brentano und andere Statistiker, deren anschwellender Gesang über die unaufhörliche Dezimierung des deutschen Volkes bis in den Nationalsozialismus hineintönte. Und offensichtlich darüber hinaus.

Berufen konnte man sich dafür auf noch viel ältere Stimmen. Zum Beispiel die des griechischen Historikers Polybios:

In der Zeit, in der wir leben, ist in ganz Griechenland die Zahl der Kinder, überhaupt der Bevölkerung in einem Maße zurückgegangen, dass die Städte verödet sind und das Land brachliegt, obwohl wir weder unter Kriegen von längerer Dauer noch unter Seuchen zu leiden hatten ... weil die Menschen der Großmannssucht, der Habgier und dem Leichtsinn verfallen sind, weder mehr heiraten noch, wenn sie es tun, die Kinder, die ihnen geboren werden, großziehen wollen, sondern meist nur eins oder zwei, damit sie im Luxus aufwachsen und ungeteilt den Reichtum ihrer Eltern erben, nur deshalb hat das Übel schnell und unvermerkt um sich gegriffen. Wenn nur ein oder zwei Kinder da sind und von diesen das eine der Krieg, das andere eine Krankheit hinwegrafft, bleiben natürlich Haus und Hof verwaist zurück, und die Städte, ebenso wie ein Bienenschwarm, werden allmählich arm und ohnmächtig.[2]

Auch der Egoismusvorwurf war immer schon mit mangelnder Kinderzahl verbunden: Jean-Jacques Rousseau im Jahr 1757:

Es gibt kein häusliches Leben mehr in den Familien. Es gibt weder Väter noch Mütter mehr, weder Kinder noch Geschwister. Der eine kennt den anderen kaum – wie sollten sie einander lieben können? Jeder denkt nur noch an sich selbst.[3]

Die Angst vor dem Aussterben hat tiefe genetische Wurzeln. Aber die Fruchtbarkeitsdebatte ist in kaum einem anderen Land derart mit Kulturvorwürfen und normativer Moral verknüpft wie in Deutschland. Wer hier über Geburtenrate spricht, spricht in Drohgebärden. Er redet implizit von Mütteridealen, Väterrollen, Familien, Idyllen und unerlösten Wünschen nach Geborgenheit.

In seine Rede geht zwangsläufig auch etwas ein, was in der deutschen Geschichte eine ständige Folie des kulturellen Selbstverständnisses bildet: »Rasse«.

## Was wir über die Fruchtbarkeit wissen

Warum bekommen Menschen Kinder beziehungsweise plötzlich *keine* Kinder mehr, sodass auf lange Sicht eine Population schrumpft? Darüber mussten wir uns bis vor kurzem keine wirklichen Gedanken machen. Der Fortpflanzungstrieb ist tief in uns verankert und auf recht verlässliche Weise mit dem menschlichen Dauervergnügen Sexualität verbunden. (»Die Leut hatten ja keen anderes Vergniechen«, formulierte meine sächsische Großmutter.) Deshalb bekamen Menschen zu allen Zeiten »ganz natürlich« Kinder – eines nach dem anderen, bis es nicht mehr ging. »Die Natur« regelte das Kommen und Gehen der Generationen ...

So geht jedenfalls das Märchen.

Wie *alle* menschlichen Eigenschaften ist auch die Fortpflanzung nicht »natürlich«, sondern kulturell gebunden. Sie hängt von folgenden Parametern ab:[4]

- *Ressourcen:* Wenn Ressourcen radikal knapp werden, bekommen Frauen zunächst einmal deutlich weniger Kinder. Hungernde Frauen sind deutlich weniger fertil. Auch Kriege führen zum Einbruch der Geburtenraten (nicht zuletzt deshalb, weil sich Männer im Krieg befinden). Wenn sich die Krise jedoch gelegt hat, entsteht meist eine »Ausgleichsfertilität« – ein »Baby-Boom«.
- *Sterblichkeit.* Besonders viele Kinder werden in Kulturen und Regionen geboren, in denen die Säuglingssterblichkeit hoch ist. Von den Kindern überleben, wie im Mittelalter Europas, immer nur wenige. In den chronischen Bürgerkriegsregionen und »Failed States« Afrikas liegt deshalb die Geburtenrate immer noch bei fünf bis sechs Kindern pro Frau.

- *Die Rolle der Frau.* Weil immer noch 80 Prozent der Menschen auf diesem Planeten in patriarchal geprägten Kulturen leben, ist Kindererziehung fast immer Frauensache. Steigende Kinderzahl schränkt die biografischen Optionen von Frauen ein, weniger die von Männern. Wenn Frauen über mehr Bildung verfügen und somit auch in gut bezahlten Jobs Geld verdienen können, sinken die Geburtenraten massiv. Da die Frauenbildungsquoten in praktisch allen Ländern der Erde, auch in den armen, rapide anwachsen, hat dies zwangsläufig Auswirkungen auf die Fertilitätsrate.[5]
- *Verstädterung.* Grundsätzlich sind Bauernkulturen überall auf der Welt die fertilsten – weitaus furchtbarer als zum Beispiel Jäger- und Sammlergemeinschaften. Kinder repräsentieren hier eine Ressource; sie werden schon früh zur Feldarbeit herangezogen, die Kinderanzahl definiert »Stolz und Ehre« der Familie. Fertilität bleibt ein äußerst wichtiges Heiratskriterium. Wenn die Menschen in Großstädte ziehen, sinkt die Gebärfreudigkeit sofort massiv.[6]

Die Verfügbarkeit von Verhütungsmitteln ist wichtig, aber nicht allein entscheidend, wie viele Beispiele beweisen.[7] Auf den Philippinen zum Beispiel sind, trotz einer dominanten, konservativen katholischen Kirche, Verhütungsmittel allgemein zugänglich, trotzdem liegt die Geburtenrate immer noch hoch. Demgegenüber sanken die Geburtenraten in Frankreich und Skandinavien, teilweise auch in Deutschland bereits in der Zwischenkriegszeit stark ab, obwohl nicht einmal verlässliche Präservative allgemein erhältlich waren.

### ... und warum wir keine Ahnung haben

Wie hoch ist die Geburtenrate? Aber bitte schön, das wissen wir doch! Sie ist »katastrophal niedrig« oder gar »die niedrigste der Welt«. So titelten unisono alle Medien im Frühjahr 2006, dem einstweiligen Höhepunkt des Demografie-Alarmismus: In Deutschland stagniert sie bei »katastrophalen 1,3 Kindern pro gebärfähiger Frau«. So hat es sich im allgemeinen Bewusstsein durchgesetzt.

Die Wahrheit ist: Wir *kennen* die genaue Geburtenrate in Deutschland gar nicht!

Im Frühsommer 2006 veröffentlichte die *Zeit* eine äußerst fachkundige Serie über die Feinheiten der demografischen Entwicklung. Darin wurde aufgezeigt, dass die deutschen Geburtenraten gar nicht *gemessen* werden – etwa durch regelmäßige statistische Erhebungen –, sondern nur *geschätzt*. Wir kennen heute lediglich die realen Geburtenraten aus dem Jahr 1970 – weil alle Frauen, die damals gebärfähig waren, es heute nicht mehr sind, sodass man ihr ganzes Leben im »Fertilitätsverlauf« statistisch erfassen kann. Danach herrscht statistischer Großnebel.

Der Grund liegt vor allem in der radikalen Ausweitung der Geburten*spanne*: Das mittlere Erstgeburtsalter der Frauen liegt heute in Großstädten jenseits der 30 Jahre. Der Anteil der Gebärenden über 40 Jahre steigt und steigt, und ein Ende ist nicht abzusehen – der europäische Mutterwerdungsrekord liegt derzeit bei 64 Jahren!

Geburtenraten werden gewissermaßen immer nur *heute* abgerechnet, am Stichtag null. *Zukünftige* Kinder von Frauen, die sich schließlich *doch noch* für Kinder entscheiden, werden aus der Statistik gleichsam herausgerechnet.[8]

Dazu kommen Absurditäten der Datenerhebung, wie zum Beispiel die Tatsache, dass Frauen, deren nicht volljährige Kinder nicht im Hause wohnen (weil sie vielleicht zum Vater umgezogen sind), als kinderlos gelten. Die *Zeit* schreibt: »In der deutschen Statistik-Geschichte wurden die Fertilitätsraten praktisch *immer* zu niedrig geschätzt. Wenn am Ende abgerechnet wird, liegen die heutigen Geburtenraten eher bei 1,6 als bei 1,4.«[9]

1,6 klingt aber schon ganz anders als 1,3. Und hätte erhebliche Auswirkungen auf den langfristigen Bevölkerungsverlauf.

Und dann war da noch die Sachen mit den »Akademikerinnen«, die keine Kinder mehr haben wollen. In den Medien und Kommissionen kursieren bis heute die Zahlen 40 oder 45 Prozent.

»Akademikerinnen haben häufiger Kinder als angenommen!«, hieß es Ende Mai in den deutschen Zeitungen, meist verschämt auf den hinteren Seiten. »Aufgrund methodischer Fehler habe sich die Kinderlosigkeitsquote von mehr als 40 Prozent bei Akademikerinnen als unhaltbar herausgestellt. Die wirkliche Zahl liegt bei zirka 25 Prozent.«[10]

25 Prozent klingt wiederum ganz anders als 40.

Geburtenraten sind enorm ideologische und »formbare« Zahlen. Mit ihnen wird Politik gemacht, Interessenspolitik, Schuldpolitik, Moralpolitik. Mit der Genealogie kann man den Menschen auf einer subtilen, existenziellen Ebene Angst einjagen, denn tief in uns steckt immer noch das genealogische Artenwesen. Sodass wir irgendwann vor lauter Aussterbewahn die Kinder gar nicht mehr sehen, die überall herumwuseln.

## Der demografische Sprung

In allen Gesellschaften der Erde kommt es früher oder später zu jenem geheimnisvollen Prozess, bei dem gleichsam über Nacht ein neues Familienideal entsteht. Die Wagners gelten plötzlich als sozialer Problemfall. Nicht mehr in der Menge, »in der sie halt kommen«, wünscht man sich Kinder nun, sondern als Individuen – zwei bis maximal drei. Jedenfalls die große Mehrheit der potenziellen Eltern.

In den Industrienationen Europas und den USA fand diese Entwicklung in mehreren Schritten statt. In Deutschland brach die Geburtenrate zum ersten Mal in der großen industriellen Verstädterungswelle ein. Von 1900 bis 1910 ging die Rate von knapp 5 Kindern pro Frau auf 3,5 zurück. Dann sorgte der Erste Weltkrieg für einen Einbruch bis auf 2. Kurz nach dem Ersten Weltkrieg gab es einen Anstieg auf 3,5. In der Weltwirtschaftskrise in den zwanziger Jahren sank die Kinderzahl unter die Reproduktionsrate von 2,1. Erst nach dem Zweiten Weltkrieg kam es (wieder) zum »Baby-Boom« – 1965 bekamen (west-)deutsche Frauen noch einmal 2,4 Kinder – eines mehr als heute.[11]

Was in den sechziger und siebziger Jahren in den damals wenigen Wohlstandsländern passierte, findet heute in unzähligen weiteren Ländern statt, die sich über die Schwelle des Wohlstandes bewegen (siehe das Kapitel über Armut). Das Ideal der Kleinfamilie setzt sich als kulturelle Norm durch, wenn der Wohlstand über die Hausschwelle eilt. Südkoreas Fertilitätsrate fiel von 6,3 Kindern noch in den siebziger Jahren auf heute 1,4. Das spektakuläre Beispiel Bangladesch haben wir schon genannt. Aber wer weiß schon, dass in Tunesien und Algerien, beides islamische Länder, die Geburtenrate bei 1,7 und 1,9 liegt, im Iran bei 2, in Mexiko, einem noch sehr ländlichen Land, bei 2,3, in Brasilien bei 2,1?[12]

Ideale, so wissen wir, werden nie ganz erreicht. Wenn Männer und Frauen sich zwei, höchstens drei Kinder wünschen, dann werden oft eines, höchstens zwei daraus. Nicht über die Wunschkinder, sondern über das eine, das »verloren gegangene« Kind sollen und müssen wir uns wirklich Gedanken machen ...

## Kinder als Lebensinvestition

Das Wesen des demografischen Sprungs lässt sich in elegant-brutaler Weise so zusammenfassen: Kinder werden von »Commodities«, von »verfügbaren Rohstoffen«, zu echten Investitionen. Kinder mutieren von Haushaltserweiterungen zu Individuen mit erhöhten Ansprüchen – nicht nur finanzieller Natur.

In der Demografiedebatte übersetzt sich das in hämische Kritik: am enormen Aufwand, den Eltern heute mit ihren Kindern treiben, an der Unsicherheit der pädagogischen Methoden, der Vergeblich-keit der Bemühungen, aus wilden 5-Jährigen brave Schüler und aus schlampigen 12-Jährigen leistungsstarke Gymnasiasten zu ma-chen. Eltern werden in den Medien als ratlose Versager dargestellt, die unentwegt den Stein der Erziehung auf den Berg schleppen, von wo er wieder herunterrollt. Moderne Eltern lesen tonnen-weise Erziehungsratgeber, beschäftigen Nachhilfelehrer, zwingen ihre Kinder zum Klavierunterricht. Und können den »Kampf ums Kind« und dessen Heil am Ende doch nicht gewinnen.

Die Generalkritik an den »ratlosen, überversorgenden, keine Grenzen setzenden Eltern« steht in einem merkwürdigen Kontrast zum genauen Vorwurf des Gegenteils: dem kulturpessimistischen Lamento, »Eltern hätten keine Zeit mehr für ihre Kinder« (natür-lich sind damit ganz besonders die Frauen gemeint).

Dieser Vorwurf ist schlichtweg falsch. Diverse Zeitstudien zeigen, dass Eltern heute *mehr* Zeit mit ihren Kindern verbringen als jemals zuvor.[13] Eltern schlagen ihre Kinder *deutlich weniger* als noch vor 20 Jahren, sie haben deshalb weniger »Komman-domacht«.[14] Schon deshalb steigt die zeitliche Investition in die Kinder gewaltig – kein Wunder, dass Kinder seltener werden. Sie werden kostbarer, in vielerlei Hinsicht; individueller, eigener, an-strengender. Wunderbarer.

Wie also war das »damals«, in der angeblich heilen Kinder-Erwachsen-Welt? Jeder kann das aus seiner eigenen Erinnerung eruieren. Waren Papa und Mama früher »da«? Ja, irgendwie waren sie vorhanden, aber Papa erst am Abend, und auch Mama hatte tagsüber ihre eigenen Dinge zu tun. Die Sphären von Er-wachsenen und Kindern blieben im Tagesrhythmus eher getrennt. Kinder kannten dafür jede Menge Freiraum, der überwiegend auf der Straße erlebt wurde. Man war einfach tagsüber »draußen«. Punkt. Heute wäre das praktisch unmöglich, weil sich die kultu-rellen *Normen* geändert haben: »Man« lässt seine Kinder nicht mehr auf der Straße mit beliebigen anderen Kindern spielen! Um Gottes willen! Was ihnen da alles passieren kann![15]

Unser defizitäres Gefühl gegenüber der Erziehung entstammt also weniger einem Mangel an Zuneigung als einem massiven Erhöhen der Ansprüche, die wir an die »Formbarkeit« von Kindern stellen. Wobei man bisweilen den Verdacht nicht los wird, dass Kinder sich besser entwickelt haben, als man sie einfach »liebevoll vernachlässigte« ...

## Warum Aussterben so schwierig ist

Wie schnell wird die Bevölkerungszahl Deutschlands in diesem Jahrhundert sinken? Wie dramatisch wird es für unsere Renten, unsere Hauspreise, unser Gesundheitssystem? Rein mathematisch ließe sich dies leicht bestimmen, und zwar mit einer reversen Reihenformel, die von den derzeit kursierenden 1,3 Kindern pro gebärfähiger Frau ausgeht: $B(z) = (B(h):0,6) \times G$.

Nach dieser Formel müsste schon im Jahr 2126 die deutsche Bevölkerung auf 16 Millionen abgesunken sein. Und der letzte Deutsche im Jahre 3296 traurig vor seinem Bierkrug sitzen.[16]

Unsinn.

In Wirklichkeit wird die deutsche Bevölkerung bis 2030 von stattlichen 82 auf 83,6 Millionen *wachsen*. Danach wird sie in einer langen Parabel tatsächlich absinken. Langsam. Auf 72 bis 79 Millionen am *Ende* dieses Jahrhunderts. Denn:[17]

- Während die Geburtenrate sinkt, wird die Bevölkerung immer langlebiger. Das sogenannte »probabilistische Lebensalter«, also die Zeit, die ein Mediandeutscher (einer, der genau das statistisch mittlere Lebensalter hat) an Lebensjahren noch *vor* sich hat, steigt sogar tendenziell um Mitte des 21. Jahrhunderts wieder. Das gesamte Generationsgefüge *streckt* sich damit – was das Aussterben zumindest kräftig herauszögert.[18]
- Die Geburtenrate ist keineswegs eine Konstante, und sie fällt auch nicht linear ab. In vielen europäischen Ländern ist sie

146 ANLEITUNG ZUM ZUKUNFTS-OPTIMISMUS

in den letzten Jahren deutlich wieder gestiegen, in Schweden von 1,5 auf 1,8, in den USA von 1,8 auf 2,1. Wenn Reformen die Familienkultur wieder mit der Arbeits- und Lebenskultur der Menschen synchronisieren, werden die »verschwundenen Kinder« mit Sicherheit zurückkehren.

• Populationen sind keine geschlossenen Systeme. Nur in einem rassistischen Weltbild kann eine Ethnie irgendwann »aussterben«. Ansonsten gilt das Prinzip des morphischen Wandels: Populationen werden von anderen assimiliert, Lücken werden durch Zuwanderungen ausgeglichen, Schwankungen in der Bevölkerungsdichte sind normal.

Aus Deutschland wandern jedes Jahr rund 150 000 Menschen in andere Länder aus. Darunter sind viele kreative, lebenshungrige, gebildete, leistungsstarke Menschen. Im Vergleich zu früheren Zeiten, etwa der großen Emigrationswelle in die USA, ist das eher wenig und deshalb überhaupt kein Grund zum Alarm, zumal ein nicht geringer Teil der Fortgehenden auch wieder zurückkommt. Werden diese Deutschen ebenfalls »aussterben«? Nein, sie werden sich vermischen, assimilieren, vermehren, unentwegt neue Generationen gründen. Bis ans Ende aller Tage.


## Die bizarren Bilder des Alterns

Neulich, auf einer großen Veranstaltung einer Bank, bei der es – wieder einmal – um die »demografische Krise« ging, warf ein Professor die bekannten Diagramme der »Alterspyramiden« mit dem Beamer auf die Leinwand und donnerte: »Aus der Pyramide ist eine Urne geworden!« (Abbildung 5)

In dieser Metaphorik kann man den ganzen biologistischen Unsinn finden, der in der demografischen Alarmdebatte über uns gekommen ist. Die Pyramide wird als »natürliche« und »gesunde« Altersstruktur verkauft. Aber wodurch entstehen Bevölkerungs-

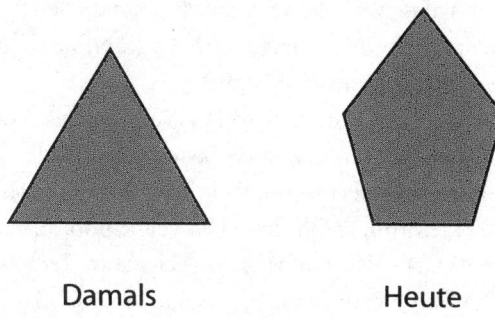

Damals                    Heute

Abbildung 5: Pyramide und Urne.

pyramiden? Durch hohe Mortalität in allen Altersstufen: In jedem Lebensalter sterben Menschen wie die Fliegen, an Mandelentzündung, Knochenbrüchen, Tuberkulose, Grippe – alt werden am Ende nur ganz wenige!

Die »Urne« hingegen bedeutet: Die Mehrheit der Menschen kann ein hohes Alter bei guter Gesundheit erreichen. Und zwischendurch wandert ein »Youth Bulge« nach oben, ein Geburtenboom, wie er zu Beginn von Hoffnungs- und Prosperitätszeiten immer wieder entsteht.

Im Zuge des demografischen Alarmismus, der sich schon in den Begriffen »Überalterung« und »Vergreisung« manifestiert, kaufen wir folgende unterschwelligen Botschaften bereitwillig mit:

- Ältere sind weniger leistungsfähig und schädigen die Wirtschaft.
- Ältere neigen zu reaktionärem Denken und führen deshalb zu politischer Arteriosklerose.
- Ältere Gesellschaften ruinieren das Gesundheits- und Rentensystem.

Keine dieser Formeln ist bei näherer Betrachtung wirklich haltbar. Gerade für das Bankgewerbe könnte man viel einleuchtender *andersherum* argumentieren: Menschen mit längeren Lebensperspektiven bilden Kapitalstöcke mit besserem Ertrag. Sie neigen zu besonnenerem Anlageverhalten. Dadurch steigt die wirtschaftliche Stabilität wie auch die volkswirtschaftliche Kapitaldeckung – und damit der gesellschaftliche Wohlstand.

Ältere haben, in der Tat, andere Nachfragen und Bedürfnisse als jüngere Konsumenten. Aber volkswirtschaftlich sind diese Bedürfnisse alles andere als unproduktiv. Ältere investieren in Wellness und »Healthness«, höhere Umwelt- und Freizeitqualität, mehr »Smart Tech«, also einfache und elegante Technik. Ältere neigen zu Qualitätsprodukten, sie fragen massiv High-Touch-Dienstleistungen nach; und zwar je älter sie werden, umso *mehr*. Und umso teurer.

Wenn wir die alten, industriellen Maßstäbe anlegen, dann sind Ältere womöglich tatsächlich weniger »wert« – ab 40 ist der menschliche Körper weniger geeignet für schwere und monotone körperliche Betätigung. Aber die Wissensgesellschaft erzeugt ihren Mehrwert letztlich durch eine Fusion von Kreativität und Erfahrung. Statt uns mit der mechanischen Verlängerung von Lebensarbeitszeiten zu erschrecken, sollten wir besser die Potenziale verstehen, die mit steigendem Lebensalter einhergehen.

Die Formel vom »lebenslangen Lernen« ist erst in einer Kultur überhaupt *sinnvoll*, in der viele Menschen mindestens 80 werden. Denn nun kann man die Früchte des Lernens viel länger feiern und nutzen. Soziale Fähigkeiten, Sprachen, kreative Metatechniken, all das hat eine viel längere »Nutzungsspanne«!

Wir könnten viel Stress und Hektik vermeiden. Es bleibt ja immer noch Zeit, Lebensträume zu verwirklichen, Angefangenes zu beenden. Was wir jetzt nicht schaffen, geht auch noch mit 60. Wenn wir fit bleiben.

Ältere Gesellschaften können außerdem Milde und Weisheit als Kriterien ihres kulturellen Selbstverständnisses entwickeln.

Erst in einer Seniortätsgesellschaft könnten wir den verdammten Widerstreit zwischen Beruf und Genealogie entschärfen. Das verlängerte Leben ist reich und weit genug, um darin mehrere

»Jobs« unterzukriegen *und* mehrere Familienphasen, ohne dass diese uns unentwegt in Konflikte stürzen müssen.

Familie gründen, Kinder aufwachsen lassen, den Partner lieben – das ist eine gewaltige Aufgabe. Wenn wir *zur selben Zeit* Karriere machen/eine Firma aufbauen/berühmt werden wollen, wird das mit an Sicherheit grenzender Wahrscheinlichkeit zu Problemen führen.

Also eins nach dem anderen. Der Horizont des Lebens ist ja viel weiter! Es bleibt Zeit, Unvollendetes wieder aufzunehmen. Und auch als Großvater, Großmutter kann man seine Enkel noch lange erleben. Und den Partner.

Wir könnten. Wenn wir nur wollten. Wir könnten die Alterungsgesellschaft als Möglichkeitsraum einer neuen Zeit- und Lebenspolitik begreifen. Wenn wir nur nach vorne denken würden.

## Reality Check: die Wahrheit über die demografische Entwicklung

Gesellschaftliche Alterung ist kein »demografischer Unfall«, keine Krankheit oder Degeneration. Sondern das natürliche Resultat von verbesserter Gesundheit und stabileren Lebensbedingungen. Sie ist ein Geschenk des Fortschritts an uns alle.

Seit es Menschen gibt, haben sie sich auf vielfältige Weise an ihre Umgebung angepasst. Ihre Population und ihre Fruchtbarkeit ist dabei gewachsen, gesunken oder stagnierte, je nach dem Angebot von Ressourcen, je nach Kulturmodell. Immer in der Geschichte gab es Zeiten mit verringerter Fertilität. Oft waren diese Zeiten verbunden mit kulturellen und sozialen Entwicklungssprüngen, bei denen mehr Individualität und Freiheit entstand. Die Fruchtbarkeit stieg danach stets wieder an, begleitet von politisch-sozialen Reformen, in denen höhere Lebenskomplexität möglich wurden.

In keinem ökonomischen Handbuch steht geschrieben, wie

groß eine Population sein darf oder wie viele Menschen es von einer bestimmten Nationalität, Sprachfärbung oder Hautfarbe geben »muss«. Mitteleuropa ist eine sehr dicht besiedelte Region (254 Menschen pro Quadratkilometer). Diese enorme Bevölkerungsdichte führt zu starkem Siedlungsstress mit all seinen negativen Folgen. Sie ist Endergebnis der großen Landflucht der frühindustriellen Zeit im 19. Jahrhundert. Damals wurden besonders die Rohstoffareale dicht besiedelt (zum Beispiel das Ruhrgebiet). Diese Bevölkerungsdichte ist weder »natürlich« noch »ewig« noch sonderlich vorteilhaft. Im Gegenteil: Weniger Menschen hätten eine Menge positiver Auswirkungen auf Naturqualität, Raumverfügbarkeit und gesellschaftliches Klima.

Auch ist die Altersverteilung keine hinreichende Beschreibung für die Wohlstandsentwicklung einer Gesellschaft. Vielmehr ist diese abhängig von den Parametern der Produktivität und der Bildung.

Eine Ökonomie, in der sich die Produktivität jedes Jahr um rund 2 Prozent erhöht, verdoppelt ihr gesamtes Vermögen alle 25 Jahre. Wenn viele an diesem Prozess teilhaben, stiege der gesellschaftliche Wohlstand auch dann, wenn die Erwerbsquote und die Lebensarbeitszeit inklusive der Geburtenrate sinken würden.

# Das Märchen von der Prekarisierung der Arbeit

> In einer traditionellen Arbeitswelt dient der Arbeiter dem System. In einer Wissensarbeitswelt muss das System den Mitarbeitern dienen.
>
> *Peter Drucker*

> Arbeit ist ein Rauschgift, das wie ein Medikament aussieht.
>
> *Tennessee Williams*

## Die Geschichte meines Vaters

Als mein Vater 1945 aus dem Krieg über die zerstörten Brücken von Dresden heimkehrte – ein Soldat, der seine Uniform weggeworfen hatte –, kam er in ein Land aus Trümmern und Hoffnungslosigkeit. Doch das änderte sich innerhalb weniger Jahre.

1947 zog mein Vater in einen Altbau in Berlin und begann, Elektrotechnik zu studieren. Das sechsstöckige Haus hatte mehrere Bombentreffer abbekommen, das Licht funktionierte nicht richtig, zum Heizen in den harten Nachkriegswintern musste man die Kohle aus dem Keller bis in den sechsten Stock schleppen. Aber mein Vater war erfindungsreich, ein technischer Tüftler, wie es unter den Männern der Kriegsgeneration viele gab. Er zog Kabel und Strippen durch die Halbruine, experimentierte mit Zeitschaltuhren und Relais. Bald schon konnte er auf Knopfdruck die Haustür öffnen, wenn der Postmann zweimal klingelte, und wenn jemand auf dem Etagenklo saß, leuchtete eine Lampe in der Küche auf. Der Grießbrei für das Frühstück kochte sich automatisch, und das Radio schaltete sich um 7 Uhr morgens zum Aufwachen ein. Mein Vater konstruierte den ersten »vollautomatischen Haushalt«. Er brachte es damit sogar in die Zeitung, wo er als »Zukunftsmensch« porträtiert wurde.

In den sechziger Jahren fing es an, meinem Vater gutzugehen. Er bekam erst einen Job bei einer rheinischen Elektrofirma und ging dann mit seiner Familie nach Kiel, wo er seine Karriere bei der Hagenuk antrat, der »Hanseatischen Apparatebau-Gesellschaft Neufeld und Kuhnke«. Die Hagenuk baute alles, was mit der Welt der »Fernübertragung« zu tun hatte. Fernmelder, Radargeräte für Schiffe, Wasserstandsmelder und, vor allem, Telefone.

Ich erinnere mich an Autofahrten mit meinem Vater, bei denen wir das Imperium der neuen Fernmeldung sonntäglich bereisten. Kleine Häuschen in Überschwemmungsgebieten, die wir nur mit Gummistiefeln erreichen konnten, in denen Schaltkästen tickten und Tuschestifte geheimnisvolle Kurven auf Millimeterpapier zogen. Wählscheiben drehten sich automatisch und übertrugen die Wasserstandswerte an eine ferne »Zentrale«. Es gab bunkerähnliche Gebäude in Kraftwerken, in denen die Luft nach heißem Metall schmeckte und Schränke mit winzigen Relais ein feines, virtuoses Klickkonzert veranstalteten. Und mittendrin hantierte mein Vater mit einem Lötkolben (der Geruch von heißem Lötzinn ist mir für immer in mein olfaktorisches Gedächtnis gebrannt). *Die Zusammenschaltung der Welt.*

1972 brachte die Hagenuk die ersten Tastentelefone auf den deutschen Markt, in grau, grün und rot. Ein gigantisches Geschäft. Nun musste man beim Wählen nicht mehr feierlich eine Scheibe drehen und ewig warten, bis diese zurück in ihre Ausgangsposition geklickert war. Die neue Telefontechnik sollte unser heutiges Handy-Verhalten vorherbestimmen: *Click and connect!*

Meine Mutter war währenddessen Hausfrau. Was nicht die geringste Frage aufwarf.

Bis in die achtziger Jahre hinein verkaufte mein Vater riesige Mengen von Telefonen, Telefonschränken, Telefonanlagen in einen ständig expandierenden Nachfragemarkt. Er ging in Rente, bevor seine Firma ernsthaft ins Schleudern geriet und in einer langen Parabel dem Untergang entgegentrudelte, via Entlassungen, gescheiterten Geschäftsführern, Werkschließungen; Hiobsbotschaften bis zum Schluss.

1996 meldete die Hagenuk schließlich Konkurs an, und bis auf einige wenige Reste in der Schiffstechnik existiert das Unternehmen, einst der Stolz der deutschen Fernmeldeindustrie, heute nur noch in der Erinnerung. Die Hagenuk hatte es nicht geschafft, sich in jenem gewaltigen Wandel zu positionieren, der in den neunziger Jahren die ganze etablierte Telekommunikationsbranche dekonstruierte. Aus Mechanik wurde Digitalität. Aus nationalen Märkten wurden globale. Aus »Geräten« wurden »Applications«. Kunden mutierten zu »Usern«. Und alles geriet unendlich mobil, vernetzt, virtuell, kompetitiv, serviceorientiert.

Dass mein Vater das nicht mehr hautnah erleben musste, gehört zu seinem biografischen Glück. Er wollte Probleme lösen, Schritt für Schritt, eins nach dem anderen, mit Sinn und Verstand und ohne allzu viele Worte. In der neuen Multiwelt, in der alles gleichzeitig passierte, komisch hieß und nie mehr nach Lötzinn roch, war für ihn kein Platz.

## Abschied von der Angestelltenaristokratie

Eine Berufskarriere wie die meines Vaters ist die Matrix, an der sich unsere Bilder von »sicherer Arbeit« entwickelten. Männliche Langzeitjobs, die in einer bestimmten historischen Episode und einem langen technologischen Zyklus genügend Sicherheiten boten, um ein ganzes Arbeitsleben zu füllen. Im »Big Boom« der Weltwirtschaft von 1960 bis zum Ende der achtziger Jahre waren solche Karrieren allgegenwärtig. Der »Fünfte Kondratieff« trieb Innovationen in der Auto-, Petrol- und Chemiebranche voran. Die gigantische Nachfrage nach Infrastruktur, der Aufbau der Logistik einer modernen Konsumgesellschaft, erzeugte scheinbar endlose Nachfragemärkte – ein 50-Jahre-Zyklus, in dessen Verlauf alle Boote gleichmäßig gehoben wurden. So entstand eine

dominierende Kaste von Angestellten, deren Berufs- und Arbeits-
bilder nicht sehr weit vom Beamtentum entfernt waren.

Im Zentrum dieser ehernen Berufsidentität stand die »Old
Cooperation«, die national geprägte, auf Männerhierarchien
ruhende Firma, in der man nicht nur sein Geld verdiente, sondern
auch seine *soziale Identität* absicherte – selbst auf den unteren
Rängen, als Arbeiter oder Hilfsarbeiter. Auch der Pförtner der
Hagenuk, der alte Herr Schmidt, ein Kriegsversehrter mit einem
für uns Kinder sensationellen Armstummel, »war« jemand – die
Direktoren grüßten ihn jeden Morgen.

Es ist heute, aus der Distanz, aber vielleicht auch möglich, über
die *Nachteile* dieser Arbeitsform zu sprechen. Mein Vater ging,
wie man so schön sagte, »in seinem Beruf auf«. Seine familiäre
Identität war für ihn in der Ernährerrolle gelöst, die ihm Autorität und Privilegien verlieh. Das hieß nicht, dass er nicht auch
bisweilen im Haushalt half. Es hieß aber, dass seine *Identität* un-
zweideutig blieb. Es gab keine Ambivalenz. Keinen Zweifel. Kein
Suchen.

Nicht nur in meiner Familie gab es dafür einen Preis zu zahlen.
Verdeckte familiäre Katastrophen; Schweigespiralen, Brüche zwischen Geschlechtern und Generationen, über die der Kleister der
gemeinsamen Ökonomie geschmiert wurde.

Wir sahen unsere Väter regelmäßig. Aber in gewisser Weise
waren sie stets abwesend. Sie lebten in einem hermetischen Universum, das eine fremde Grammatik benutzte. Sie arbeiteten
hart, hatten aber durchaus ihren Spaß. Die wenigen Bilder aus
der Arbeitswelt meines Vaters zeigen immer lustige Herren mit
noch lustigeren Sekretärinnen, die mit Sekt und roten Nasen dem
Fotografierenden zuprosten. *Work hard, party hard.*

Viele sehnen sich heute nostalgisch nach den Rollenverteilun-
gen der damaligen Zeit. Aber gerade für die Frauen endeten diese
Konstruktionen oft in schwierigen, kaum lösbaren Fragen. Wie
definierte frau das eigene Leben, wenn die Kinder älter wurden?
Wie organisierte frau ein soziales Leben, auch jenseits des Stars

der Familie, des Mannes, ohne ihn zu verletzen? Arbeit, bezahlte Arbeit, ist eben viel mehr als »Lohnarbeit«; sie ist auch Anerkennung, soziales Leben, Herausforderung, Wachstumschance, Ausdruck und Verstärkung von Lebendigkeit ...

Das lebenslange Angestelltenmodell beschrieb lukrative Lohnarbeit als Privileg einer männlichen weißen Schicht in den Industrienationen. Es ordnete die Welt im Sinne klarer Arbeitsteilungen und lebenslanger Sicherheiten. Gerade deshalb ist es so unglaublich schwer, sich ehrenwert davon zu verabschieden.

Aber wäre das wirklich der Untergang, der Verlust aller sozialen Sicherheiten, wenn wir etwas Neues ausprobieren würden – ein anderes Modell von Leben, Lieben, Arbeiten?

## Das Kuchendenken

Bei kaum einem Gesellschaftsthema regiert die Ästhetik der Krise so impertinent wie im Diskurs über Arbeit. Resignierte Menschen sitzen auf Arbeitsamtbänken und ziehen depressiv Nummern. Hartz-IV-Ballette und Großlamentos darüber, dass wir alle rückhaltlos verarmen, gehören heute zum Standardprogramm jeder Provinzbühne. Dicke Familienväter halten ihr Portemonnaie in die Kamera und erzählen mit resignierter Stimme von ihren Schulden. In den Theatern wird mit Hitlergruß gegen die »Überflüssigkeit des Menschen« getrampelt und getobt und auf die Bühne gekotzt. Und die Parolen klingen unisono:

*Immer mehr Menschen sind überflüssig!*
*Die Arbeit der Zukunft: neues Sklaventum!*
*Vernichtung von Arbeitsplätzen geht unaufhörlich weiter!*
*Die Arbeit verschwindet!*
*Das Ende der Arbeitsgesellschaft!*

Arbeit wird dargestellt wie ein Kuchen, der, allmählich aufgegessen, nur noch Krümel übrig lässt, als eine endliche Ressource, die sich rasend verknappt, um die ein mörderischer, weltweiter

Konkurrenzkampf ausgebrochen ist, in dem alle nur verlieren können.

Noch vor einem Jahrhundert war Lohnarbeit ein Privileg für kleine Schichten. Das Proletariat stellte maximal 20 Prozent der arbeitsfähigen Bevölkerung – entsprechend gering waren noch die Löhne, denn ein riesiges Heer von arbeitswilligen, ungebildeten Menschen strömte zu diesem Zeitpunkt aus den ländlichen Gebieten in die Städte und bot »Arbeit zu jedem Preis, unter allen Bedingungen«. Neben einer dünnen Schicht von Beamten gab es nur die kleine Schar der Handwerker. Frauen, Mägde, Knechte, Verwandte, sonstwie Abhängige bildeten den riesigen, mehrheitlichen Rest der Gesellschaft.[1]

Im Zentrum der individuellen Ökonomie stand nicht der Lohn, sondern der Haushalt, in dem immer auch die Nichtarbeitenden miternährt wurden, die Jungfer-Tanten, verwitweten Onkel und Kriegsversehrten, die Alten und Gebrechlichen ohne eigene »Versorgung«. Man betrieb Subsistenz- und eigene Handelswirtschaft, man tauschte, produzierte womöglich am Küchentisch kleine Handwerkswaren, die man auf dem Markt verkaufte, hatte einen Garten hinter dem Haus, dank dessen Gemüse, Hühner und Kaninchen die Ernährung ergänzten, die oft nur aus Kartoffeln, Brot und Schmalz bestand.

Erst in der industriellen Nachkriegszeit mit ihren rasend vermehrten Fabrikarbeitsplätzen begann jener sensationelle Prozess der »Vollbeschäftigung«, der praktisch jedermann an die Erträge von Lohnarbeit ankoppelte: über das Sozialsystem auch die Alten, Kinder und Kranken und in vielen industriellen Sektoren auch die Frauen. Vollbeschäftigung hieß aber nie, dass jeder Arbeitsfähige arbeitete. In den siebziger Jahren waren es nur rund 55 Prozent der Erwerbsfähigen, die in den westeuropäischen Staaten in »Lohn und Brot« standen. In den Neunzigern waren es bereits 65, in einigen Ländern wie Skandinavien an die 70 Prozent. Heute betragen die höchsten Erwerbsquoten in Europa, etwa in Dänemark und Norwegen, über 80 Prozent.[2]

Den komplexen Prozess der »Verlohnarbeitung der Gesellschaft« zu schildern, würde hier zu weit führen. Wichtig ist aber, den Mechanismus zu verstehen, mit dem gerade die *Ausbreitung* der Lohnarbeit zu – scheinbarer – Verknappung führt. Denn nun treten immer mehr Menschen mit dem *Anspruch* auf bezahlte Arbeit auf den Arbeitsmarkt, die früher ganz andere Lebenswege gegangen wären.

Die Jugendarbeitslosigkeit ist ein typisches Beispiel. Alle Jahre wieder wird der große Notstand zur Jugendarbeitslosigkeit ausgerufen. Zu wenig Lehrstellen! Zu wenig Jobs für Anfänger! Aber der Effekt ist in Wirklichkeit das Resultat einer entwickelten Arbeits(losen)bürokratie, durch die er automatisch entsteht. Wenn Jugendliche früher keine »Arbeitsstelle« hatten, blieben sie bei den Eltern wohnen, jobbten oder studierten, lebten von elterlichen Transfers. *Irgendwann* fanden sie dann etwas, manchmal erst nach einem langen Studenten- oder Jobberleben.

Heute gehen sie auf die nächste Behörde, füllen umständliche Fragebögen aus – und melden sich arbeitslos. Oder sie schreiben Berichte über ihre schrecklichen Erfahrungen als Hospitanten, die von den Medien sofort zu Weltphänomenen aufgeblasen werden.

## Die Angst vor dem Prekariat

Es ist Mai, und in Paris demonstrieren die Studenten. Ein langer Zug wälzt sich die Champs Élysées hinab, die Sprechchöre hallen an den Gründerzeitfassaden wider. Es ist wie damals, in den goldenen Zeiten der Revolte, als ich als junger Student schon einmal die Boulevards hinauf- und hinunterzog, im Namen der Weltrevolution.

Das äußere Bild hat sich wenig verändert. Erschreckend wenig. Immer noch demonstrieren die Pariser Studenten in Zehnerreihen, die schubweise in den Laufschritt verfallen. Immer noch sind die langen, an vier Stangen getragenen, liebevoll mit Zeichnungen verzierten Transparente dominant, auf denen unendlich viele Organisationskürzel die »lutte« vorantragen. »Au bas«, »Rien de ...«, »À la ...«, dazu Karikaturen prügelnder »Bullen« von der CRS, der französischen Sicherheitspolizei.

*Timewarp!* Selbst die Körperhaltungen, die Kleidung, die Gerüche gleichen sich. Fäuste. Palästinensertücher. Lederjacken. Indianerbemalung. Jeans mit Flicken. Lange Haare. Die französische Protestkultur ist bald ein halbes Jahrhundert »danach« immer noch eine genuine Hippiekultur. Nur dass diese unglaublich schönen Mädchen *noch* schöner und *ein klein wenig geschminkter* sind!

»Dessous les pavés, c'est la plage!« Da ist er wieder, der alte Spruch: Unter dem Pflaster liegt der Strand. Die gute alte Utopie, das andere Leben, der Aufbruch in eine andere Welt ...

Aber was rufen sie da? Wofür demonstrieren sie, vielmehr: *wogegen?* »Bas la précarité!«, erschallt der Ruf, verdichtet sich in den Balkonen, hallt an den Gründerzeitfassaden und verspiegelten Verwaltungsgebäuden des neoliberalen Kapitalismus wider. Man liest die Flugblätter, man übersetzt. Ratlosigkeit breitet sich aus.

Es stimmt wirklich: Sie fordern sichere, lebenslange, garantierte Arbeitsplätze!

## Die neue Entrepreneurship

Wer häufig längere Autofahrten unternimmt, kennt jenen Ort, an dem auf seltsame Art und Weise die Zeit stillzustehen scheint, obwohl er ungeheuer geschäftig ist. Ein kleiner Gang, der Vorraum eines WCs in einer Autobahnraststätte, wie es Tausende in Europa gibt. Eine Karte an der Wand mit den aktuellen Baustellen und einem Werbeplakat einer örtlichen Sehenswürdigkeit. »Besuchen Sie Rothenburg ob der Taubers Mittelaltermuseum!« Ein einfacher Plastikstuhl, ein melancholisches Tischchen. Darauf eine Untertasse, ein Porzellanteller. Auf diesen Teller legt man seinen Obolus. Eine Anerkennung für die Sauberkeit des WCs, das man gerade benutzt hat, wie es im Laufe eines Tages Tausende von Reisenden tun, Lastwagenfahrer, Kinder, entnervte Familien, Rentnergruppen ...

Die Porzellanteller geben Auskunft über eine Arbeitswelt, in der Abhängigkeiten in Selbstständigkeiten, nationale in internationale Beziehungen gewandelt werden. Oft sitzen Migranten dort, Schwarze, Pakistani, Asiaten, Rumäninnen. Sie wirken mal traurig, abwesend und resigniert, oft aber auch fröhlich, ja regelrecht aufgekratzt. Eigentlich haben sie wenig zu lachen, denn sie sind Klofrauen und Klomänner, und das stellt in kaum einer menschlichen Kultur einen Job mit Prestige und Ehre dar. Aber fast immer ist ihnen ein gewisser Stolz anzumerken.

Kann man das überhaupt? Hier, im Herzen der hypermobilen Gesellschaft, am stillen Örtchen der Mega-Mobilität so etwas wie Berufsehre entfalten? Ist das nicht ganz eindeutig die neue Sklavenkaste der globalen Welt?

Erinnern wir uns. Noch vor Jahren saß niemand an diesem Ort. Nur ein Putzeimer lehnte an der Wand, mit meist ziemlich übelriechenden alten Lappen. Die Toilette wurde in regelmäßigen Abständen von Erna oder Elisabeth gereinigt, einer rundlichen Dame jenseits der 50, die in einem Kabuff ganz hinten hauste, verborgen vor der Öffentlichkeit, und die man allenfalls einmal draußen vor der Tür sah, wenn sie Zigaretten der Marke »Krone« oder »Ernte 23« rauchte.

Erna oder Elisabeth hatte einen sicheren, lebenslangen Job. Sie wurde von der Autobahnraststättenbetreibergesellschaft, ein schönes deutsches Wort, nach den Richtlinien des Öffentlichen Dienstes bezahlt. Denn diese Gesellschaft gehörte damals dem Staat, und Autobahnen waren eine Angelegenheit der öffentlichen Infrastruktur.

Erna oder Elisabeth ging es im Laufe der Zeit gesundheitlich immer schlechter, das Kreuz und die Hände. Und es häuften sich die Beschwerden über schlechten Geruch im WC. Denn sie nahm die Arbeit zunehmend gemütlicher in Angriff: »Ich bin hier nicht auf der Flucht, sondern bei der Arbeit«, stand in ihrem kleinen Kabuff hinten an der Wand. Und so ging sie schon mit 55 in den Vorruhestand.

Und die Raststätten wurden, einschließlich ihrer Toiletten, an private Betreiber verpachtet, ein typischer Frevel des Neoliberalismus.

Wer sich die Porzellanschüsselchen anschaut, muss allerdings zugeben, dass da eine ganze Menge 50-Cent- und 1-Euro-Stücke hineinfallen, die geschwind wieder entfernt werden. Verkaufen können sie. Da sind sie geschickt. Mit Sicherheit verdienen sie mehr als Erna oder Elisabeth; wenn man steuerlich ein Auge zudrückt: *sehr* viel mehr. Und beim Putzen sind sie auch gut, unsere prekären Dienstleister. Es duftet eigentlich immer frisch und sauber, und die Beschwerden sind selten geworden.

Geht es den Menschen, die heute in unserer Gesellschaft die Schmutzarbeit machen, wirklich schlechter? Erna oder Elisabeth hatte wenig Wahl. Aber unserem Pakistani, Schwarzen, Asiaten, der Rumänin trauen wir eigentlich noch eine Menge zu. Vielleicht werden sie demnächst von hier verschwinden. Und etwas Neues beginnen. Eine Boutique in einer Großstadt. Einen Gemüsegroßhandel. Sie werden sich verändern. Wir ahnen: Wenn sie *das hier* gut machen, wird ihnen auch *anderes* gelingen.

Im 21. Jahrhundert sind wir alle in gewisser Weise Klomänner und Klofrauen. Wir müssen für unsere Arbeit geradestehen. Denn wir signieren sie am Ende eines Tages, wie die vielen Dienstleister auf den Toiletten, die ihre letzte Putzrunde auf Listen vermerken. Wir haben alle ein unsichtbares kleines Porzellanschüsselchen vor uns stehen, in das unsere Kunden Eurostücke hineinlegen. Wir sind Dienstleister auf Zeit.

Wenn es gerecht zugeht, gilt das irgendwann auch für den Vorstandsvorsitzenden, für den Börsenbroker und für die anderen Privilegierten. Für Lehrer zum Beispiel. Es würde uns eine Gemeinsamkeit geben, die es in der alten Klassengesellschaft mit ihren »sicheren« Arbeitsplätzen nie gab. Eine Gemeinsamkeit des Prekären.

Sicher kann man nur sein, dass etwas Neues beginnt.


## Das positive Prekariat

Ich habe in meinem Leben mindestens fünf verschiedene »Jobs« und zweieinhalb ernsthafte Berufe ausgeübt. Ich habe in allen möglichen Arbeitskontrakten gearbeitet: unbefristet fest angestellt, zeitlich begrenzt fest angestellt, als »Pauschalist«, »fester Freier«, mit einem Werkvertrag. Meistens war mein Arbeitsverhältnis »prekär«, und die festen Arbeitsverhältnisse mit Lohnsteuerkarte habe ich irgendwann selbst gekündigt. Ich habe in der Zwischenzeit zweimal geheiratet, bin viermal umgezogen und habe eine Familie gegründet, mit der ich heute glücklich bin ...

Bin ich eine Ausnahme? Eine kleine, radikale Minderheit?

In einer Stadt wie Berlin – und gilt das nicht für die meisten wirklichen Großstädte? – ist »Arbeit« längst ein Flickenteppich unterschiedlichster Erwerbs- und Tätigkeitsformen geworden. Schlägt man eine Zeitung auf, etwa die Stadtzeitung *TIP* oder eines der unzähligen Stadtteilblätter, fällt die unglaubliche Fülle von »Ich-will-etwas-machen«-Anzeigen auf, die alles andere als »prekär« im Sinne von Defiziten sind.

*Suche f. Aufbau eines kommerz. Internetradios nette Moderatoren ...*

*Rauchfrei das Leben genießen, alte Konflikte lösen: Erf. Hypnotherapeutin hat noch Termine frei.*

*Junger Pianist sucht Arbeit in Café oder Hotel.*

*Wirrer Autodidakt, Schreiner, EDV-Berater, Autor, leicht adipös und käuflich, erledigt Jobs aller Art ...*

*Pedantische Putzfrau sucht Stelle bei jemandem, dem eine gepflegte Wohnung WIRKLICH am Herzen liegt.*

*Handwerkliches Allroundgenie liefert Maßgebautes, Repara-*
*tur, kreative Lösungen für ihr schönes Zuhause.*[3]

Es ist unglaublich leicht, dieses riesige Feld von untypischen Er-
werbs- und Tätigkeitsformen als marginal, untypisch, verlierer-
haft zu denunzieren. Wer sich an die alten Statistiken hält, sieht
nur die Erosion *alter* Arbeitsformen, aber nicht das Entstehen
neuer Tätigkeit. Wer nur lange genug befragt, ideologisiert und
die Welt so zurechtbiegt, dass sie nur Opfer kennt, sieht alles nur
unter dem Stichwort negativer Prekarität: Der Unsicherheitsfaktor
überwiegt stets die Freiheitsgrade, die Menschen in ihrem Leben
schaffen. Na klar: Gegenüber den lebenslangen karrieregaran-
tierten Berufsbildern früherer Tage, die letzten Endes dem Beamtentum ähnelten, sind alle anderen Einkommensarten prekär.
(Ebenso gegenüber der Arbeitsform eines Professors, der von seinen lebenslang garantierten Tantiemen das Elend der Arbeitswelt
in dicke Schinken schreibt.) Aber ist das, was in jedem zweiten
Betroffenheitsbericht gebetsmühlenhaft wiederholt wird – der
Zusammenbruch der Sicherheit, die Angst als primäres Element
des Lebens –, noch die »Wahrheit« über die Arbeitswelt unserer
Tage?

Drehen wir den Betrachtungswinkel einmal um: Vielleicht ist es
gar nicht das Angebot von Arbeit, an dem es in modernen Gesellschaften hapert. Vielleicht finden wir nur nicht genug Menschen,
die sie machen wollen.

Immer mehr Menschen streben nicht mehr nur nach materiellem Wohlstand. Sondern nach Unabhängigkeit, Freiheit, Selbstverwirklichung. Sie wollen etwas tun, was ihrem Leben eine
Dimension gibt, eine messbare Anerkennung. Und das gilt längst
nicht mehr nur für die Gebildeten. Es gilt auch für die Cleveren,
die Renitenten, die Schleimer und Schlaumeier, die vielen Opti-
mierer ihrer eigenen Knappheiten.

Deshalb *verzichten* wiederum unglaublich viele Menschen
auf Einkommen, obwohl sie es erzielen *könnten*. Sie lesen lieber

Bücher und fahren klapprige Autos, als einen für sie falschen Erwerbsjob zu ergreifen. Sie verlängern lieber ihre studentische Knappheitsökonomie bis ins Rentenalter, als sich in einem »sicheren Job« zu langweilen (ich kenne in meinem Bekanntenkreis viele davon). Oder sie tricksen mit staatlichen Transfers, arbeiten ein bisschen schwarz – und verbringen sonst ein fröhlich-grantiges Leben vor dem Fernseher, DVD-Rekorder und 134 Satellitenprogramme inklusive.

In unseren von Opferkonstruktionen durchwebten sozialen Wahrnehmungen kommen solche »Kombi-Ökonomien« aber gar nicht vor. Weshalb wir unaufhörlich den alten Klassenkampf des 19. Jahrhunderts nachspielen, als hätte die Platte einen Sprung!

Die viel beklagte Weigerung von Arbeitslosen, knochenharte Arbeit auf Spargelfeldern oder unterbezahlte Jobs in Parks anzunehmen, spiegelt paradoxerweise gerade eine Freiheitsoption, die erst die moderne, hochproduktive Wirtschaft mit ihren unendlichen Nischen bietet. »Wir müssen nicht« – das mag im Sinne von gesellschaftlicher Ethik verwerflich klingen und alle Oberlehrer auf den Plan rufen, die nun mit Zwang und Arbeitsdienst drohen. Es ist aber genau jener Punkt von Freiheit und Autonomie, der moderne Gesellschaften von Sklavengesellschaften unterscheidet.

Arbeitslosigkeit, wie sie sich in modernen Gesellschaften immer wieder als Phänomen entwickelt, ist nicht ein Problem von Mangel, sondern von »mismatching«: Bildungspotenziale sind zu hoch, um einfache Arbeiten zu verrichten. Oder zu niedrig, um hochqualifizierte Arbeit auszufüllen. All dies ist kein »gigantisches Problem«, auch kein Weltzusammenbruch. Sondern das natürliche Resultat von Wohlstand und Freiheit. Eine Turbulenz, die Wahlmöglichkeiten erzeugt.

In der frühindustriellen Gesellschaft mussten Menschen schwerste und dreckigste Arbeit annehmen, um nicht zu verhungern. Nur eine sehr kleine Schicht konnte tatsächlich über die Frage von *Berufssinn* nachdenken. In einer fraktalen Ökonomie wie der unseren entstehen jedoch Spielräume, die sogar den Marginalisierten und Unterqualifizierten die Möglichkeit eröffnen, ohne oder mit wenig Erwerbsarbeit zu überleben. Oder in der Schwarzarbeit ihre unternehmerischen Fähigkeiten auszuleben.

Wenn wir gesellschaftliche Kontrakte der Arbeit neu gestalten wollen, müssen wir uns von den Frontziehungen und Beurteilungskriterien der alten Klassengesellschaft verabschieden.

## Das Ende des Klassenkampfes

Die Teams von 8 bis 24 Autowerkern organisieren ihre Arbeit autonom. Sie bestimmen selbst über Schichtpläne und Jobrotation, Freiwochen, Urlaub und Qualifizierungszeiten. Sie lassen sich laufend Verbesserungen ihrer Arbeitsprozesse einfallen und können diese auch verwirklichen.[4]

Dieser Bericht, der wie ein Zitat der jugoslawischen Arbeiterselbstverwaltung von 1965 klingt, stammt aus den Tiefen der neuen deutschen Industriekultur: Er handelt vom Projekt »Auto 5000« der Volkswagen AG. Dieses Programm einer hochproduktiven Fabrik ist der endgültige Abschied von der industriellen Arbeitskultur, wie wir sie kennen.

Das 5000-Modell zeigt, dass in einer Wissensökonomie sogar die hochkomplexe Produktion auf dem Gedanken der »Human Skills« umgebaut werden kann. Die Idee verbreitet sich rasend schnell: »Arbeiterfabriken«, in denen nicht festgesetzter Lohn und starre Arbeitsteilung regieren, sondern eine Kultur des Lernens, der Kooperation und der Beteiligung, die schließlich das »Arbeitersein« auflöst. Die Arbeiter des 5000-Projekts wurden ausschließlich aus dem Heer der Arbeitslosen rekrutiert. Ihre Skills wurden ganz bewusst nicht im Sinne der alten Proletentugenden (Fleiß, Körperkraft, Durchhaltevermögen) bestimmt. Was sie »können sollen«, ist vor allem Kommunikation mit den Kollegen, Eigenständigkeit, Eigensinn. »Wenn es einen gemeinsamen Charakterzug der Männer im Technikteam gäbe, hieße der Selbstbewusstsein!«, sagt einer der Verantwortlichen des Projektes.[5]

Der ideologische Sozialist (der tief in uns allen sitzt) möchte diese Auflösung der Fronten natürlich sofort als gewaltige Lüge entlarven. Zu Recht. Hier wird tatsächlich das alte Klassenverhältnis aufgelöst, die stringente Logik aus Unterdrücker und Unterdrücktem, passiv und aktiv, *Geber* und *Nehmer*. So wird Kapital und Arbeit auf einer neuen, eben *human*kapitalistischen Ebene verschmolzen. »Jeder nach seinen Fähigkeiten, jeder nach seinen Bedürfnissen« – diese alte marxistische Formel wird auf eine für den binären Denker des Klassenkampfes bedrohliche Weise Wahrheit.

## Wussten Sie, dass ...

• Höchstens 4 Prozent der Studenten von Wirtschafts- oder Sozialwissenschaften mehr als sechs Monate in Praktika hängen. Die »Generation Praktikum«, die in den Medien seit Jahren als bedauerliches Opfer des Turbokapitalismus gefeiert wurde (»Niemand will sie, alle wollen sie ausbeuten«), ist nichts als eine Medienchimäre.[6]

• Die Arbeitsmobilität und »Prekarität« steigt in Europa kaum – entgegen häufig gepflegter Vorurteile. Die durchschnittliche Dauer der Betriebszugehörigkeit im EU-Durchschnitt ist sogar von 1992 bis 2002 leicht gestiegen (von 10,5 Jahren auf 10,6 Jahre).[7]

• Ein klassisches Vorurteil lautet: »In den USA braucht man mindestens zwei Jobs, um zu überleben.« Aber in Amerika hat nur jeder 20. Erwerbstätige mehr als einen Beruf; Nebenjobs sind eher selten. Zweitberufe sind ausgerechnet in jenen Länder häufig, die als Hochburg der alten Sicherheitskultur gelten. In Dänemark zum Beispiel hat jeder 10. Erwerbstätige zwei Jobs oder mehr.[8]

## Der neue historische Deal:
## Flexicurity und Work-Life-Choices

Wahr ist, dass die Kräfte von Globalisierung und Technologie Arbeit »verflüssigen«. Wahr ist aber auch, dass wir als Menschen, Familienmitglieder, Bewohner von Häusern, die wir abbezahlen müssen, Träger ehrgeiziger Träume eine gewisse Kontinuität benötigen.

Wie kann man diesen Widerspruch moderieren? Die Antwort wurde in den skandinavischen Ländern und in Teilen der angelsächsischen Welt bereits gefunden: Flexicurity – »geschützte Mobilität«.

Die Grundidee ist einfach: Jeder kann einen Job zum Broterwerb finden, und man kann ihm dabei helfen. Wie es John Neergard Larsen, Direktor der dänischen Arbeitgebervereinigung ausdrückte: »Unsere Philosophie ist: Wenn du nicht mehr sicher in Bezug auf den Arbeitsplatz sein kannst, kannst du sicher in Bezug auf deine Beschäftigung sein.« (»If you can't be sure of a job, you can be sure of employment.«)[9] Die Zumutungen, die das mit sich bringt, sind andere als die des alten Lohnarbeitssystems. Manchmal heißt es auch ein »downgrading« beruflicher Tätigkeiten. Aber die Erfahrungen aller »Welfare-to-Work«-Projekte sind im Kern positiv.[10]

Der Managementphilosoph Charles Handy meint:

Trotz des missbrauchten Begriffs »Work-Life-Balance« ist Arbeit nicht das Gegenteil von Leben. Arbeit liegt vielmehr im Zentrum des Lebens, vorausgesetzt, es ist Arbeit, die erfüllt und die in einem menschlichen Zeitrhythmus ausübbar ist. Was viele Menschen in Wirklichkeit suchen, ist nicht »mehr Leben und weniger Arbeit«, sondern eine bessere Balance zwischen *verschiedenen Arten von Arbeit*. Die Arbeit, die wir für Geld tun, möchte durch Arbeit ergänzt werden, die wir aus Liebe oder Pflicht, im Haushalt oder in der sozialen Umgebung machen, aus Freude oder auch »nur«, um unsere Fähigkeiten zu erweitern.[11]

Was vor uns liegt, ist eine neue Welt der »Kombi-Arbeit« und der »Kombi-Löhne«. Extensive und intensive Arbeit wechseln sich ab mit Lebensphasen, in denen wir uns vielleicht mehr um die Familie kümmern wollen, mehr Räume zur Selbsterforschung brauchen, das Spielbein statt das Standbein wählen. Dafür müssen wir lernen, Übergänge zu moderieren. Und unsere berufliche und private Identität anders zu konstruieren als in der Industriegesellschaft.

Dabei geht es weniger um »Work-Life-Balance«. Denn »Balance« suggeriert ja hier immer ein exakt austariertes Gleichgewicht. Das aber ist im Verlauf eines turbulenten Lebens nicht immer möglich. Es geht um Work-Life-Choices, also die Möglichkeit, das jeweils gewollte und richtige Mischungsverhältnis herzustellen. Es gibt Zeiten im Leben, in denen wir »brennen« wollen, weil wir eine berufliche Herausforderung annehmen. Es gibt aber auch Zeiten, wo sich die Prioritäten zeitweise Richtung Familie verschieben. Gute Firmen können mit beidem umgehen. Und reife Individuen können es bewusst managen!

Männer müssen lernen, ihre Identität nicht nur vom Gehaltszettel und ihrer Stellung in der männlichen Erwerbshierarchie abhängig zu machen. Frauen müssen lernen, die Idealisierung der Mutterschaft (die durchaus auch genetische Dimensionen hat) zu relativieren. Natürlich ist es verführerisch, sich angesichts der Komplexität von Wahloptionen – Beruf, Partnerschaft, Job, Lebensort – ausschließlich »den Kindern« zu widmen. Warum nicht? Aber auf Dauer tut das weder den Kindern noch den Müttern wirklich gut. (Und den Männern auch nicht, auch wenn sie scheinbar am meisten davon profitieren.)

Beide Geschlechter werden im Laufe ihres Berufs- und Familienlebens unterschiedliche und wechselnde Kontrakte untereinander und mit ihren »Arbeitgebern« (Wer *gibt* eigentlich die Arbeit?) schließen. Auch zwischen Mann und Frau wird es im Laufe einer Beziehung zu wechselnden Kontraktverhältnissen kommen, was Haushalt, Einkommen, soziale Rollen betrifft.

Das Leben wird ein Gesamtkunstwerk. Es wird nicht mehr so

einfach sein wie damals zuhause bei Papi und Mami. Und das ist gut so.

## Reality Check: die Wahrheit über Arbeit und Arbeitslosigkeit

Fortschritt ist in seinem Wesen nichts anderes als die Zerstörung von alten Arbeitsformen, die unentwegt durch produktivere, komplexere, mobilere Modelle ersetzt werden. Dieser Prozess beschleunigt sich in der Globalisierung, führt aber nicht zum »Verschwinden« der Arbeit, sondern zu ihrer Fraktalisierung in immer differenziertere Formen.

Arbeit ist so immer mehr »Spezialisierung auf Zeit«. Manchmal sehr gut, manchmal schlecht bezahlt, aber keineswegs nur »minderwertig«, wie uns die alarmistischen Medien weismachen wollen.

• *Arbeit und Wissenserwerb konvergieren.* Es ist kein Zufall, dass die neue Europa-Firmenzentrale von Infineon »Campeon« heißt. Der universitäre Campus wird zum Firmenareal und vice versa: Lernen und Arbeiten konvergieren. Eben *weil* Arbeit so wissenszentriert wird, werden Erfahrung, Leidenschaft, auch Spaß an der Arbeit zu unmittelbaren *Produktiv*faktoren.

• *Aus abhängiger Lohnarbeit wird »Self Work«.* Im Mittelpunkt der neuen Arbeitswelt steht der Selbstunternehmer, der sich selbst ständig weiterbildet, seine Kompetenzen und Erfahrungshorizonte erweitert. Dies heißt aber nicht, dass ein Meer halt- und bindungsloser nomadischer Jobber entsteht. Es entsteht vielmehr eine *Gegenkraft*: Eben *weil* Wissensarbeit »humanzentriert« ist, steigen die Bedeutung und der Wert der Humanressource für die Unternehmen, die nun das Interesse haben, Mitarbeiter zu *binden* – indem sie sie gut behandeln, auf ihre Bedürfnisse eingehen, sie zu Partizipienten des Unternehmens machen. »Lebenslange Beschäftigung, diese Idee liegt auf dem Totenbett. Aber für Unternehmen, die sich neu erfinden, die sich verwandeln in fluide und flexible Organisationen, für die gilt: Lang lebe lebenslange Beschäftigung!«, so der US-Publizist Bruce Tulgan.[12]

• *Aus Faktenbilanz wird Wissensbilanz.* Für Unternehmen heißt das in letzter Konsequenz: Ihre Bilanz wird in Zukunft nicht mehr an reinem »Output« gemessen. Auch nicht (nur) an Profit und Wachstumsraten, wie es in der industriellen Ökonomie üblich war. *Was könnte das Unternehmen in Zukunft wissen, was es heute noch nicht weiß?* Die Antwort darauf befindet sich ausschließlich in den Köpfen (und Händen) der Mitarbeiter. Wie aber misst man dieses Potenzial? Wie valuiert man es, treibt es voran, bringt es zum Blühen? *Das* herauszufinden, ist die Königsaufgabe für das Management von morgen!

# Das Märchen von der wachsenden Gewalt und dem Krieg der Kulturen

Glaubenslehren, die oberflächlich betrachtet den Verzicht
auf Gewalt einschließen, begünstigen das Gegenteil.

*George Orwell*

## Die Mörderfrage

Zu meinen Vorträgen über die Zukunft kommen meist Meinungsführer aus der Wirtschaft, Banker, wohlhabende Bürger und Werber, Marketingleute, Architekten, Rechtsanwälte; also gebildete, aufgeklärte Menschen. Bisweilen stelle ich dem Publikum folgende Eingangsfrage: »Wie viele Morde gab es im Jahr 2005 in Deutschland?«

Hartnäckig bestehe ich auf einer Antwort. Was meinen Sie? Wie viele Morde waren es? In einem Land mit 82 Millionen Einwohnern, einer Menge Ausländern und Konflikten, im Spannungsfeld zwischen Ost und West?

Ich helfe sogar noch mit einem kleinen Multiple-Choice-Angebot:

a) Mehr als 5 000?
b) Mehr als 1 000?
c) Weniger als 1 000?

Die Antworten teilen sich im Durchschnitt folgendermaßen auf:
a) 15 Prozent, b) 70 Prozent, c) 15 Prozent.

Ich frage dann: »Wie viele Kindermorde gab es im letzten Jahr?« Der Mittelwert der Antworten liegt meistens bei rund 1 000.

Da es ja um die Zukunft geht, müssen wir einen Trend feststellen. Ich frage deshalb weiter: »Hat die Anzahl in den letzten zehn Jahren zu- oder abgenommen?« Im Allgemeinen plädieren 90 Prozent für »zugenommen«.

Dann verlese ich die deutsche Kriminalstatistik, wie sie vom Bundeskriminalamt herausgegeben wurde. *Reale* Anzahl der Morde in Deutschland 1994: 662; 2005: 413. Kindermorde 1994: 149; 2005: 59. Kindermorde mit sexuellem Hintergrund 1994: 7; 2005: 4.[1]

Besonders die letzte Zahl ruft immer Erstaunen hervor. Lesen wir nicht jeden Tag von grauenhaften Kindermorden? Ja, weil inzwischen die wenigen Fälle, die es gibt, ganzjährig und mit einem unglaublichen Voyeurismus durch die Medien gezogen werden! Nach Meinung der Bevölkerung – das Bundeskriminalamt machte eine Meinungsumfrage zur Rezeption von Kriminalität – hat die Zahl der Kindermorde in den letzten Jahren um 260 Prozent, die der Morde um 27 Prozent zugenommen.[2]

Natürlich gibt es Dunkelziffern, Fälle, in denen ein natürlicher Tod in Wirklichkeit ein raffiniert getarntes Verbrechen war. Die Anzahl von Totschlagsfällen liegt zudem leicht über der der Morde. Aber die Kriminologen winken ab, wenn man dies als größeres Problem bezeichnet. »Mord«, sagt einer der besten Kriminalbeamten Europas, der Profiler Thomas Müller, »lohnt sich nicht mehr. Die Aufklärungsquote liegt seit den genetischen Testmöglichkeiten bei, man könnte sagen: fast 150 Prozent.«[3]

Manchmal setze ich bei meinen Vorträgen noch eins drauf: »Hat die Gewalt unter Jugendlichen in den letzten Jahren zu- oder abgenommen?«

Auf der jährlichen Konferenz zur Kriminalität in Deutschland am 15. Mai 2006 in Berlin verkündete Innenminister Schäuble einen Rückgang der Kinderkriminalität bis 14 Jahre um 11 Prozent, bei den Jugendlichen um 4 Prozent. Straßenraub- und Diebstahldelikte sanken generell um 8 und 11 Prozent. Und dann verlese ich das Studienergebnis des BUK, des Bundesverbandes der Unfallkassen, die die Schäden, die durch jugendliche Gewalt entstehen, zu bezahlen haben:

Die physische Gewalt an Schulen hat in den letzten zehn Jahren bundesweit abgenommen. Zu diesem Ergebnis kommt der Bundesverband der Unfallkassen (BUK) in einer empirischen Untersuchung. Besonders deutlich ist der Rückgang bei den Hauptschulen.[4]

Spätestens an diesem Punkt beginnt sich ein Teil meines Publikums zu langweilen. *Good news is no news.*

Der andere Teil wird wirklich sauer. *Dafür* haben sie den Eintritt nicht bezahlt!

Was wir überhaupt nicht leiden können, ist, wenn unsere Ansichten der Welt, die wir so mühsam und über einen so langen Zeitraum zu einem Weltbild zusammengefügt haben, in irgendeiner Weise erschüttert werden.

## Elements of Crime

Wir schalten den Fernseher an und lassen uns langsam hineintreiben in die Handlung eines Krimis am Sonntagabend. Der Kommissar, ein bärbeißiger Bulle mit Herz, und sein Lederjackenkomplize, der gerade eine dicke Beziehungskrise mit seiner Freundin, einer exzentrischen Malerin, erlebt, haben es diesmal mit einem besonders raffinierten Fall zu tun: eine internationale Schlepperbande, die mit hochrangigen Baulöwen, die Beziehungen zur Politik unterhalten, unter einer kriminellen Decke steckt. Eiskalte Ehefrauen sind darin verwickelt, korrupte Typen aus einer Behörde, ein unschuldiges Kind gerät zwischen die Fronten und wird gekidnappt. Nach dem Showdown (auf dem Gelände stillgelegter Docks, wo der Turbokapitalismus sinnlos sichere Arbeitsplätze vernichtet hat) liegen insgesamt zehn Leichen herum, die meisten davon grausam gefoltert, zerstückelt, zugerichtet ...

Natürlich wissen wir, dass dies kein realer Fall ist. Eigentlich. Es ist Unterhaltung. Eigentlich. Aber der nächste Todesporno kommt ja schon im Anschluss. Da werden Leichen seziert, zersägt, um dem Ungeheuerlichen auf die Spur zu kommen, das in jedem Einzelnen steckt. Und so geht es weiter bis Mitternacht. Zum nächsten Morgen. Rund um die Uhr wird in der Sekundärwelt des Fernsehens gemordet, gehäutet, gepfählt, verbrannt, kastriert, lebendig begraben. Immer geht es um Geld, Gier und Geilheit. »Das Böse«, schreibt Lyall Watson, »genießt einen Bonus, es fesselt unsere Aufmerksamkeit. Schurken bemächtigen sich unserer Fantasie mit einer Kraft, mit der kein Tugendbild jemals mithalten kann.«[5]

Grob eingeteilt, gibt es vier Kategorien von »Skripten« bei Krimis:

- *Der Vorortmord.* Bekannt seit *Derrick*, aber auch in vielen anderen Serien als Handlungsmuster beliebt, geht es hier um Klassenkonflikte, die im Stile eines Shakespeareschen Dramas inszeniert werden. Unterschwellige Aussage: Kultur und Wohlstand sind nur Fassade. Praktisch immer lässt eine kalte Ehefrau in der Villa ihren Mann umbringen, mordet ein Fabrikant wegen unlauterer Vorteile, lässt der geldgeile Sohn seinen Vater beseitigen. Botschaft: Geld verdirbt den Charakter; »kleine« Leute, Beamte, wie zum Beispiel die Kriminalkommissare, sind dagegen tugendhaft und haben den notwendigen Weitblick. Sie sind ehrsam, fleißig, unbestechlich und beherrscht.
- *Loblied des Sonderlings.* Hier geht es vor allem um Spannungsaufbau für Gewaltexzesse, in denen der Kommissar, meist in einer Lederjacke, kräftig ausrasten darf. Unterschwellige Aussage: Polizisten sind Bürokraten und Idioten ohne Herz. Gefeiert wird der Desperado, der über die Stränge schlagen oder die Gesetze brechen *muss*, weil er sonst das Böse nicht bekämpfen könnte. Die Hauptkonfliktlinie verläuft nicht zwischen Verbrecher und Gesetz, sondern zwischen narzisstischem Individuum und einer spießigen Bürokratie, die dem Bösen nicht beikommt, weil sie verweichlicht ist. Gefeiert wird hemmungslos und in lustvollen Zerstörungsorgien virile, männlich-narzisstische

Aggression, die ansonsten in unserer Gesellschaft delegitimiert ist.

- *Der Psychokomplexmord*. Hier dreht jemand langsam durch. Aus dem Dunkeln spielt er ein dämonisches Spiel mit Opfern und Ermittlern. Der Kontext wird fast immer aus dem Opferkult definiert. Jemand wurde von »der Gesellschaft« in die Enge gedrängt, in seiner Kindheit misshandelt und rächt sich jetzt mit den raffiniertesten Methoden. Unterschwellige Aussage: Die Gesellschaft ist wahnsinnig, ist krank, kein Wunder dass es »immer mehr Mörder« gibt.

- *Der internationale Globalisierungsmord*. Hier geht es um Ausbeutung der »Dritten Welt«, Waffengeschäfte, Rechtsradikale, Terroristen. Verbrechen wird auch in diesem Skript als eine Art Widerstand definiert: Krimi als politische Propaganda. Gar nicht so unterschwellige Aussage: Das Kapital ist schuld.

Niemand kann diese vier Varianten genialer zu *einem* narrativen Strang synthetisieren als der derzeit bekannteste Krimiautor Europas: Henning Mankell. Am Ende seiner schweißtreibenden Ermittlungen über den unheimlichen Tod von drei Jugendlichen blickt Kurt Wallander, unser Kultkommissar aus Schweden, auf eine karge Schärenlandschaft und sinniert: »Der Riss, der durch die Gesellschaft ging, weitete sich unaufhörlich ... Eine neue Teilung des Volks ging im Land vor sich. In Menschen, die gebraucht wurden, und Menschen, die unnötig waren ...«[6]

Wenn es in Wallanders Welt regnet, senkt sich wieder einmal das Schwere, Mörderische über die Welt. Fährt ein Taxi um die Ecke, ist das Grauen nicht weit. Alle sterben. An Krebs, Langeweile, verdrängten Mutterkomplexen. Alle sind Betrogene, Verlassene, die in anonymen Zweizimmerwohnungen verwahrlosen oder in Villen am Stadtrand seelisch ersticken. Alles menschliche Fleisch ist irgendwie faul, gefräßig, mürbe, verwest. Behörden sind hilflos oder korrupt, über allem regiert ein anonymer Staat, der längst

Opfer anonymer »Kapitalinteressen« geworden ist. Wallander, der übergewichtige Kommissar, ist ein verkappter Marxist. Er lebt in seiner Vergangenheit wie in einem Spinnenkokon, in seiner gescheiterten Ehe, in der Verstrickung mit seinem Vater und misslungenen Liebschaften. Aber weil Wallander sich so tapfer in seine ewig gleichen Pullover hüllt, weil er sich immer wieder aus dem Matsch aufrichtet (in den ihn brutalste Verbrecher gerade wieder gestoßen haben, die aber eigentlich gar nichts für ihre gräulichen Taten können, weil sie in ihrer Kindheit misshandelt wurden), können wir gar nicht anders, als ihn lieben!

Wie nennt sich diese Krankheit, die sich hier eine fiktive südschwedische Lebenslandschaft halluziniert, einen Themenpark des alltäglichen Grauens? Kein Zweifel: Depression. Wallander, an Diabetes erkrankt, ständig um seinen Blutzuckerspiegel und seine Wampe fürchtend, ist hochgradig depressiv. Aber er stellt sich dieser Depression nicht, sondern halluziniert – via seines Schöpfers Mankell – immer neue Grausamkeiten des Menschlichen.

Schweden ist heute ein Land in tiefem sozialen Frieden. Klar gibt es hier auch soziale Probleme, Suff, Kriminalität, Scheitern – in welcher menschlichen Gesellschaft gäbe es das nicht? Aber ein friedlicheres und homogeneres Land wird man kaum finden. Eine effektivere Polizei auch nicht. Nettere Menschen: kaum.

Es ist kein Zufall, dass sich im hohen Norden eine besonders raffinierte Krimiszene etabliert hat. Ganz im Sinne der »Restübelthese«: Wo viel Licht ist, muss umso mehr Schatten sein. Und natürlich läuft alles auf eine gigantische Verschwörung hinaus. Der bislang letzte Wallander-Krimi, *Die Brandmauer*, handelt von einem dämonischen, neoglobalen Netzwerk, das die Welt gänzlich zerstören will, Mankells letzter Roman, *Kennedys Hirn*, verbindet die Ausbeutung Afrikas mit dem Wohlleben des Nordens, dazwischen irren Altnazis durch nordische Wälder – wie ein Surrogat aller alarmistischen Ängste in einer einzigen Bonbontüte des Schreckens. Und immer spannend zu lesen.

## Zero Tolerance: das Beispiel New York

Dass die moderne Zivilisation sich über kurz oder lang in einen All-out-War aller gegen alle verwandeln wird, ist ein kulturhistorisch alter Hut, den auch die Nationalsozialisten gerne aufgegriffen haben. Die warnten schon damals genüsslich vor der Kriminalitätsrate in amerikanischen Städten – und schufen im Gegenzug das Blockwart-System. Man findet immer wieder die Metapher der Großstadt als Terrain des Bürgerkriegs. Aus solchem Material ließen sich Kultfilme wie *Die Klapperschlange* oder *Mad Max* destillieren, in denen in Ruinenkulissen Endzeitbanden um den letzten Rest des Rohstoffs Öl kämpfen.

Dass New York, dieser ewige Moloch, sich in den letzten Jahren in eine recht sichere Großstadt verwandelt hat, ist hingegen weniger bekannt.

New York, dieser Schmelztiegel, Zentrum der Weltmigration, durchlebte in der Tat in den siebziger und achtziger Jahren eine raue Zeit. Von 925 Morden im Jahr 1965 schnellte die jährliche Zahl der »homicides« auf 2 600 im Jahre 1990 hoch. Seitdem aber fällt sie stetig und in gewaltigem Ausmaß. 2005 zählte die Stadt nur noch 571 Morde, für europäische Verhältnisse immer noch viel, aber eine Verringerung um 80 Prozent, bei weiter fallender Tendenz.

In den europäischen Medien wurde die »Zero-Tolerance«-Politik, also die gnadenlose Verfolgung auch kleiner Delikte, als alleiniger Grund angeführt. In der Tat sperrt man heute Gewalttäter schneller, gründlicher und länger weg als jemals zuvor. Aber das ist noch nicht einmal die halbe Wahrheit. Die systematische Verringerung der Kriminalität basiert auf mindestens drei weiteren Faktoren:

• *Singing.* Als probates Mittel zur Reduktion von Kriminalität hat sich die Stabilisierung lokaler Communities herausgestellt, in denen bislang Kriminalität als Lebensform grassierte. In den »schwierigen« Stadtteilen New Yorks, in Harlem und der Bronx, haben überall in den letzten Jahren starke Kulturinitiativen die jungen, haltlosen Männer an sich gebunden. Tanzgruppen, Singgruppen, Sportinitiativen entwickeln sich wie Pilze nach einem Sommerregen. Stephen Pogue zum Beispiel von der Greater Hood Church in Harlem wurde bekannt für seinen »Hip-Hop-Chor«, der Hunderte von jungen Schwarzen anzieht.[7]

• *Crime-Mapping.* Eine systemische Technik zur Erfassung von »Crime-Clusters« setzt sich heute in allen größeren Städten durch. Mit »Crime-Mapping«-Methoden hat man selbst in Bogotá oder Kapstadt die Gewaltkriminalitätsrate massiv senken können. Gezielt werden hier »Hot Spots« bearbeitet: undurchsichtige Knotenpunkte in bestimmten Stadtteilen, in denen sich Verbrechen häufen. Moderne Computertechnik macht einen viel schnelleren Zugriff auf Informationen möglich, in der Vernetzung mit Planungsämtern lassen sich solche Ballungen auch manchmal architektonisch entschärfen: durch Licht, breitere Straßen und technische Sicherheitsvorkehrungen in den Shops vor Ort.[8]

• *Bad-Boy-Extinction.* Die Zahl der »potenziellen Kriminellen« geht drastisch zurück. Erstens natürlich durch Verhaftungen. Zweitens durch verstärkte Bildungsanstrengungen auch in den Problemstadtteilen. Drittens durch neue Immigrationsströme: Heutige Immigranten kommen eher aus wirtschaftlichen Gründen nach New York, sie arbeiten hart und stabilisieren ihren Stadtteil. Viertens erzeugen kriminelle Milieus immer einen »Selbstmordeffekt« – viele Gewalttäter in New York sind durch Crack oder eben Morde gestorben.

Der entscheidende Punkt für den drastischen Rückgang liegt aber auf einem ganz anderen Feld: in der Demografie. Steven D. Levitt und Stephen J. Dubner weisen in ihrem Buch *Freakonomics* nach, dass es vor allem die Antibabypille war, die die Kriminalitätsrate in den neunziger Jahren so rapide fallen ließ.[9] Die jungen schwarzen Mütter verfügten erstmals in den späten sechziger Jahren flächendeckend über die Antibabypille. Und deshalb kam es damals zu einem plötzlichen Geburtenknick. Viele unerwünschte Kinder in Problemfamilien wurden gar nicht erst geboren. Und so konnten viele kriminelle Karrieren gar nicht erst beginnen ...

Alltagsgewalt in zivilen Gesellschaften lässt sich, so lehrt uns das Beispiel New York, zwar nicht abschaffen, aber selbst unter den harten Bedingungen globaler Immigrationsgesellschaften ist sie eingrenz- und zähmbar. Auch wenn dieser Prozess noch nicht überall greift (so steigt etwa in Südafrika die Gewaltkriminalitätsrate steil an): Wir können Methoden entwickeln, damit Menschen sich weniger gegenseitig antun, auch wenn sie sich in vielerlei Hinsicht fremd sind. Und die Faktoren menschlicher Entwicklung selbst helfen uns dabei. Ist das nicht eine gute Nachricht?

Aber wie gesagt: Gute Nachrichten sind eigentlich keine Nachrichten. Sie lassen sich zumindest nicht »verkaufen« – nicht nur im pekuniären, sondern auch im geistigen Sinne ...

## Gewalt: die anthropologische Konstante

Das Rousseausche Grundmärchen lautet etwa so: Vor vielen Tausend Jahren, als die Menschen noch mit der Natur in Einklang lebten, waren sie friedliche Jäger und Sammler. Sie lebten in Höhlen, betrieben Jagd und sammelten Beeren. Dann kam die verderbte Zivilisation und sperrte uns in das Korsett aus Sitten und Normen, Konventionen und Zwängen. Menschen wurden in unnatürlich verdichteten Siedlungsräumen eingesperrt und entwickelten daraufhin jene mörderischen Aggressionen, die für die moderne Zivilisation typisch sind.

Im Jahre 2006 machten Forscher der Queens University von Belfast eine systematische Analyse von Hunderten von Schädeln aus dem südenglischen Siedlungsraum. Sie stammten von jung-

steinzeitlichen Menschen, die in recht dünn besiedelten Waldland-
schaften hausten. An einer großen Anzahl entdeckten sie Spuren
von unmittelbarer Einwirkung von Gewalt, die zum Tode geführt
haben musste. »Wir sehen eine viel gewalttätigere Gesellschaft, als
wir es vermutet haben«, so der Anthropologe Michael Wysocki.[10]

Engländer, so könnte man ironisch formulieren, neigten also
auch schon vor zehntausend Jahren zum Hooliganismus. Aber
das teilen sie mit praktisch allen Kulturen dieser Zeit. Denn die
Idee des friedlichen Nomaden oder neolithischen Bauern, der in
Einklang mit seiner Umgebung lebte, ist eine Illusion.

Lawrence H. Keeley ist als Anthropologe auf den »primitiven
Krieg« spezialisiert. Er hat mit dem Buch *War before Civilization* das Schlüsselwerk zur kriegerischen Urvergangenheit des
Menschen geschrieben.[11] Hier die wichtigsten Ergebnisse dieser
epochalen Arbeit:

- Krieg ist ein Naturzustand des archaischen Menschen, der
  *immer* ungleich mehr Opfer forderte als heute. Der Alltag von
  Menschen, die in Clans, Stämmen, »Big-Boy-Gesellschaften«
  oder nomadischen Kulturen lebten, war zigtausend Jahre lang
  von kriegerischer Alltäglichkeit geprägt. Stammesgesellschaften führten in höherer Frequenz, mit mehr Toten und deutlich
  regelloser Krieg als *alle* Nationalstaaten der Neuzeit. Sogar die
  gewaltigen Totenzahlen des Zweiten Weltkriegs hinterließen
  prozentual zur Weltbevölkerung weniger Tote, als die andauernden Gemetzel in vielen archaischen oder vorindustriellen
  Gesellschaften.[12]

- Kriege in der vorzivilisatorischen Welt hatten keinen »harmlos-
  rituellen« Charakter, wie uns manche romantischen Anthropologen weiszumachen versuchen. Man schlug sich nicht, um danach
  die Friedenspfeife zu rauchen, sondern um sich zu vernichten.
  Die meisten Kriege der Stammes- und Clangesellschaften waren
  Eroberungskriege, in denen es um Raum, Mord und Aneignung
  ging. Die angeblich so friedlichen südpazifischen Stämme zum

Beispiel sind ein Märchen romantischer Abendländer: Tahitianer spießten die feindlichen Kinder an ihre Mütter – durch den Kopf. Maoris verkrüppelten »erbeutete« Frauen, sodass sie nicht entkommen konnten und vergewaltigt und später gegessen werden konnten. (Hochzivilisationen oder kriegführende Nationalstaaten hatten dagegen oft ein Interesse an Schonung und Gefangennahme der Zivilbevölkerung, weil Gegner zukünftige Untertanen oder Steuerzahler sein konnten.)[13]

- Die Yanomami, deren Stammesgebiet in Venezuela und Brasilien liegt, widerlegen die These, dass nur verdichtete Siedlungsräume mit knappen Ressourcen zu Kriegen führen (eine These, mit der einer der tribalen *Killings* der Neuzeit begründet wurde, der Völkermord in Ruanda). Obwohl die Yanomami von nahezu menschenleerem Gebiet umgeben und ihre Ressourcen nicht knapp sind, führt dieser Stamm praktisch unentwegt Krieg; Raubkrieg vor allem untereinander, um Frauen, Rache und Ressourcen.[14]

- Es gibt und gab dennoch pazifistische Stammeskulturen, in denen Krieg, vor allem in seiner offensiven Form, selten ist (zum Beispiel die !Kung San in der Kalahari oder die Semai in Malaysia, die Yaghan von Feuerland oder die Copper Inuit). Allerdings waren innerhalb dieser Gruppen die *Mordraten* um den Faktor fünf bis zehn höher als die heutigen in den USA oder Europa.[15]

## Die Krise des Krieges

Ist die Spezies Mensch also in ihrem »Wesen« eine kriegerische Rasse, die das Morden und Brandschatzen nicht lassen kann? In der Tat spricht vieles dafür, auch aus der Sicht der Evolutionsbiologie und der neueren Anthropologie.

Es ist gerade das »Prinzip Humanität«, was uns in den ewigen Zwiespalt zwischen »uns« und den »anderen« versetzt. Huma-

noide haben die genetische Fähigkeit zu Empathie und Kooperation entwickelt – aber innerhalb des tribalen Systems der Urzeit.
Wir sind also programmiert dazu, »gut« zu »unseresgleichen« zu
sein – zu Menschen, die unserer Sippe, unserem Clan entstam-
men. Deshalb bilden sich komplexe, interagierende menschliche
Gemeinschaften.

Eben dieser »egoistische Altruismus« gerät aber an seine
Grenzen, wenn Fremde in »unser« Territorium eindringen – sei es
nun real, in der Bedrohung von Ressourcen, oder fiktiv, als sym-
bolisches Feindbild. Dann wendet sich der Kooperationstrieb in
die Möglichkeit kriegerischer Handlungen.

Begeben wir uns aber zunächst wieder in die Statistik. Wenn
wir die Zahlen der Todesopfer, die durch kriegerische Auseinan-
dersetzungen entstehen, genau auswerten, können wir leicht eine
simple These belegen, die unseren *Wahrnehmungen* massiv widerspricht: *Noch nie war es auf diesem Planeten so friedlich!*

Und wieder stutzen wir. Haben wir nicht gerade Gewaltbilder
aus dem Nahen Osten gesehen, aus Afghanistan, aus dem Kongo?
Flackern nicht die Bürgerkriege immer wieder auf, in Osttimor, in
Sri Lanka, in Peru? Und dennoch gilt: *Pro Kopf* der Weltbevölkerung haben sich kriegerische Handlungen in den letzten 15 Jahren
stetig verringert. Das weist die wohl gründlichste Untersuchung
zu diesem Thema eindeutig nach: der »Human Security Report«
der Universität Uppsala, beauftragt von den Vereinten Nationen.[16]
Seit 1990, so die Studie, hat sich die Zahl der Konflikte mit mehr
als 1000 Toten um 80 Prozent verringert. Zwischen 1989 und
2002 kamen 100 Konflikte zu einem Ende. Niemals wurden so
wenig Menschen durch Kriege getötet wie in den neunziger Jahren – und noch weniger sind es zu Beginn des 21. Jahrhunderts.[17]

Dies wird ein wenig plausibler, wenn wir uns daran erinnern,
dass im Kalten Krieg viele der damals tobenden Bürgerkriege
Stellvertreterkriege waren, die von der Öffentlichkeit nahezu nicht
beachtet wurden. In Mosambik und Angola zum Beispiel tobten
damals Bürgerkriege mit Millionen von Toten, wobei beide Par-

teien durch die Großmächte mit reichlich Waffen versorgt wurden. Sie waren nichts anderes als Opfer des Dritten Weltkrieges, der in diesen »entzündeten« Regionen keineswegs kalt war. Hier wurde der Preis dafür entrichtet, dass wir im »westlichen Sektor« der Welt in Frieden leben konnten.

Zwei mögliche Schlüsse lassen sich ziehen: Erstens: *Mag sein, dass wir derzeit in einer relativ friedlichen Periode leben.* Aber nur *vorübergehend.* Die nächsten Weltkriege stehen vor der Haustür, sie werden massiver und mörderischer sein als jemals zuvor! Zweitens: *Etwas ist in der menschlichen Zivilisation passiert*, dass sich die Trendhäufigkeit von Kriegen und die Zahl der Todesopfer tendenziell reduziert. Was könnte dies sein?

- *Die Atombombe.* Die Tatsache nuklearer Zerstörungsmacht hat den Krieg an vielen Fronten zu einem Nullsummenspiel gemacht. Wo es Atombomben gibt, ist die Idee der Eroberung nahezu hinfällig, die Konfliktschwelle steigt massiv an. Herman Kahn, der legendäre Futurist des Abschreckungszeitalters, kommt posthum doch noch zu Ehren. Er hatte mit seinem scheinbaren Zynismus Recht: Thermonukleare Kriegsszenarien dienen dem Frieden.
- *Der Einfluss der Frauen.* Kriegerische Gesellschaften sind immer männlich dominiert. Der »Megatrend Frauen«, der in immer mehr Gesellschaften dem weiblichen Geschlecht eine wichtigere Rolle zukommen lässt, verändert auch die soziale Grammatik, die kriegerische Investitionen stützt. Kriege sind teuer, in vielerlei Hinsicht. Weiblich geprägte Gesellschaften »ticken« anders und machen andere Rechnungen auf.
- *Die Individualisierung.* Je mehr und je länger Menschen in Wohlstand leben, desto mehr differenziert sich Gesellschaft in unterschiedlichen Sinn- und Zielsetzungen, Lebensformen und -stilen. Deshalb lassen sich in Wohlstandsgesellschaften immer weniger Menschen für die kollektive Formierung und Anstrengung eines Krieges mobilisieren. Sozialwissenschaftler

sprechen auch von »postheroischen Kulturen«, in denen das Menschenopfer für eine Idee oder ein Ideal sich immer schwieriger vertreten lässt. Der US-Krieg im Irak forderte 2 500 amerikanische Soldatenleben, dann war er politisch nicht mehr führbar. In Vietnam waren es noch 50 000 GIs, im Zweiten Weltkrieg Hunderttausende ...

• *Der Einfluss der Medien.* Medien können zweifelsohne Kriegsgeschehen verstärken – siehe die Propagandaschlacht der Nazis oder das heutige iranische Fernsehen. Aber in komplexen Medienkulturen lassen sie sich nicht mehr so leicht als Instrumente »von oben« einsetzen – das Internet ist lange nicht mehr so einfach zu beherrschen und zu kontrollieren wie die »zentralen« Medien Rundfunk und Fernsehen. In demokratischen Gesellschaften haben Medien oft eine kriegshemmende Wirkung. Es geht dabei vor allem um die Macht der Bilder. Im Vietnamkrieg blieb das Leid der Zivilbevölkerung lange unsichtbar (wie in allen Kriegen zuvor auch), erst die berühmten Fotos von My Lai durchbrachen diesen Wahrnehmungsvorhang. Moderne Netzwerkmedien haben eine nicht zu unterschätzende Kontrollfunktion. Sie zwingen hochtechnologische Kriegsführer demokratischer Staaten zur Vermeidung von Opfern besonders bei der Zivilbevölkerung. Sie stiften allerdings auch die »symbolischen Krieger« auf der anderen Seite der asymmetrischen Front zu besonderen, medial wirksamen Todesinszenierungen an.

• *Das Wirken der UNO.* Kaum eine Institution wird dermaßen beschimpft und verachtet; selbst das Finanzamt hat bisweilen ein besseres Image. Und dennoch hat die UNO mit ihren zahlreichen Engagements überall auf diesem Planeten die Entwicklungen von Konflikten nachhaltig beeinflusst. Sie kann zwar keinen wahren Hasskrieg verhindern, aber unterhalb der Schwelle totaler Mobilisierung der Bevölkerungen kann sie Konflikte zumindest kleinhalten und in diplomatische Bahnen lenken. (Dass dies auf lange Sicht zu wenig ist, habe ich im Kapitel über die Globalisierungsmärchen beschrieben.)

• *Der Wandel der Ökonomie.* Wenn selbst Indien heute mehr Programmierer produziert als Rohstoffe, wird es immer fraglicher, welchen Sinn territoriale Verschiebungen haben sollten. Der Übergang von der Industrie- zur Wissensgesellschaft lässt die Ressourcen »immaterialisieren«. Humankapital kann man schlechterdings nicht mit Gewalt erobern. Im Gegenteil: Es ist, im Eroberungsfall, nur eine Last, weil es sich womöglich hartnäckig weigert, mit dem Aggressor zusammenzuarbeiten. Unterworfene Sklavenvölker kann man mit roher Gewalt zur Arbeit in Steinbrüchen zwingen; Kopfarbeiter zur Kreativität zu zwingen ist mit Gewehrläufen nur sehr, sehr schwer möglich.

## Molekularer Terrorismus

11.09.2145. − Reuters. Über dem Atlantik explodierte heute ein Gigaplane. 546 Todesopfer sind nach ersten Berichten zu beklagen. Das Flugzeug verschwand im Landeanflug in suborbitaler Höhe, bei etwa 45 Kilometern, von den Bildschirmen; durch die hohe Druckwirkung regneten Trümmerteile auf eine Seefläche von 120 Quadratkilometern; an der Oberfläche wurde niemand verletzt.

Nach ersten Berichten der Ermittlungsbehörden ist die Ursache wahrscheinlich ein Molekularterrorist, der die BioScans auf dem Londoner HeathrowHub umgehen konnte. Diese Bedrohung hatte sich bereits im Bio-Scan-Report der EuroRegierung vom Februar letzten Jahres angekündigt. Terroristen verändern dabei die molekulare Struktur ihrer Zellen, sodass aus den zellularen Kohlenstoffen zündbare kritische Massen entstehen. Die dazu angewandte NanoBioTech stammt aus den Laboren der Kabuki-Biogangster, deren Hauptquartier im östlichen Tibet vermutet wird. Der so präparierte Terrorist muss lediglich einen Drink mit einem bestimmten Molekül trinken, um die Zündung einzuleiten. Alle Sicherheitsvorkehrungen (auf InterKontFlügen werden seit Monaten keine heißen Getränke mehr gereicht) haben offensichtlich nicht ausgereicht, um einen solchen Anschlag zu verhindern.

Wie wahrscheinlich ist eine solche bizarre Meldung aus der Zukunft? Wenn man die Entwicklung der letzten Jahre betrachtet, wäre sie die logische Konsequenz eines neuen Rüstungswettlaufs, der offenbar keine Grenzen kennt. Auf der einen Seite: ein weltweiter, zu Massenmord entschlossener Terrorismus suizidal-religiöser Prägung. Auf der anderen Seite: unaufhörlich aufrüstende Geheimdienste, Ermittlungsbehörden und die gesamte komplexe technische Zivilisation.

Und dazwischen wir, mit unseren Ängsten und Verzweiflungen: die mediale Öffentlichkeit.

Die Auseinandersetzung zwischen Terror und Zivilisation ist nichts anderes als eine Co-Evolution, die den Pfaden von Selektion-Differenzierung-Adaption folgt. Wie Schlangen immer raffiniertere Gifte entwickeln, um ihr Opfer zu töten, entwickeln Terroristen immer ausgefeiltere Strategien des Massenmordes. Aber viele Organismen im Dschungel entwickeln Immunitäten gegen Schlangengift. Oder sie haben ihr Fleisch derart ungenießbar gemacht, dass sie als Beutetier nicht taugen. Im menschlichen Organismus wiederum tobt in jeder Sekunde eine ähnliche Schlacht. Das Immunsystem versucht ständig, feindliche Invasoren zu identifizieren und molekular zu markieren, damit sie für die körpereigene Schutzarmee sichtbar werden. Derweil arbeiten die Erreger, die Viren und Bakterien, mit allen Raffinessen der Tarnung, der Mutation, der molekularen Täuschungsmanöver, ja sogar der Symbiose.

Äquivalente Co-Evolutionen nennen sich solche Systeme von eskalierenden Rüstungswettläufen, die niemals zu einem Endergebnis führen. Denn sie sind nichts als das Leben selbst, das sich ständig neu bewährt und dabei weiterentwickelt, auch wenn *einzelne* Individuen und Organismen bisweilen dabei sterben.

## Die Mathematik des Terrors

Wie alle Dinge und Systeme hat auch der Terrorismus eine Ökonomie. Es sind vier Komponenten, die seine Dynamik und seinen
»Erfolg« bestimmen.

- *Zieltopografie.* Da es beim islamistischen Terrorismus im Kern
  um eine massive mentale Kränkung geht, müssen die Ziele
  sorgfältig nach ihrem Symbolcharakter ausgesucht werden. Die
  Twin Towers des World Trade Centers waren hochsymbolische
  Ziele, ihre Zerstörung deshalb ein Volltreffer. Denn zerstört
  werden müssen die heiligen Stätten des Feindes – Parlamente,
  Botschaften, Kirchen, Flugzeuge, Flughäfen –, auf denen die
  Unzucht blüht. Alles, was die Ungläubigen als Kern ihrer Le-
  bensart begreifen.
  Da die hochsymbolischen Ziele zunehmend »gehärtet«
  werden – durch polizeiliche und technische Maßnahmen –, ist
  der Terror nach dem 11. September zunehmend zu »weichen«
  Zielen übergegangen. U-Bahn-Netze, Bahnhöfe, Häfen und
  Flughäfen, öffentliche Plätze, also die »verletzlichen« Orte der
  Zivilisation sind nun das Ziel. Aber auch hier verändert sich
  die Zugangslage. In einer chaotischen Großstadt wie Bombay
  ist das U-Bahn-Netz (noch) leicht zu treffen. In London und
  Madrid hat man sehr dazugelernt. Und nicht nur dort.
- *Logistik.* Terrorzellen brauchen eine Struktur. Sie müssen
  Sprengstoff, Flüssigkeiten oder Bakterien, also Äquivalente der
  Zerstörungskraft, transportieren oder sie zumindest vorüber-
  gehend in ihre Kommandomacht bringen. Sie brauchen die
  Koordination von zeitlichen Abläufen. Ein Attentat muss genau
  zum richtigen Zeitpunkt am richtigen Ort stattfinden, um nicht
  zu missglücken oder wirkungslos zu verpuffen.
- *Rekrutierung.* Damit, könnte man vermuten, hat der Terroris-
  mus das geringste Problem. Hunderttausende von »radikalen
  Verlierern« (Hans Magnus Enzensberger) warten in den isla-

mischen Gettos dieser Welt auf ihr Ticket ins Paradies. Der Vorrat an Jungfrauen, der dort für sie bereitliegt, ist ebenso unerschöpflich wie der virile Frust dieser juvenilen Machotypen, die in ihren Ländern nur Arbeitslosigkeit und gnadenlose elterliche Kontrolle als Perspektive haben. Der Trip ins Paradies ist also nur die logische Konsequenz einer ausweglosen psychosozialen Situation.

- *Der Gegner.* Während Sie dies lesen, sitzen mit Sicherheit Hunderte von Mördern in irgendwelchen Wohnungen und Hinterzimmern, damit beschäftigt, Pläne zu schmieden, wie sie uns, den Ungläubigen, möglichst spektakulär das Leben nehmen. Aber mit ebensolcher Sicherheit sitzen Hunderttausende von Polizisten, Fahndern, Rechercheuren, Sicherheitsexperten, Spionen, Militärs ebenfalls in intensiven Konferenzen und versuchen, genau dies zu verhindern. Mit allen Mitteln. (Ich weiß, wovon ich spreche; ich habe selbst an solchen Anti-Terror-Think-Tanks mitgearbeitet.)

Der britische Systemmathematiker und »Katastrophist« Gordon Woo hat aus all diesen Komponenten ein mathematisches Modell erarbeitet, mit dem sich die Wahrscheinlichkeit von Terrorattentaten berechnen lässt. So entsteht eine »Wahrscheinlichkeitskurve der Terrorevents«. Und in dieser Kurve sieht es nicht unbedingt nach einem eins zu null für den Terrorismus aus. Zwar werden kleine und mittlere Attentate immer wahrscheinlicher. Aber gleichzeitig sind sie für die terroristische Bewegung zunehmend uninteressanter. Die Chance für spektakuläre Großattentate *sinkt* tendenziell, auch wenn sich die Zahl der Attentäter derzeit noch erhöht. Sogar eine Fußballweltmeisterschaft mit ihren gewaltigen »Weichteilen« war für den Terror nicht zu knacken.[18]

Ein Pferdefuß ist das Netzwerk selbst. In den letzten Jahren wurden zunehmend Terrorzellen ausgehoben, weil ab einer gewissen Vernetzungsdichte die möglichen Angriffsstellen für die Fahnder exponentiell steigen. Gruppen mit 50 Leuten – und so viel braucht man für große Aktionen – sind praktisch nicht mehr abschottbar. Irgendwie muss man kommunizieren. Selbst wenn man sich auf der Straße mündlich etwas zuflüstert, hinterlässt man eine Spur ...

## Terror und Demografie

Ein weiteres Handicap ist wider Erwarten die Rekrutierung – und zwar ausgerechnet aus *demografischen* Gründen. Der Historiker Gunnar Heinsohn bringt den islamistischen Terror unmittelbar mit den hohen Geburtenraten in manchen islamischen Kulturen in Verbindung.

Im Gazastreifen oder in Afghanistan liegt die Geburtenrate immer noch auf dem alten Großfamilienniveau von sechs Kindern. Darunter sind mindestens drei arbeitslose Söhne, für die der Heldentod eine »sinnvolle« Perspektive ist. Es ist ja immer noch jemand da, ein Bruder, eine Schwester (übrigens ist auch Osama bin Laden Sohn einer – wenn auch reichen – Familie mit 14 Kindern) ...

Im Libanon hingegen, wo in den achtziger Jahren ein Bürgerkrieg mit 150 000 Toten tobte, fiel die Geburtenrate seitdem radikal auf 1,9 Kinder pro gebärfähiger Frau – auch im islamischen Teil der Bevölkerung ging sie stark zurück.[19] Man schickt Einzelkinder nicht mit einem Sprengstoffgürtel in den Heldentod. Und Einzelkinder gehen auch *selbst* nicht so leicht in den Heldentod. Wer sich als Individuum sieht, »tickt« meist anders. Er weiß irgendwie, dass »da hinten« keine Jungfrauen warten.

Die Hamas, im Gazastreifen entstanden, ist eine klare Selbstmord-Terrororganisation. Die Hisbollah, die sich im Libanon eingenistet hat und von Syrien und Iran unterstützt wird, ist hingegen eher eine Guerillaarmee. Art und Dynamik des Terrorismus hängen also mit der Struktur des »Youth Bulge« zusammen, jener

Geburtenwelle, die in den sechziger bis achtziger Jahren in den islamischen Ländern entstand, die aber heute in den meisten von ihnen schon deutlich abebbt.[20]

Die Globalisierung selbst ist ein zweiter Problemfaktor für den terroristischen Weltauftrag. Für den Irak oder Israel mag man noch willige Kämpfer finden. Aber sobald es in kulturelles »Feindesland« geht, kommt man mit Bärten, martialischen Spruchbändern und wildem Waffengefuchtel nicht viel weiter. Dann braucht es einen anderen Typ von Kämpfern, die sich wie »Fische im Wasser« (Mao) im Hinterland des Feindes bewegen können. Leute, die Englisch sprechen, die gebildet und unglaublich auf der Hut sind. Sie sollten eigentlich auch keine arabischen Namen haben, weil man davon ausgehen kann, das die Polizei solche Personengruppen immer hartnäckiger beobachtet ...

Für den Erfolg des globalen Terrorjobs sind auch keine Stümper zu gebrauchen; Schuhbomber zum Beispiel, die wild mit Streichhölzern herumfuchteln. Man benötigt Profis, virtuose Grenzgänger, die endlos warten können, hochdiszipliniert und logische Asse sind.

In den Medien wurde in den letzten Jahren das Bild des »Schläfers von nebenan« gezeichnet – das Grauen lauert, wie so oft, in der Normalität. Bei den Attentaten auf die Verkehrssysteme von Madrid und London waren zum Teil solche Typen beteiligt: Islamisten mit Staatsbürgerschaft des Westens, in »ordentlichen« Berufen. Aber wie zahlreich sind sie wirklich? Und vor allem: Wie unsichtbar für die Polizei?

Top-Terroristen, die ein Attentat von der Dimension des 11. September 2001 ausführen können, sind und bleiben extrem selten. Damals lief für die Seite des Todes alles perfekt. Aber das ist nicht immer so und eher unwahrscheinlich im statistischen Mittel. Und wer garantiert, dass jemand wie Muhammad Atta oder Ibn bin Said am Ende nicht doch von einer netten Hamburger Studentin für die dekadenten Versuchungen des Westens umgedreht wird?

An diesem Problem sind auch schon andere Terrorkulturen gescheitert. Das Beispiel der (west-)deutschen RAF, der Roten Armee
Fraktion, zeigt, wie weitsichtige Gründer von ihrer zweiten und
dritten Generation langsam ans Messer geliefert werden. Auch
der Terrorismus unterliegt, wie alles Irdische, einer gewissen Ab-
nutzungsdynamik, einer Turbulenz, einem Hang zur Entropie.
Menschen gewöhnen sich an alles, selbst an Terror. Terroristen
werden schlampig – verdammt, warum sollen wir heute sterben,
morgen reicht auch ... Wahrnehmungsmuster verändern sich. Am
Ende ist es nicht die Polizei, die dem Terror seinen Schrecken
nimmt. Irgendwann wendet sich die Welt einfach von Ideen ab,
die gestern noch mörderisch und spektakulär klangen. Und geht
ihrer Wege.[21]


## Der Krieg der Kulturen

Bleibt der »Krieg der Kulturen«, mit dem Samuel Huntington uns
eine wunderbar eingängige Angstformel geliefert hat. Wird also
der Kampf zwischen »Christentum« und »Islam« den Dritten
Weltkrieg ergeben?

Zunächst ist natürlich jeder Kampf, jeder Konflikt ein »Krieg
der Kulturen«. In ernsten Partnerschaftsstreitigkeiten gewinnt der
mit der besseren Rhetorik (oder dem besseren Anwalt). Die Römer
gewannen aufgrund der Disziplin und Ausrüstung ihrer Legionen
Einfluss auf eine ganze Hemisphäre – aber sie verfügten auch
über ein funktionierendes Verwaltungssystem von Präfekturen
und eine Integrationsstrategie von Minderheiten, was zusammen
dazu führte, dass das römische System 500 Jahre lang funktionierte, fast zehnmal so lange wie das amerikanische Imperium,
das gerade einmal seit dem Zweiten Weltkrieg existiert (und ob
es überhaupt ein Imperium ist, darüber kann man streiten). Die
Mongolen unterwarfen den eurasischen Kontinent, weil sie eine
überlegene militärische Mobilität entfalteten. Der »Westen« er-

oberte die Kontinente, weil er über Karavellen und Schießpulver verfügte; all dies hatten die Chinesen schon Jahrhunderte vorher, aber deren Bonzensystem verhinderte letztlich jeden sozialen und politischen Fortschritt. Anders als die europäischen Herrscher war der Kaiserhof nicht willens, sich durch Technologie eine Konkurrenz ins Haus zu holen.[22] Und der Zweite Weltkrieg wurde im Grunde durch zweierlei Faktoren gegen Hitler entschieden: Ressourcenzugang und Intelligenz.

Es ist also nichts Neues am Krieg der Kulturen – und gleichzeitig viel Falsches. Niall Ferguson, der große Historiker, hat wiederholt darauf hingewiesen, dass die meisten Gewaltopfer immer *innerhalb* eines bestimmten Kulturkreises zu finden sind.[23] In Afrika bringen Schwarze Schwarze um. Im Irak morden Muslime Muslime. Klare Frontstellungen zwischen kulturellen Imperien sind eher selten. Oft durchdringen sich Symbiose und Konflikt. Der »Clash« zwischen Islam und Christentum zum Beispiel fand im Frühmittelalter statt, aber gerade da blühten die Städte mit Mischkulturen, wie Córdoba.

Die erfolgreichsten Kulturen der Erde waren immer Amalgame, Mischformen, Synthesen. Die Römer adaptierten kulturelle Elemente Griechenlands und der ganzen bekannten Welt. Der Erfolg Amerikas geht auf das Schmelztiegelkonzept zurück. Europa, wo noch vor einem Jahrhundert praktisch jeder Bürger von der Idee der absoluten Überlegenheit seiner Kultur geprägt war (»Jeder Stoß ein Franzos, jeder Schuss ein Russ!«), ist ebenfalls Produkt der Völkerwanderungen von zwei Jahrtausenden.

Wer die andere Seite des Kriegs der Kulturen – die Konvergenz der Kulturen – besichtigen möchte, sollte in dieser Zeit nach Dubai, Katar oder in die anderen glitzernden neuen Metropolen des Mittleren Ostens fahren. Dort, in den Glaspalästen eines islamischen Hypermodernismus, kann man studieren, wie differenziert heute selbst die islamische Weltkultur geworden ist. Enzensbergers radikale Verlierer wird man dort kaum finden (selbst die Frauen kommen langsam aus ihrer Unterdrückung heraus), dafür aber sehr viele und sehr einflussreiche Leute in Tschadors und Shalibas, mit westlichem beziehungsweise kapitalistischem Gedankengut, die vor allem eines wollen: Frieden, internationale Beziehungen, Tourismus und Prosperität. Um jeden Preis.[24]

## Reality Check:
## die Wahrheit über Gewalt, Krieg und Frieden

Gewalt und Krieg sind bleibende Bestandteile der menschlichen Existenz. Nicht weil »der Mensch an sich böse ist«. Sondern weil die Komplexität des Lebens das Aggressive nicht aussparen kann. Unter allen Optionen des Verhaltens wird Gewalt immer eine Möglichkeit bleiben. Deshalb wird der »ewige Weltfrieden«, wie er uns immer wieder einmal prophezeit wurde, niemals eintreten.

Gewalt ist zugleich tief mit unserem Erbe der Jäger- und Sammlerkulturen verbunden. Über Jahrtausende haben Menschengruppen die Vorteile für ihren Clan, ihren Gencode und ihre Ressourcen *auch* mit Gewalt verteidigt oder erweitert. Primitive Verhaltensmuster, die auf dieses Erbe rekurrieren, gibt es auch heute noch: Das tribale Zeitalter ist nicht völlig zu Ende, es lebt auch in größeren und universaleren Kulturen weiter.

Wir haben allerdings im Laufe unserer Geschichte verschiedene Techniken erlernt, Gewalt zu moderieren und einzudämmen. Dazu gehören politische Techniken (Diplomatie, Gesetze, Gerichtsbarkeit) wie kulturelle (Fusion, Austausch, Diffusion). Während die Menschheit im globalen Zeitalter weiter zusammenwächst, werden diese Moderationssysteme auf einer globaleren Ebene mühsam neu konfiguriert. Regionen der Erde, in denen bislang die Regellosigkeit des Tribalen herrschte, geraten nun in den Bereich der globalen Ordnungssysteme. So entsteht, auf lange Sicht, eine Weltgerichtsbarkeit, eine Weltpolizei und Weltgesetze, die für jeden Bewohner der Erde verbindlich sind. Wir leben heute inmitten der zarten Anfänge einer Weltgerichtsbarkeit, deren universale Gültigkeit sich in diesem Jahrhundert durchsetzen wird – in Bosnien und Afghanistan üben wir, in Ruanda und Somalia haben wir (als Weltgemeinschaft) versagt, in Darfur wahrscheinlich ebenfalls. Dennoch ist der Prozess hin zu den »Global Forces« unaufhaltsam – egal, mit welchen Verkrampfungen und Streitereien er vonstatten geht.

Der Terrorismus wird in diesem Jahrhundert eine politische und sicherheitstechnische Realität bleiben. Er kann jedoch sein Endziel, die Zerstörung der globalen Metazivilisation, niemals erreichen, weil er durch seine mörderische Existenz immer wieder die Gegenkräfte der Freiheit und der Zivilisation fördert und herausfordert. Man könnte zugespitzt formulieren: Der Terrorismus *eint* die Menschheit, er treibt gerade durch sein mörderisches Wirken die politische, polizeiliche und kulturelle Weltintegration voran. Er schafft unwillentlich den *Weltbürger und die Weltpolizei* – und diese werden sich in den nächsten Jahrzehnten organisieren, etablieren, eine Gestalt annehmen.

Generell gibt es einen Megatrend zur *Virtualisierung* der Gewalt – zu ihrer Verlagerung in den symbolischen Raum. Dazu gehören Rituale wie der Sport, wo die Energien der Aggression gebunden und symbolisch ausgelebt werden können. Dazu gehört aber auch die Schaffung einer sekundären Erfahrungsrealität im Cyberspace. Dorthin werden wir viele unserer Kriege und unsere Lust am Töten verlegen. Und so wird die physische Gewalt langsam aus dem physischen Raum auswandern, dorthin, wo es weniger mörderisch und weitaus spielerischer zugeht.

# Das Märchen von der finalen Seuche

In dem Augenblick, in dem ein Mensch den Sinn und den
Wert des Lebens bezweifelt, ist er krank.

*Sigmund Freud*

Die Krankheit sagt uns, was wir sind.

*Kamillus von Lellis*

## Das Andromeda-Syndrom

Am 11. September 1973, an einem klaren, heißen Tag, wurde es
den Bewohnern von Sierra del Madres, einem abgelegenen Wüs-
tendorf unweit der mexikanischen Grenze, plötzlich übel. Innerhalb von Minuten starben 45 Menschen, darunter Greise, gesunde
Männer, Kinder und schwangere Frauen. Der Seuchentrupp, der
wenig später mit einem Militärhubschrauber eingeflogen wurde,
fand die Menschen wie erstarrt in den absurdesten Situationen:
vor dem Kühlschrank, auf der Veranda sitzend, im Liebesspiel.
Alle waren an einer akuten koronaren Blutgerinnung gestorben
beziehungsweise am dadurch erzwungenen akuten Herzstill-
stand.

Nur ein schreiendes Baby und ein alkoholisierter Greis überlebten.

Die amerikanische Regierung wurde innerhalb einer Stunde
von dem Vorfall unterrichtet. Da in der Nähe der Siedlung kurz
zuvor eine unbemannte Weltraumsonde mit Partikelproben eines
Kometen niedergegangen war, aktivierte man ohne Zögern das
Programm »Steppenbrand«.

Man flog die fünf weltbesten Wissenschaftler für Molekularbiologie, Biochemie, Epidemiologie und extraterrestrische Chemie

in ein geheimes unterirdisches Labor in Nevada, wo sie sich in strengste Quarantäne unter absoluter Geheimhaltung begaben. Alle Kommunikation von und aus dem Bunker wurde mit höchster Sicherheitsstufe verschlüsselt. Auch der Greis und das Baby wurden in die keimfreien Labore 100 Meter unter der Erde gebracht, wo in mehreren Stockwerken, in Hochsicherheitsarealen, hinter hermetischen Schleusen die modernsten Techniken zur molekularen Analyse und Seuchenbekämpfung bereitstanden. Das »Steppenbrand«-Areal war mit einem nuklearen Sprengsatz zur automatischen Selbstzerstörung ausgestattet; falls es kontaminiert werden würde, hätte sich das ganze Labor in radioaktiven Staub verwandelt.

So der Plot eines 1974 verfilmten Science-Fiction-Thrillers von Michael Crichton. Mit dieser Horrorvision vom Virus aus dem All begann Crichtons Karriere als Bestsellerautor. Das »Andromeda-Virus« entpuppt sich als eine kristalline, äußerst effektive Form des Lebens. Wenig später mutiert es allerdings – und ist von nun an harmlos. Es frisst nur noch Gummidichtungen, was zwar zu zivilisatorischen Problemen führte, aber nicht zum Untergang der Menschheit ...

Diesen Schluss haben allerdings die meisten Zuschauer übersehen.

## Das Reich der Mikroben

Als im Jahre 1985 in San Francisco eine geheimnisvolle Schwulenkrankheit diagnostiziert wurde, endete ein kurzer, goldener Abschnitt der Kulturgeschichte. In dieser kurzen Epoche, ungefähr zwischen 1960 und eben 1985, schienen sich die Krankheitsgeißeln der Menschheit rasend schnell aus der Geschichte zu verabschieden. Medizinische Fortschritte in unglaublichen Dimensionen und mit hoher Geschwindigkeit fanden statt, nicht nur in der Chirurgie, sondern vor allem in der Epidemiologie, also im Lebensalltag der Menschen.

Man vermag die Dimensionen dieses Fortschritts nur zu würdigen, wenn man sich ein Jahrhundert zurückdenkt, in die Welt zu Beginn des 20. Jahrhunderts. Infektionskrankheiten waren damals allgegenwärtig, verliefen schwer und lebensbedrohend, verkrüppelten Kinder und beendeten das Leben oft mitten in seiner Blüte. Auch wenn die Grundregeln der Hygiene bereits bekannt waren: Medizin blieb ein der Regel blutiges und weitgehend hilfloses Geschäft. Und die Bevölkerung war krank. Wie man heute sagen würde: *multimorbid*.

Syphilis zum Beispiel, die Geschlechtskrankheit, die über Jahre zu einem elenden körperlichen Zerfall führt, stellte eine Art »Basiskrankheit« dar – fast die gesamte Geisteselite Europas starb daran. Die klassenübergreifende Tuberkulose bildete regelrecht eine eigene Kultur – im *Zauberberg* wurde ihr gespenstisches Wirken von Thomas Mann geschildert. In den großen Städten kam es immer noch zu Ausbrüchen von Typhus und Cholera, gegen die buchstäblich kein Kraut gewachsen war.

Man muss sich aus heutiger Sicht auch die *sozialen* Konsequenzen dieser Multimorbidität vorstellen. Reisen, Mobilität per se war immer gefährlich. Soziale Begegnung trug den Keim des Verdachts. Das Gegenüber konnte immer auch ein Überträger sein, ein »Carrier«. Gleichzeitig gab es aber schon ein modernes Massenverkehrsmittel (die Eisenbahn), es gab Großstädte, Telefone, Rundfunk, Zeitungen, die aus der weiten Welt berichteten.

Im Kultfilm *Der dritte Mann*, dessen Showdown in der Kanalisation des Wiens der Nachkriegszeit spielt, kämpfen Männer in Trenchcoats mit Mord und Totschlag um die wahre, die rare, die symbolischste aller Zukunftsressourcen: das Penicillin. Denn damals kam der entscheidende Durchbruch: Während Bakterien durch die Verfügbarkeit des Penicillins, dessen Preis in den fünfziger Jahren rapide sank und dessen Verfügbarkeit stieg, an den Rand der Evolution gedrängt wurden, verloren Viren durch die Massenimpfungen ihren bedrohlichen Charakter.

Und dann kamen die Pille und all die schönen Zäpfchen, Salben und Pillen, die man zur Bekämpfung von Intimkrankheiten nutzen konnte. Und Sex fing an, richtig Spaß zu machen.

Die Jugend der westlichen Welt entdeckte Rock'n'Roll, Nacktheit, den eigenen Körper. Doch plötzlich, mit dem Erscheinen von Aids, schien die Zeit der Unschuld, der körperlichen Selbstentdeckung vorbei. Das Aids-Virus, so lernten wir bald, war ein raffinierter neuer »Code«, der das Immunsystem von innen heraus lahmlegte. Eine evolutionäre Antwort auf ein neues Umfeld – die globale Sexkultur.[1]

Es kam der Rinderwahn mit seinen gespenstischen Prionen, die beim Menschen eine rasende Form von Degenerierung des Hirns auslösen können. Es kam SARS und zeigte uns, wie empfindlich eine Welt mit globalen Verkehrsströmen auf Epidemien reagiert. Und es kam die *Vogelgrippe*. Die Tierseuche, die 1997 in der chinesischen Provinz Guanddong ihren Ausgang nahm, brach bei den medialen Alarm-Koeffizienten alle Rekorde. Verendete Schwäne auf Rügen wurden derart totfotografiert, dass selbst Lady Dis letzte Bilder dagegen verblassten. Die Vogelgrippe erschien als eine Art »letzter Warnung«, ein klassisches Menetekel. Sie erinnerte uns daran, dass noch vor weniger als einem Jahrhundert, um 1918, 20 Millionen Menschen in Europa an einer simplen Grippeerkrankung starben.

Aller technischer Fortschritt, so ahnten wir, alle Hygiene und Molekularmedizin, wird unser Verhältnis mit der Mikrowelt nie endgültig befrieden. Und ganz fern am düsteren Horizont sehen wir schemenhaft den *Molekularterroristen*, der nicht mit Sprengstoff hantiert, sondern mit der Phiole der ganzen Menschheit den Garaus macht.

## Die neuen Zivilisationskrankheiten

Wer in seinen Urlaubsfotoalben aus den sechziger Jahren blättert, wird sie überall finden, die Dicken. Da sitzen sie, die Onkel Egons und Tante Ernas, rund und glücklich, beim Bier auf der Terrasse in der Sommerfrische in Tirol, am Strand der Ostsee. »Dick«, das war damals ein äußerst relativer Begriff. Kinder waren oft in einer bestimmten Phase dick, wenn Mütter ihnen mit viel Butter Gutes tun wollten (»Das wächst sich wieder aus«). Wer als Mann nicht mit 50 »ordentlich was auf den Rippen« hatte, galt nicht als Respektsperson. Mutti war selbstverständlich rund, wenn sie 40 wurde. Der materielle Wohlstand der Nachkriegszeit ging mit den alten bäuerlichen Traditionen eine fröhlich-übergewichtige Synthese ein. Niemand wäre auf die Idee gekommen, den BMI, den »Body-Mass-Index« zu messen. Warum auch? Mutti und Vati mussten nicht auf dem erotischen Markt konkurrieren. Sex war eine Sache der Jugend, und die dauerte höchstens von 19 bis 25.

Und hier als Kontrast eine der vielen dpa-Meldungen aus dem Jahr 2006:

*Jeder zweite Deutsche zu füllig:* Die Hälfte der Deutschen ist nach Angaben Freiburger Sportmediziner zu dick. 20 Prozent der in Deutschland lebenden Menschen müssten wegen starken Übergewichts behandelt werden, teilten Experten der Freiburger Universitätsklinik mit.

»Das Problem hat in den vergangenen Jahr stark zugenommen«, sagte der Leiter der Freiburger Sportmedizin, Aloys Berg. Hauptgründe seien zu wenig Bewegung sowie fett- und kohlenhydratreiches Essen.[2]

Ein Sportmediziner, der auch in der Ernährungsberatung tätig ist, tritt als Autor einer Studie in Erscheinung – kommt uns das nicht bekannt vor …?

Nun lässt sich nicht bestreiten, dass Fettleibigkeit vor allem in den USA ein epidemisches Gesundheitsproblem darstellt. Doch selbst dort gibt es begründete dissidente Meinungen über die Mechanismen dieser Epidemie, etwa die des Autors Paul Campos, der in seinem Buch *The Obesity Myth* ein Komplott der Schlankheits- und Medizinindustrie vermutet. Brad Pitt wäre nach den amerikanischen Maßstäben übergewichtig und George Clooney fett.[3]

Für Europa sind die Werte niedriger, die Diskussion bleibt einstweilen noch einen Tick weniger hysterisch. Aber auch hier spricht man bereits lang und breit von der »größten Volkskrankheit aller Zeiten«, und im Fernsehen kann man inzwischen »Monsterkinder« beim verzweifelten Versuch beobachten, abzunehmen (welche Wirkungen solche alarmistischen Machwerke auf übergewichtige Kinder haben, davon spricht niemand).

Zwischen 13 (Finnland) und 27 (Griechenland) Prozent der europäischen Bevölkerung gelten als übergewichtig, wenn man den Katalog der IOTF (Internatioal Obesity Task Force) zum Maßstab nimmt. Aber sollte man das tun? Wenn man etwas genauer hinschaut, sehen die Zahlen nicht besonders dramatisch aus. 78 Prozent der deutschen Jugendlichen zum Beispiel sind nach den jüngsten Zahlen normalgewichtig. 8,5 Prozent übergewichtig. Und 6 Prozent adipös, also krankhaft übergewichtig.

*Wie geht es der deutschen Jugend?*
Die meisten Kinder sind gesund, treiben Sport und haben kein Übergewicht. Die Lebenserwartung steigt, die Sterblichkeit sinkt, und Infektionskrankheiten werden immer effektiver bekämpft.

So antwortete die Jugendgesundheitsforscherin Bärbel-Maria Kurth auf die Frage nach dem Gesundheitszustand der jüngeren Generation.[4] In einem Artikel mit dem schönen Titel »Eine Katastrophe weniger« schrieb die *FAZ* schon im Sommer 2004:

Die Fettleibigkeitsepidemie in Deutschland gibt es nicht. Eine Epidemie ist laut Definition das massenhafte Auftreten einer Krankheit in der Population. In den mittleren Bereichen der BMI-Werte hat sich aber in Deutschland in den letzten Jahrzehnten nichts signifikant verschoben; in Brandenburg gehen die Werte sogar zurück. ... Was bleibt, ist durchaus ernst zu nehmen: Die ohnehin Dicken werden noch dicker.[5]

Das Übergewichtsproblem weist beim genauen Hinsehen Strukturmerkmale auf, die typisch für unsere heutigen sozialen Problemlagen sind. Auch bei Familiengewalt, Sexualkriminalität und Suchtverhalten geht es eben nicht um einen Generaltrend, sondern um eine reine *Extremisierung der Ränder*. Nicht »immer mehr Menschen werden dick«, sondern »die ohnehin Dicken werden noch dicker«. Da uns aber nun die monströs Dicken in den Medien ständig vor Augen geführt werden, macht unser Hirn eine Pars-pro-Toto-Annahme: Ähnlich wie spektakuläre Mord- und Familiengewaltfälle uns zur Annahme verleiten, »in Familien ginge es immer brutaler zu« (der klassische Immermehrismus), glauben wir nun: »Alle werden immer dicker.«

In Sachen Übergewicht ist das Extremisierungsphänomen leicht systemisch zu erklären: Fette und Kalorien, Zucker und andere kalorische Verwöhnungen stehen in unendlich verschwenderischen Mengen und einer atemberaubend leckeren Vielfalt zur Verfügung. Durch steigende Bildungsniveaus und die dadurch erlernten Selbstkontrollfähigkeiten können die meisten Menschen damit umgehen. Aber auf manche Menschen, zumal wenn sie bei persönlichen Niederlagen zur Frustkompensation via Nahrungsaufnahme neigen, wirken diese molekularen Verlockungen in einem Maße suchterzeugend, dass sie sich zu einem metabolischen Suchtkreislauf verfestigen. Körperliche Bewegung ist zum alltäglichen Überleben kaum noch nötig. Und langweilig wird es einem beim Fettwerden auch nicht – 100 Fernsehkanäle, DVD-Player und Zugriff auf alle anderen audiovisuellen Medien der Welt machen einem das Versinken in kalorische Paradiese geradezu himmlisch leicht. So drehen sich die Dinge um: Früher waren Menschen meistens unterernährt und nur in Luxussituationen rund. Das Leben war von körperlicher Arbeit geprägt, und man verbrauchte locker 4000 Kalorien täglich. Heute wird nur der *nicht* fett, der entweder ein diszipliniertes Leben führt, gut gebildet ist oder bis ins hohe Alter fit und begehrenswert sein will.

Oder einfach *entspannt* ist – und ein gutes Verhältnis zu seinem Körper hat.

## Krankheitsbilder

Eines der größten gesundheitlichen Probleme der Inuit heißt Pibloktoq-Krankheit. Die hat, glaubt man Inuit-Medizinern, in den letzten Jahren ständig zugenommen. Wer an Pibloktoq leidet, ist zwei, drei Tage lang reizbar und zurückgezogen, bricht danach in höchste Erregung aus, reißt sich alle Kleider vom Leib, rast über das Eis und verschlingt gierig Fäkalien.

Auf den Philippinen haben sich »Balis« und »Gahoy« zu wahren Volksseuchen ausgeweitet. Balis bezeichnet plötzlich auftretende Kopfschmerzen und Schwindelgefühle, Gahoy ebenso plötzliche Magenschmerzen. Beide Krankheiten haben mit zunehmendem Arbeitsstress zu tun, über den immer mehr Philippinos klagen, (obwohl eher eine Unterversorgung mit Erwerbsarbeit das Problem der philippinischen Ökonomie darstellt; wer arbeitet, muss allerdings meist ganze Großfamilien ernähren).[6]

In Japan häufen sich derweil Fälle der gefährlichen Koro-Krankheit. Bei Koro schwellen plötzlich die männlichen Geschlechtsteile an, bevor sie radikal schrumpfen; die Befallenen haben das Gefühl, dass sie im Körper verschwinden, und leiden unter Schmerzen und panischem Herzschlag. Könnte das mit der veränderten und bedrohten Rolle des japanischen Mannes zusammenhängen?

In der Zeitschrift *Psychologie heute* heißt es:

Trotz wachsenden Wissens über die Depression kann ihre rasante Ausbreitung nicht verhindert werden. Die modernen Lebensbedingungen gelten inzwischen als Hauptfaktor für diese »Volkskrankheit«: Überforderung, Existenzsorgen, Zwang zur Selbstdarstellung, Stress und vieles mehr.[7]

Hatten die Menschen früher keine Existenzsorgen? Ist Selbstdarstellung ein Zwang? Sind wir wirklich »überfordert« – oder gilt, wie einige von der Mehrheitsmeinung abweichende Psychologen vermuten, für die meisten Menschen nicht eher das Gegenteil – passive Lebenshaltung, konsumatorische Verwöhnung, langweilige Jobs, wenig körperliche und geistige Herausforderungen – also *zu wenig* Stress? Besteht das moderne Zivilisationsproblem nicht eher in einer chronischen *Unterforderung*?

Depression ist ein gesellschaftliches Konstrukt. Ihre Sichtbarkeit und Diagnostizierbarkeit hängt vom Willen der Gesellschaft ab, seelische und mentale Zustände wahr- und anzunehmen. In den sechziger Jahren etwa, in meiner Jugend, war diese Krankheit praktisch unsichtbar. Frauen, die depressive Verstimmungen hatten (und es gab viele), wurden nicht als krank, sondern als »nervenschwach« diagnostiziert – und sozial stigmatisiert. Bei Männern kam die Krankheit überhaupt nicht vor, und wenn sie manifest ausbrach, dann wurde man sofort hospitalisiert und mit harten Methoden ruhiggestellt.

Depression ist ein typisches Beispiel für die völlig veränderte Grammatik von Krankheiten in der Medienära. Früher war die Schwelle für ihre Diagnose hoch, heute ist sie niedrig. Damals war sie tabuisiert, heute wird sie lifestylemäßig sensationiert: »Immer mehr Filmstars leiden unter Depressionen.« Erst galt sie als »Wahn«, dann als Revolte, heute »darf« man wieder Medikamente benutzen.

Oder Diabetes. Mein Großvater hatte, seit er 60 war, »Zucker«, das war allgemein bekannt. Meine Großmutter fütterte ihn deshalb nur jeden dritten Tag mit leckeren Kuchen. Ansonsten scherte sich niemand darum. Er hatte Glück und wurde 84, ohne Amputationen oder andere Handicaps. In unserer Nachbarschaft und Verwandtschaft gab es viele wie ihn: Menschen lebten mit chronischen Krankheiten, akzeptierten sie – und ignorierten sie. Als ich die Wohnung meiner Großeltern nach deren Tod ausräumte, fand ich rund 50 Tafeln Diätschokolade unberührt in der Vorratskammer.

Heute sind Krankheiten nicht zuletzt eine Kostenfrage. Bei einer Lebenserwartung von 80 Jahren ist die Diagnose »Diabetes« richtig teuer. Anders als der Lungenkrebs, der eine kurze, teure

Investitionsspritze nötig macht, kostet ein Diabetespatient das Gesundheitswesen horrende Summen – meist über Jahrzehnte, und das schon ohne die Behandlungskosten für Folgeschäden.

In einer Welt, in der die Frauen nicht erwerbstätig waren, war weibliche Depression kein wirkliches »Thema«. Als wir nicht bis 70 auf erotischer Erfüllung beharrten, stellte Depression keine relevante Behinderung dar. Im Sinne industriellen Funktionierens waren psychische Krankheiten nicht sonderlich relevant – wer am Fließband stand, musste nicht ausgeglichen und glücklich sein. Im Sinne des Selbsterlebens, aber auch als Leistungsfaktor ändert sich das in der Wissensgesellschaft ganz gewaltig:

»Psychische Erkrankungen nehmen dramatisch zu.« (*DAK-Gesundheitsreport* vom 27. April 2005)

»Deutsche sind psychisch relativ stabil – WHO-Studie weist nur bei 9,1 Prozent der Bundesbürger psychische Störungen nach, im Gegensatz zu 26,3 Prozent in den USA.« (dpa Juni 2004)

»Jeder dritte Europäer psychisch krank. Mehr Depressionen als Herz-Kreislauf-Erkrankungen.« (EBC, 27. April 2005)[8]

Krankheiten, so lernen wir hier, sind Definitionssache, Interessenssache, Wahrnehmungssache. Abweichungen vom »Normalzustand« folgen immer den Pfaden der jeweiligen symbolischen Knappheiten. Früher waren Krankheiten »außen« – sie bildeten einen Sonderzustand, obwohl sie relativ häufig waren und den Alltag der Menschen prägten. Heute sind sie auf vielerlei Weise eingebettet in soziale Kontexte, in unsere Selbst- und Eigenwahrnehmungen. Freud hatte Recht, als er 1930 in *Das Unbehagen in der Kultur* schrieb:

Wir sind bedroht von unserem eigenen Körper, der zu Zerfall und Auflösung verurteilt ist und der ohne den Schmerz und die Angst als Warnsignale nicht existieren kann; von der äußeren Welt, die mit gnadenlosen Kräften Zerstörung verursachen kann. Schließlich sind wir bedroht von unseren Beziehungen zu anderen Menschen. Das Leiden, das von letzterem stammt, ist vielleicht das schmerzlichste. Wir neigen dazu, es als eine Art kostenlose Zugabe zu betrachten, aber es kann kein minderes Leiden verursachen als die anderen.[9]

## Voodoo-Medizin

Wie sich unsere Krankheitsbilder ändern, so ändern sich die Heilungsmethoden. Waren in den sechziger und siebziger Jahren die Antibiotika die »geheiligten Mittel«, sind es heute wieder Tinkturen des Magischen, die uns heilungsgläubig stimmen. Homöopathie zum Beispiel gilt in Deutschland als »die« Naturheilmethode schlechthin – obwohl alle seriösen Studien Nullwirkung bei Doppel-Blindtests nachweisen. (Ich habe einmal versucht, diese Studien in einer seriösen Tageszeitung darzustellen, und wurde von einer geradezu bizarren Flut von Leserbriefen überschwemmt – Homöopathie ist hierzulande ein heiliger Gral, ein Tabu!) Oder Akupunktur. Eine große Studie zeigte: Obwohl die Methode »physiologisch« kaum wirkt, entfaltet sie eine derart starke Glaubens-Placebo-Wirkung, dass man ihr medizinische Effekte kaum absprechen kann.[10]

Gleichzeitig erfinden wir ständig neue Krankheiten, die vorher im Portfolio des Leidens gar nicht auftauchten. Ihnen gemein ist, dass sie nicht zu heilen, dafür aber ständig zu therapieren sind.

1869 bereits erfand der New Yorker Arzt George Beard den Namen »Neurasthenie« für eine »mikroskopische Abnutzung der Nerven« – der Begriff geisterte bis vor kurzem durch die medizinische Literatur, obwohl er physikalisch nie nachgewiesen wurde. Schon 1934 wurde das »chronische Müdigkeitssyndrom« entdeckt, ein durch borrelioseähnliche Viren übertragene Krankheit, die aber niemals verifiziert werden konnte.[11] ADHS (Aufmerksamkeitsdefizit-/Hyperaktivitätsstörung) bei Kindern gab es schon immer. Früher nannte man das »Zappelphilipp«, und die

Therapie war: eines auf die Backen (mehrmals täglich, denn natürlich half diese Therapie nicht).[12]

Viele neue Krankheiten folgen unbewussten sexuellen Ängsten und moralischen Projektionen: Wer erinnert sich noch an TTS – das »Toxische Schock-Syndrom«, bei dem angeblich Frauen durch den Gebrauch von Tampons zu Tode kamen? Auch die Antibabypille ist mit vielen Krankheiten in Verbindung gebracht worden, von Venenthrombose bis Krebs.[13]

Besonders im Reich der Krankheiten verbinden sich alarmistische Epidemien mit Experteninteressen zu einer hochexplosiven Interessenmischung. Die »Multiple Persönlichkeitsspaltung« zum Beispiel war, wie sich herausgestellt hat, ein Fabrikat der Therapeuten, die in suggestiver Weise Patienten beeinflussten – und ihnen Erinnerungen an Kindesmissbrauch, satanische Riten, ja sogar Kannibalismus einredeten. Diese Krankheit entwickelte sich in den frühen Neunzigern zu einer wahren Modekrankheit mit viel Echo in der Presse – und forderte gerade deshalb Opfer, weil sie nie existierte.[14]

## Sozialer Wandel durch Krankheit

Als im 14. Jahrhundert die Pest Europa verwüstete, fiel das christliche Abendland zurück ins Heidentum und zelebrierte Menschenopfer. In Florenz, wo zwei Drittel der Bevölkerung starben, wurden Menschen gefoltert und gequält, weil sie durch Verhexung die Geißel Pest über die Menschen gebracht hätten. Überall in Europa wurden Juden beschuldigt, Gift ins Trinkwasser geträufelt zu haben. Die Todesopfer durch Ritualmorde gingen in die Zigtausende. Als die Seuche im Jahre 1380 abflaute, hatte ein Drittel der europäischen Bevölkerung nicht überlebt. Die Restlichen beteten und dankten Gott. Aber die gesellschaftlichen Strukturen wurden nie wieder dieselben wie vor der Epidemie.

Die Renaissance Italiens zum Beispiel, dieser große Durchbruch

206 ANLEITUNG ZUM ZUKUNFTS-OPTIMISMUS

von Technologie, Kunst, Kultur und Geldwirtschaft, ist mittelbar auf die veränderte Demografie der Nachpestzeit zurückzuführen. Der drastische Rückgang der Bevölkerung ermöglichte einem größeren Prozentsatz von Menschen den Zugang zu Ressourcen, die ihnen vorher versperrt waren. Die Zünfte ließen nun auch Mitglieder zu, denen zuvor die Aufnahme verweigert wurde, und während der Markt für landwirtschaftliche Pachten zusammenbrach, stiegen die Löhne in den Städten deutlich an, was eine Wohlstandsspirale in Gang brachte.[15]

Im Laufe des Spätmittelalters verbesserten sich medizinische Dienstleistungen und Systeme. Obwohl man den Infektionsmechanismus nie vollständig entschlüsselt hatte, vermied und bekämpfte man Ratten. Die frühneuzeitliche Stadt nach 1600 verfügte über Müllabfuhr und grundlegende hygienische Vorkehrungen wie Latrinen und Abwassersysteme; in vielen Städten wurden Badehäuser eingeführt, um die Hygiene und Volksgesundheit zu verbessern.[16]

Ein aktuelles Beispiel für die soziale Wirkung von Pandemien ist Aids. »Safer Sex« wurde in den westlichen Ländern innerhalb weniger Jahre zu einem Verhaltenscodex (was nebenbei zu einem weiteren Zurückdrängen der »alten« Geschlechtskrankheiten, zum Beispiel der Gonorrhö führte). Die Benutzung von Kondomen, bis Aids eine eher »schmuddelige« Angelegenheit, hat heute eine ganz andere Bedeutung.

Epidemische Krankheiten erzwingen bisweilen kulturelle Wandlungsprozesse, die den sozialen Fortschritt enorm beschleunigen. Ähnlich wie Kriege wirken sie oft (nicht immer) wie eine Art Katharsis, nach der sich eine Gesellschaft neu formiert.

Afrika hat an diesem Punkt noch einen langen Weg vor sich – aber gleichzeitig auch große Chancen in der Krise. Aids in Afrika wird heute als gigantisches Menschheitsproblem dargestellt – zu Recht. Aber die Erfolge, die es im Kampf gegen diese Krankheit längst gibt, werden meistens verschwiegen. In Uganda zum Beispiel *sank* die Rate der Aidsinfektionen massiv. Jeder dritte Ugander war 1990 infiziert, 2003 war es noch jeder zehnte. Warum? Die massive Kampagne »True Love Waits« zeigte tatsächlich Wirkung und veränderte das Sexualverhalten. Janet Museveni, die Präsidentengattin, stellte sich als *Role Model* zur Verfügung und praktizierte mit ihrem Gatten sexuelle Treue. In Brasilien, wo aufgrund einer sexfröhlichen Kultur die Ausbreitungsraten horrend waren (in den neunziger Jahren prognostizierte man »sichere« 1,2 Millionen Infizierte, es sind heute eine knappe halbe Million) gelang es unter anderem durch billige Medikamente, die Seuche weitgehend in den Griff zu bekommen.[17]

Das Ausblenden dieser Erfolge aus unserer Weltwahrnehmung hat seine Ursache in einem doppelten Tabu. »Westler« wollen sich nicht als Rassisten outen. Welcher Weiße möchte etwa behaupten, das promiske und tendenziell gewaltgeprägte, zumindest ignorante Sexualverhalten in vielen Regionen Afrikas begünstige die Verbreitung des Virus? Für manche afrikanische Führer ist Aids immer noch eine »Verschwörung der Weißen« – ähnlich wie hierzulande das paranoide Gerücht, Aids sei Produkt von »CIA-Experimenten« (oder anderer mankellscher Verschwörungen).

Politisch korrekte Weiße und opportunistische Schwarze bilden eine Tabu-Allianz. Aber im Grunde ist die Wahrheit unübersehbar: Nur diejenigen afrikanischen Kulturen werden überleben, in denen sich das Sexual- und Partnerschaftsverhalten den euroasiatischen Normen annähert: Monogamie, Ehe, Partnerschaft, Rechte der Frauen.

## Krankheit als Motivationsschub

- 28,7 Prozent der Deutschen joggen regelmäßig. 67,2 Prozent schwimmen, 22 Prozent gehen ins Fitnessstudio.[18] Diese Werte liegen um 50 bis 70 Prozent höher als noch vor zehn Jahren. Warum? Weil immer mehr Menschen realisieren, dass sie älter

werden als ihre Eltern oder Großeltern – aber nur, wenn sie
etwas für ihre Fitness tun ...

- In Italien sank die Quote der Raucher in den Jahren 2000 bis
  2005 um nahezu 15 Prozent – seit in den Bars und Restaurants
  des Landes nicht mehr geraucht werden darf, haben 500 000
  Italiener das Rauchen aufgegeben. Ebenso wie in Irland und
  Schottland erlebte die öffentliche Sphäre durch das Rauchver-
  bot nicht, wie von den Rauchbefürwortern behauptet, einen
  Niedergang, sondern eine Renaissance.

- In Finnland schaffte man in manchen Regionen, zum Beispiel in
  Karelien, durch intensive Verhaltensänderungsprogramme eine
  *Halbierung* der Herzinfarkt- und Schlaganfallrate. In mühsamen
  Überzeugungsprogrammen, bei denen Schulen, Gesundheits-
  behörden, Gemeinden und Unternehmen kooperierten, wurde die
  Bevölkerung mit sanftem Zwang, Aufklärung und ökonomischen
  Anreizen zu anderer Ernährung und verbessertem Bewegungsver-
  halten veranlasst. Hierbei veränderten sich auch die Firmenkul-
  turen: In vielen finnischen Firmen ist es heute möglich, Sportzeit
  von der Arbeitszeit abzuziehen, Unternehmen können Gesund-
  heitsmaßnahmen für ihre Mitarbeiter von der Steuer absetzen.[19]

- Die Vogelgrippe und verwandte Epidemien könnten die Tierhaltung radikal verändern. Da ungefähr die Hälfte aller Krankheitserreger, die heute den Menschen befallen, auch beim Tier
  auftreten, ist der »Übersprung« zwischen Mensch und Tier
  ein relativ häufiger Vorgang (auch Aids geht auf einen solchen
  Vorgang zurück). Dies wird auf mittlere Sicht Menschen- von
  Tierpopulationen trennen. Und auch die Haltebedingungen
  von Tieren verbessern.[20]

### Reality Check: die Wahrheit über die finale Seuche

Seit es Menschen gibt, sind sie auf vielfältige Art und Weise mit dem
Reich der Mikroben verbunden. Seuchen und Epidemien waren

eine ständige Bedrohung in der langen Geschichte der Menschheit. Deshalb sind »Seuchenängste« etwas ganz Natürliches.

Es wird uns jedoch nicht gelingen, Krankheiten für immer auszurotten. Sie sind Teil des evolutionären Programms, in dem Anreiz- und Abwehrsysteme, Balance und Störung in ständiger Wechselwirkung stehen. Neueste Erkenntnisse der Evolutionsbiologie besagen sogar, dass die Entstehung des differenzierten Immunsystems eng mit der Entwicklung der menschlichen Intelligenz verbunden ist: ohne Krankheiten gäbe es kein großes humanoides Hirn und kein Bewusstsein.

Zahlreiche Viren und Bakterien besiedeln den menschlichen Körper, und Mikroorganismen mutieren schnell. Doch gerade *weil* die Mikrowelt Teil der Evolution ist, gelten hier die evolutionären Gesetze mit besonderer Schärfe. »Schnelle Killerviren« wie Lassa und Ebola sind in ihrer Wirkung und ihrem Radius begrenzt, weil sie ihre Wirtsorganismen töten – sie scheitern regelmäßig an ihren Erfolgen. Deshalb erzeugen »Killerviren« immer nur kleine, lokal begrenzte Infektionsherde. (Sie sind auch besonders anfällig für Antibiotika und Virenhemmer, weil ihre DNA effektiv, aber auch äußerst verwundbar aufgebaut ist).[21]

Selbst wenn es eines Tages gelänge, dass in einem Genlabor Kombinationen zwischen »Mörderviren« und »Trägerviren« gezüchtet werden würden (etwa durch die »Interleukin-4-Methode«),[22] wäre die Menschheit damit noch lange nicht ausgerottet. Mit hoher Wahrscheinlichkeit wären diese Organismen in der Umwelt extrem instabil und würden schnell zugrunde gehen.[23]

Die Natur selbst ist eine Erfinderin tödlicher Technologien. Alle Supergifte und Killermechanismen hat sie im Verlauf von Millionen Jahren Evolution bereits erfunden und ausprobiert. Dieselbe Natur hat auch stets ein Gegenmittel entwickelt, neue Abwehrlinien aufgebaut, ihre eigene Tätigkeit widerlegt. Es ist unwahrscheinlich, dass dieser Mechanismus in Zukunft aufhören sollte zu funktionieren.

# Das Märchen vom Werte- und Moralzerfall

Ungeachtet dessen, was Schwarzmaler und Eiferer uns glauben machen wollen, ist das moralische Fundament unserer Welt heute nicht brüchiger denn eh und je. Der einzige Unterschied zwischen heute und allen anderen Epochen ist, dass die Welt nun davon *erfährt*, wenn irgendwo ethische und moralische Normen verletzt werden.

*John Naisbitt*

Wir sind alle Egoisten, aber mit den Gefühlen der anderen.

*Fernando Pessoa*

## Die Moralpanik

Im Frühling 2006 setzte das Zentralorgan für eleganten Zynismus, der deutsche *Spiegel*, zur großen Moraloffensive an. Das Blatt, das ungefähr ein halbes Jahrhundert als »Sturmgeschütz der Demokratie«, als intellektuell aufgeschlossen und »fortschrittlich« galt, vollzog einen fliegenden Fahnenwechsel. Ausgabe Nummer zehn machte mit einem Titelbild auf, das ein trauriges Kind zeigt, hinter dem sich ein Elternpaar streitet. »Jeder für sich« hieß die Schlagzeile und der Untertitel: »Wie der Kindermangel eine Gesellschaft von Egoisten schafft«.

Die Story bot alles auf, was seit 3000 Jahren im Köcher der lamentierenden Kulturkritik steckt. Schon die Überschrift »Unter Wölfen« verwies auf eine Urangst und ein uraltes Zitat (»Der Mensch ist des Menschen Wolf.«). Der Text bestand aus einer wilden Mischung von Vorwürfen, Anklagen, Vermutungen, Angstsprüchen und Platitüden, die ein seltsames Echo in der deutschen Kulturgeschichte haben. Einige Zitate:

- Abnehmende Geburtenraten führen zur Vereinzelung der Kinder.
- Dem Gebärstreik folgt der Zeugungsstreik und der Ehestreik sowieso.
- Der bindungslose Einzelne ist rettungslos verloren.
- Das Stammhirn sagt: Blut ist dicker als Wasser.
- Die Gesellschaft atomisiert sich.
- Die Patchworkfamilie, in der teure Geschenke die Zuwendung ersetzen, verwandelt sich in eine Bedarfsgemeinschaft nach Hartz IV.
- Es sind die Frauen, die die Kinder in die Welt setzen. Frauen werden gebraucht als sozialer Kitt, als Organisatorinnen oder einfach als widerstandsfähiges Geschlecht. Weil sie die Gabe der Selbstlosigkeit und Aufopferungsfähigkeit besitzen.

Wie konnte es dazu kommen, dass der *Spiegel* diesen – mit Verlaub – reaktionären Quark einfach druckte, ohne dass wenigstens eine Redaktions-Besetzung stattfand? Die Zeiten waren einfach so. In den Feuilletons und den politischen Diskursen hatte sich die Tirade seit Monaten angekündigt. In den Talkshows diskutierte man die »Neue Bürgerlichkeit«, als ginge es ums Überleben der Zivilisation. Fernsehmoderator Peter Hahne schrieb einen viel beklatschten Bestseller mit dem bezeichnenden Titel *Schluss mit lustig!*: eine Orgie des Zeigefingerschwenkens kombiniert mit frommen Formeln und moralinsauren Invektiven.[1] Und eine andere Fernsehmoderatorin, berufstätig, karrieregeil, machte mit einem Pamphlet auf sich aufmerksam, in dem sie für Frauen wieder allein die Mutterrolle herbeisehnte.

Der Alarmismus im Feuilleton hatte nach den Atom-, Wetter-, Seuchen- und Kriegsängsten nun endlich wieder jenen Diskurs erreicht, der schon vor Jahrtausenden in Griechenland und Rom die Gemüter bewegte. Und der im Grunde den Ur- und Subtext allen Alarmismus (und aller dogmatischer Religionen) darstellt: *Die Menschen sind verderbt, verroht und entsittlicht! Sie müssen*

*zur Tugend zurückkehren! Und da sie das nicht wollen, wird sie*
*eine Katastrophe ereilen, die sie dazu zwingen wird!*

## Die bürgerlichen Werte

Als im 18. Jahrhundert die Aufklärung und die beginnende Industrialisierung eine neue Klasse, das Bürgertum, schufen, geschah
etwas historisch Neues in den sozialen Regelwerken zwischen
Menschen. Moralische und ethische Normen, die jahrtausende-
lang entweder in religiösen Systemen gebunden oder reine »Herr-
schaftsdiktionen« blieben, wurden nun offen verhandelbar – *als*
*Entscheidungsdilemma des Individuums.*

Die frühe bürgerliche Literatur handelt von nichts anderem
als moralischen Konflikten: Der Einzelne wird konfrontiert mit
der Auseinandersetzung zwischen alten Normen und individueller Freiheit. Er hat plötzlich Entscheidungskompetenz, ja Ent-
scheidungs*zwang* über seinen Lebensweg, der nicht mehr von
Priestern, Eltern, schlichter Genealogie vorgegeben ist. Er kann,
er *muss* biografische Entscheidungen treffen, über Bildung, Heirat, Wohnort, Beruf. Effi Briest, die Hauptfiguren der Schwestern
Brontë – es waren fast immer Frauen, die in dieser Literatur die
Pioniere eines neuen »Lebensgefühls der Gefühle« darstellten.

Natürlich standen hinter alldem ökonomische Veränderungen.
Marx schrieb von der »Entfesselung der Produktivkräfte«: Der
neue Fluss des Geldes produzierte Expansionsräume, in denen
Wohlstand zu Freiheit führte, weil man ihn nicht mehr anderen
wegnehmen musste. Die Industrialisierung schuf große Städte, in
denen sich neue Kulturformen entwickelten. Das »Bürgerliche«
bildete schnell auch Varianten und Lebensmilieus, die ihrerseits
miteinander in Konflikt gerieten: Der Citoyen, der Bourgeois, der
Weltbürger, der Bildungsbürger, der künstlerische Bohemien.

Bürgerlichkeit war also auf der einen Seite Befreiung von den
Knechtschaften und – im Wortsinn – Leibeigenschaften der Feu-

dalära. Auf der anderen Seite wollten die Freiheiten gebunden werden in den Tugenden der Leistungsbereitschaft, des Fleißes, der Treue, der zeitlichen und räumlichen Verbindlichkeit. Wohlstand war nicht selbstverständlich vorhanden, sondern musste unter harten Bedingungen neu erarbeitet werden. Im Spannungsbogen dieses Widerspruchs zwischen Freiheit und Bindung besteht die Substanz des Bürgerlichen, sein historischer Verdienst und seine heroische Kulturleistung.

Jens Bisky hat in einem Essay für die *Süddeutsche Zeitung* während der Debatte um die »Neue Bürgerlichkeit« auf einen sehr wichtigen Punkt hingewiesen. Er zitiert Nicolaus Sombart, einen klassischen Bürgerlichen, der über seine bürgerliche Jugend in Berlin schreibt:

Ich hatte eine außerordentlich privilegierte Kindheit. Sie war bürgerlich, im besten Sinn des Wortes. Meine Eltern waren nicht reich, aber ein gewisser Wohlstand war das Selbstverständliche, über das man nicht sprach. Was mir heute ganz phantastisch erscheint, war der Luxus an Raum (an Quadratmetern), über den vier Menschen verfügten. Da gab es Zimmer, die man tagelang nicht betrat. Selbstverständlich gehörten zu einem solchen Raum auch Dienstboten. Wenn man mich fragte, welches der entscheidende Indikator für die Kulturschwelle ist, die wir heute erreicht haben, würde ich nicht zögern zu sagen: dass es das Verschwinden der Dienstboten ist.[2]

Der bürgerliche Haushalt – und mit ihm das bürgerliche Wertesystem – gründete also auf den Ressourcen von viel Raum und extrem billiger Hausarbeit. Jedes philippinische Kindermädchen, jede polnische Putzfrau kostet ein Vermögen im Vergleich zu den Mägden und Bauerntöchtern, den Flüchtlingen der agrarischen Armut, die den bürgerlichen Haushalten vor einem Jahrhundert ganz selbstverständlich zur Verfügung standen, meist nur gegen Kost und Logis, rund um die Uhr und sogar mit liebevoller Dankbarkeit gegenüber den Dienstherren!

Damit waren auch die Frauen von den Haushaltspflichten weit-

gehend befreit. Die soziale Mutterrolle war in der bürgerlichen
Welt völlig anders gestaltet als im heutigen Rundum-Dauerstress,
bei dem Mütter Seelsorger, Pädagogen, Versorger, Diener und
Coaches ihrer Kinder (und Männer) gleichzeitig sein müssen. Alle
diese Rollen ließen sich elegant delegieren: an die »Wet Nurse«,
die Nanny, die Gouvernante, den Hauslehrer, und zwar gleich
von der Geburt an. Hinsichtlich des Mannes an die Maitresse
oder Prostituierte.

Die religiös verklärten Mutterbilder, die seit dem Biedermeier
kursieren, waren stets idealisierte Darstellungen der Mutter-
Kind-Einheit, die die emotionale Bindung in ihrer transzendenten
Reinheit ausdrücken sollten – mit dem Alltag hatten sie wenig zu
tun. Da wurde keine Geschirrspülmaschine beladen und entleert,
Wäsche lag gebügelt im Schrank, Botendienste und Behörden-
gänge erledigte die »Minna«, und der Doktor kam selbstredend
bei Krankheit ins Haus.

Unter diesen Bedingungen konnte das bürgerliche Paar durchaus entspannte Kommunikationsformen entwickeln: Bildung
spielte eine innerhäusliche Rolle, weil es Zeitkontingente gab – für
das Theater, das Lesen, den Ausflug, den Freundes- und Ver-
wandtenbesuch. Wenn man einlud, musste man sich um Kochen
und Abwasch nicht kümmern. Wenn man reiste, erledigte das Personal die Logistik. Weder Frauen noch Männer mussten gehetzt
im Supermarkt das Nötigste einkaufen und sich dabei über soziale
Rollen streiten. Das Paar konnte sich wohltuende räumliche Distanz leisten, die moderne Paare heute wieder zu schätzen wissen.
Es gab ein Herrenzimmer, ein Damenzimmer, ein Umkleide-
zimmer; ein eheliches Schlafzimmer; alles immer von fleißigen
(Fremd-)Händen geputzt und aufgeräumt, und man begegnete
sich, nachdem man sich zuvor im Spiegel begutachtet hatte.

Spätestens an diesem Punkt wird deutlich, wie bigott und absurd unsere Debatte über »bürgerliche Werte« ist. Wir trauern
sozialen Rollen hinterher, die es nie gab. Wir moralisieren, wo wir
über *Bedingungen*, über verbesserte Spielregeln von Liebe, Eltern-

schaft, Partnerschaft und Freiheitsoptionen nachdenken sollten. Und wenn uns gar nichts mehr einfällt, machen wir »die Achtundsechziger« für alles verantwortlich, was uns nicht passt.

## Primat Mensch

Zu zwei Primatenarten haben wir als Menschen eine besonders enge Beziehung. Zu Schimpansen, unseren genetisch engsten Verwandten, und zu Bonobos, deren Gencode ebenfalls gerade einmal um 2 Prozent vom humanen Gencode abweicht. Und obwohl beide Arten sich auch äußerlich ziemlich gleichen, sind ihre Sozialstrukturen atemberaubend verschieden.

Schimpansen haben eine rabiate Art des Sexual- und Partnerschaftslebens, die uns auf den ersten Blick befremdet, aber auf gewisse Weise auch bekannt vorkommt – es ist »Machismo« pur. Dabei sind Schimpansen enorm gesellig, sie leben in Gruppen, die bis zu 100 Individuen umfassen. In diesen Großgruppen bilden sich jedoch schnell kleine Cliquen oder Einzelgänger heraus, die ständig untereinander um Dominanz kämpfen. Wenn es um Sex geht, regiert nackte Gewalt. Das stärkste Männchen kopuliert mit den meisten Frauen, mit praktisch allen des Rudels, wobei der Paarungsakt eher einer Vergewaltigung gleicht. Ein Sexualakt dauert acht Sekunden, und wer als Beta-Männchen nicht zum Zuge kommt, wird obendrein noch vom Obermacho verprügelt. *The winner takes it all.* Und der »Mittelstand«, sprich die B-Männchen, hat es verdammt schwer …

Bonobos hingegen ähneln in ihrem Sozialverhalten eher einer Hippiekommune aus dem Klischeebilderbuch. Sex bestimmt von früh bis spät den Tagesablauf, regelt die Beziehungen und dämpft alle Konflikte. Das Verhältnis zwischen Männern und Frauen ist eher entspannt und zärtlich (obwohl die Männchen auch hier stärker und größer sind), auch der Umgang unter den männlichen Tieren ist von gegenseitigem Lausen, Respekt und Toleranz geprägt. Bonobos kennen als einzige Affenart die »Missionarsstellung«, sie kopulieren mit einander zugewandten Gesichtern (und kennen, nebenbei, auch Masturbation). Frauen haben in der Bonobo-Kommune das Sagen; mit wem sie Sex haben, entscheiden sie alleine, und sie bilden auch eigene »girls groups«, in denen die Männer nichts zu suchen haben.

Nun sind Menschen keine Affen – aber bei nur 2 Prozent genetischer Differenz lassen sich natürlich doch Parallelen finden. In den sechziger Jahren setzte in den westlichen Industrienationen über Nacht eine regelrechte »Bonoboisierung« der Geschlechterbeziehungen ein. Wenn man Zeitungsausschnitte aus dieser Zeit betrachtet, fällt auf, dass sich alle Männer innerhalb kürzester Zeit plötzlich die Haare lang wachsen ließen. Und zwar *alle*! Selbst Politiker hatten zumindest lange Koteletten, Fußballmannschaften kamen allesamt mit einer Mähne auf den Platz. Die WG-Bilder der Siebziger erinnern irgendwie an Bonobo-Gruppenbilder. Männergesichter in Zeitschriften wurden plötzlich weich und weiblich – nur 30 Jahre vorher hatten noch Stahlhelm und kantiges Kinn die männliche Physiognomie codiert. Die Frauen brachen gleichsam über Nacht aus ihrer püppchenhaften Passivität aus, in der sie noch in den fünfziger Jahren gesteckt hatten. Die Alpha-Typen, die früher ihre Promiskuität ungehemmt im Verborgenen leben konnten – kein mächtiger Mann ohne einen kleinen Harem – mussten sich plötzlich für ihr soziales Verhalten rechtfertigen. Sexuelle Befreiung fegte die alten Rollen hinweg oder stellte sie zumindest massiv infrage, jedenfalls in den gesellschaftlichen Peer Groups der Jüngeren und Gebildeteren. Jeans, Sex und Rock'n'Roll – das war der *Sound* der Zeit mit, wie wir heute wissen, durchaus »nachhaltiger« Wirkung.

Wie konnte es zu diesem radikalen Umbruch in kurzer Zeit kommen? Die Soziobiologie zeigt uns, wie *alle* sozialen Verhaltensformen der Tiere von den Umweltbedingungen abhängig sind, unter denen eine Spezies existiert. Die Evolution findet dabei immer neue systemische Antworten auf Veränderungen, die in der Umwelt stattfinden. Allerdings dauern diese Veränderungen auf dem Wege der natürlichen Selektion sehr lange, meist Jahrtausende.

Im Unterschied zum Tierreich verfügt das Menschenreich jedoch über Beschleunigungseffekte in Form von kulturellen Mustersystemen, von »Memen«, die sich nicht in Zellen, sondern in Hirnen replizieren. Anders als in der Artenevolution können sich die Dinge auf diese Weise sehr schnell, gleichsam über Nacht »epidemisch« ändern.

Das Sexualverhalten der Primatenaffen ist von Umweltbedingungen geformt. Schimpansen leben am Rand des Regenwaldes in Savannengebieten und haben dort schwere Territorialkämpfe mit anderen Tierarten auszutragen. Bonobos hingegen siedeln tief in den Dschungeln, wo das Nahrungsangebot reicher, die evolutionäre Nische sicherer und der Konkurrenzdruck geringer ist. Schimpansenweibchen haben eine ganz kurze Erregungs- und Fertilitätsphase – kaum 48 Stunden – und eine sogenannte »Fertilitätsschwellung«, die sie in dieser Periode deutlich als fruchtbar ausweist. Alle Reproduktionschancen konzentrieren sich deshalb auf diese kurze Zeit – was den männlichen Konkurrenzdruck massiv erhöht. Bonobo-Weibchen hingegen können *immer* Sex haben, und man weiß nicht genau, wann ihr Eisprung stattfindet, ähnlich wie bei Menschen. (Warum Bonobo-Weibchen trotz des vielen Sexes nicht mehr Kinder austragen als Schimpansen, die nur alle vier bis fünf Jahre Nachwuchs bekommen, ist bis heute nicht genau geklärt.)

Um den Wertewandel zu verstehen, müssen wir uns noch einmal die historische Situation der sechziger Jahre vergegenwärtigen: Die westliche Kultur erlebte innerhalb weniger Jahrzehnte einen gigantischen, von technologischen Innovationsschüben unterstützten Wohlstandsgewinn. Plötzlich war der Überschuss der industriellen Produktion mit Händen greifbar: Mit einem Überangebot von Nahrung, Mobilität, Information, politischer Freiheit! Der Krieg, der bis vor kurzem noch das Sozialleben auch der industrialisierten Nationen (und die Lebensrealität der Männer) geprägt hatte, war durch die Atombombe in eine abstrakte Ferne gerückt – dass Männer im Atomkrieg »kämpfen« sollten, ergab keinen Sinn mehr.

Gleichzeitig setzte im Alltagsleben eine Technisierung ein, die den Frauen die mühsame Hausarbeit zumindest leichter machte. Es gab zwar keine Domestiken mehr, dafür aber Waschmaschinen. Damit sank die Notwendigkeit zu jener strikten Arbeitsteilung, die die materielle Grundlage der sittlichen Normen und Disziplingebote gebildet hatte. Das traditionelle Rollenangebot an die Frauen – Küche, Kinder, Kirche – brach in sich zusammen.

Und dann: die Pille. Die Antibabypille veränderte den Geschlechtsakt vor allem für die unverheiratete Jugend von einem angsterfüllten, hastigen Akt zu einem hedonistischen Abenteuer. Die Bindung von Sex an Reproduktion löste sich rasend schnell. Und damit wurde auch das zivilisatorische Konstrukt, mit dem Menschen diese Bindung geregelt hatten, nämlich der Ehevertrag, zunehmend infrage gestellt.

Logischerweise wandelten sich damit die erotischen Strategien. Männer waren nun nicht mehr begehrenswert, wenn sie ihre rein männlichen Attribute zur Schau stellten, sondern wenn sie ihre *weiblichen* Aspekte zeigten. Die Bildungsrevolte, die viele junge Frauen nun in höhere Bildungswege beförderte, machte sie reif für den lukrativeren Arbeitsmarkt, und dabei brauchten sie häusliche Unterstützung. Umgekehrt suchten auch Männer nicht mehr ausschließlich Frauen, die ihnen »den Rücken freihielten«. Wenn die Frauen selbst Geld verdienen konnten, musste man sie als Mann nicht mehr rund um die Uhr beschützen und ernähren – was auch eine Entlastung sein konnte. Damit fiel die »Jungfräulichkeit« als Partnerwahlargument weg – »Neue« Männer suchten nun nach sexuell erfahrenen Frauen. Aus diesen neuen Regelspielen erwuchs die beidseitige Emanzipation – aber auch jenes Mann-Frau-Durcheinander, das in der postmodernen Partnerkultur immer neue fröhlich-skurrile Blüten treibt.

Was wir im Wertewandel der sechziger Jahre besichtigen können, ist beschleunigte Sozioevolution in Reinform. Natürlich ging dieser Wandel in vielerlei Hinsicht *zu* schnell vonstatten, natürlich brechen die alten, atavistischen »Schimpansensehnsüchte« immer wieder durch (wie man sehen kann: bei beiden Geschlechtern). Aber wer Werte und Normen in alte Zustände zurückversetzen will, dem geht es wie demjenigen, der versucht, die Zahnpasta in die Tube zurückzubekommen. Will man zu den »alten Werten« und Rollengewissheiten zurück, muss man den Wohlstand eliminieren. Und vor allem die Frauen von der höheren Bildung ausschließen.

Die einzige Alternative wäre, mit dem Rückwärtsjammern aufzuhören. Und *neue* Werte, Spielregeln und Tugenden zu entfalten und zu erlernen.

## Das unmoralische System

Die Liebesethik in unserer Gesellschaft ist geprägt von Konflikten zwischen einem hohen romantischen Liebesideal und einem starken egalitären Rollenverständnis. Jüngere Männer *und* Frauen in der westlichen Hemisphäre, so zeigen es alle Studien, wollen heute mehrheitlich partnerschaftlich leben. Beide Geschlechter wollen einen Beruf ausüben *und* eine Familie gründen. Sie wollen ihr Begehren auch in längeren Beziehungen aufrechterhalten. Und sich im Sinne eines kooperativen Individualismus gemeinsam entwickeln.

Die gesellschaftlichen Regelwerke machen es vielerorts jedoch praktisch unmöglich, diese Werte zu synchronisieren. Partnerschafts-, Erwerbs- und Liebesebene geraten schnell in einen heillosen Konflikt. Man kann *entweder* Kinder bekommen *oder* beruflich effektiv vorankommen. Man kann partnerschaftlich leben, gerät aber in einen Dschungel von Steuersystemen, Zeitökonomien, kulturellen Vorwürfen, der einen unaufhörlich hin zum alten, tradierten Hausfrau-Ernährer-Modell drängt und zwingt.

Der Blick über unsere Grenzen hinaus macht deutlich, dass es auch anders geht. In Skandinavien, Frankreich und weitgehend auch in den angelsächsischen Ländern sind die gesellschaftlichen Regelsysteme anders gestaltet. Frauen können hier auch mit Familie ihren Beruf bis in die höheren Etagen ausüben, schon weil das Schulsystem auf Ganztagsschulen basiert. Die Arbeitswelt ist familienfreundlicher organisiert, und Mütter werden nicht in die Supermutti-Rolle gedrängt. In Frankreich hat der Staat quasi die Rolle des Retters der bürgerlichen Familie übernommen – er »pampert« sie mit Transfer- und Versorgungsdienstleistungen, sodass auch Frauen mit drei, vier Kindern Powerjobs innehaben können (Frankreich hat die zweithöchste Geburtenrate Europas). In den angelsächsischen Ländern ist zwar der staatliche Transfer schwächer, aber dort werden Partnerschaftsmodelle durch eine Vielfalt von preiswerten privatwirtschaftlichen Angeboten rund um Haushalt und Kindererziehung gestützt.

Statt über mangelnde Moral zu jammern, sollten wir verstehen, dass vor allem *Systeme* äußerst »unmoralisch« sein können: wenn sie Menschen in Lose-lose-Spiele treiben, bei denen sie nur verlieren können. Menschen treffen im Grunde oft recht vernünftige und auch kooperative Entscheidungen – zum Beispiel, nicht mehr in den Ungleichheiten alter Rollenmodelle zu leben, wenn die Frauen inzwischen sogar gebildeter sind als die Männer. »Unmoralisch« (im Sinne von Scheidungspräferenz, Konfliktbereitschaft und Beziehungsunglück) werden sie dann, wenn sie in die Enge von unlösbaren Konflikten getrieben werden.

## Drei (un)moralische Geschichten

- Als Wolfgang W. 42 Jahre alt war, befand er sich in einer tiefen Lebenskrise. Seine Beziehung zu L., einer Künstlerin, hatte sich über die Jahre hinweg abgenutzt. Sein Vater, ein einflussreicher, großer Mann, hatte sich immer wieder unzufrieden gezeigt. Wolfgang W. begann zu trinken. Experimentierte mit Kokain, was ihn anwiderte. An diesem Scheidepunkt seines Lebens lernte er *sie* kennen. Sie war schwanger, im 7. Monat. Sie war schön, blass, durchscheinend und sichtlich depressiv. Er verliebte sich unsterblich. Und seine Kräfte kehrten zurück. Sie hatte bereits drei Kinder. Sie heirateten. Er kümmerte sich rührend um die Kinder, die allesamt nicht von ihm waren. Er kochte, putzte, machte den Hausmann, während sie als Schauspielerin arbeiten konnte. Und er liebte sie abgöttisch.

• Die Engländerin Alex Patrick war 34 Jahre alt, als sie von ihrem Gebärmutterhalskrebs erfuhr. Eine Totaloperation mit anschließender Chemotherapie machte sie unfruchtbar. Aber ihr Kinderwunsch war stark. So ließ sie sich von ihrer älteren Schwester Charlotte eine Eizelle spenden. Diese wurde mit Sperma ihres Ehemannes befruchtet und von ihrer gleichaltrigen Zwillingsschwester Helen ausgetragen. Charlie, ein quietschgesunder Junge, kam im August 2005 zur Welt.[3]

• In einer deutschen Stadt gibt es ein Sterbeheim mit dem Namen »Zur schönen Aussicht«. Eine Art Sterbe-Wohngemeinschaft, in der man sich liebevoll um Todkranke kümmert. Aidskranke im letzten Stadium, Krebskranke ziehen hierher, um ihre letzten Monate, Wochen, Tage zu verbringen. In der engen Wohnung hüpfen Kinder herum, junge Mädchen üben Rap-Dance. Zwei ganz normale Familien leben hier, die sich mit der Sterbehilfe unter der Hand etwas dazuverdienen. Einer von ihnen, Gerd, ist Arzt. »Es ist schon so«, sagt er, »dass wir manchmal jemandem auch den Weg freimachen, wenn er am Ende angelangt ist.« Und schweigt.

Wie soll man diese realen Geschichten vom Standpunkt der Moral, der Werte, der Ethik bewerten? Stehen sie für den Sittenzerfall? Den Niedergang der Moral? Das Sichauflösen von Werten?

Moral ist etwas anderes als Werte, und Ethik unterscheidet

222 ANLEITUNG ZUM ZUKUNFTS-OPTIMISMUS

sich von moralischen Normen, weil sie die *geistige* Haltung ausdrückt, die den Werte- und Moralvorstellungen zugrunde liegt. Diese Betrachtungsebenen auseinanderzuhalten ist schwer. Aber wer sich auf das Glatteis der Moraldebatte begibt, muss genau dies tun. Andernfalls erzeugt er einen platten Moralismus, für den es zwar billigen Applaus gibt – weise jedoch spricht er nicht.

Ethisch ist die aktive Sterbehilfe in der letzten Geschichte negativ zu bewerten. Als Normenverstoß ist sie womöglich ein Fall für den Staatsanwalt. Ganz anders sieht es aus, wenn man die Sache moralisch betrachtet. In der Geschichte der drei Schwestern wiederum wird ein ganz hoher Wert gefeiert: die Familie. Aber die Methode, die hier gewählt wird, um eine solche zu gründen, dürfte für viele moralisch anstößig und ethisch problematisch sein. In der Geschichte von Wolfgang und »ihr« geht es um eine (Liebes-) Ethik, die die Grenzen der Konventionen überschreitet – und darin sehr moralisch ist.

Es ist »moralisch«, Armen Geld zu geben, um ihre Armut damit (für den Moment) zu beenden. Vom Standpunkt der Moral: natürlich! Aus der Sichtweise der Vernunft und einer tiefergehenden Ethik ist das womöglich das Falscheste, was man tun kann. Denn es macht die Armen abhängig und stößt sie noch tiefer in ihr Unglück.

Die Moral der Geschichten ist: Lebendige Moral ist ohne Dilemma nicht zu haben. Erst im Zweifel, in Widersprüchen, in der Bearbeitung von Konflikten und Antagonismen erlangen »Werte« ihre Existenzberechtigung. Umgekehrt gilt: Ein Wert, der nicht mit seinem Antagonisten verbunden ist, wird pathologisch. Freiheit ist immer nur in *Beziehung* zu Bindung zu sehen. Ehrlichkeit hat eine unauflösbare Relation zur Höflichkeit. Diesen Widerspruch zugunsten einer »allgemein gültigen Moral« auflösen zu wollen, ist im Grunde eine Attacke primitiven Denkens auf die Komplexität des Lebendigen und der Kultur.

## Egoismus als Produktivkraft

Noch einmal: Warum lassen sich Menschen scheiden, bekommen keine Kinder oder bleiben Singles? Weil sie »Egoisten« sind? Weil sie »bindungsunfähig«, »autistisch« oder »beziehungsgestört« sind?

Menschen sind nicht »gut«, sie verhalten sich aber oft – fast immer – ihren Mitmenschen gegenüber sinnvoll positiv, weil sie daraus Vorteile ziehen. Es *lohnt* sich, gut zu sein. Und es wäre besser, wenn wir die Erkenntnisse der Soziobiologie, die diesen Effekt begründen, auch als Hintergrund der Moraldebatte nutzen würden.[4]

Urbane Kultur – und in ihr bewegen wir uns heute und in Zukunft immer mehr – ist geprägt von einer Multiplikation der Optionen. Biografie, Reproduktion und Beruf, Gender-Verhalten und sexuelle Vorlieben – all diese Dinge sind, anders als in der Feudal- oder Klassengesellschaft *wählbar*. (Genau das grenzt unser Gesellschaftsmodell zum Beispiel von den Weltbildern der Islamisten ab.)

Menschen lieben Freiheit – und fürchten sie. Die Ausübung von Freiheitsoptionen ist qualvoll, weil man sich irgendwann ent-scheiden, also von der jeweils anderen Option verabschieden muss. Nur in seiner Entscheidung entsteht das Individuum, das handelnde Subjekt, das sich verantworten muss. In diesem Sinne sind Menschen immer »Egoisten«, wenn sie Freiheit erwerben. Und agieren egoistisch auf mindestens vier verschiedenen Ebenen.

• *Das soziale Ich:* Menschen sind »soziale Egoisten«, weil sie sich mit ihrer Ethnie, ihrem Clan, ihrer »Kultur« identifizieren. Nationalismus zum Beispiel ist eine »kollektive Form des Egoismus«: Ich identifiziere mich mit »den anderen«, weil mir dies auch gegenüber anderen Großgruppen Vorteile bringt, mir Sicherheit und Zugehörigkeit verschafft. Diese »Großform« des Egoismus kann harmlos (Fußball, Fahnenschwenken, Heimatliebe) oder mörderisch sein (Hitler lässt grüßen).

- *Das familiäre Ich*: Menschen sind Egoisten, weil sie als repro-
  duktive Wesen ihre eigenen Gene befördern wollen. Wir tun
  alles (oder doch eine ganze Menge) für unseren Nachwuchs.
  Zum Beispiel Lieben, Werben, Verführen, aber auch zur Arbeit
  gehen, Haushaltspflichten übernehmen, Windeln wechseln,
  Zärtlichkeiten tauschen. Auch als »Carrier« unseres Genco-
  des, sind wir im Kern Egoisten. (Nicht ohne Grund erfand der
  Soziobiologe Richard Dawkins die Formel vom »egoistischen
  Gen«.)[5]

- *Das individuelle Ich*: Menschen sind natürlich auch »einfache«
  Egoisten, die aus jedem Tag ein wenig mehr Liebe, Genuss,
  Sex und Vergnügen herausholen wollen. Aber wie können sie
  das am besten bewerkstelligen? Indem sie sich mit anderen zu-
  sammentun. Selbstverwirklichung allein ist unbefriedigend.
  Deshalb sind die erfolgreichsten Egoisten die besten Koope-
  rateure!

- *Das spirituelle Ich*: Die meisten Menschen pflegen schließlich
  auch noch einen »mentalen Egoismus«: Sie möchten sich »über
  sich selbst erheben«. Suchen nach Ewigkeit, Katharsis und
  Erlösung. Nach »Selbst-Verwirklichung« in Religion, Kunst,
  besonderen Leistungen, tiefer spiritueller Verbindung zur Umwelt. Dieser Egoismus lässt sich besonders gut als sein Gegenteil verkaufen, entspringt aber im Grunde dem tiefen Brunnen
  der Angst vor Tod und Vergänglichkeit.

Die »Soziomathematiker« Robert Axelrod und Anatol Rapoport
haben in ihren Arbeiten dargestellt, wie sich Werte und Normen
entlang sozialer Kooperationen in Gemeinschaften weiter entwickeln.[6] Kants kategorischer Imperativ, dass wir anderen Menschen nur das »antun« sollten, was wir auch von ihnen erwarten,
reflektiert ja genau dies: kooperatives Handeln im *Eigeninteresse*
(oder, wie es die Soziobiologen sagen: kooperativer Egoismus). In
der Moraldebatte jedoch werden diese Elemente kriegerisch gegen-
einander in Stellung gebracht. Gruppenegoismus und familiärer

Egoismus wird als »altruistisch« interpretiert, während man die Individualitätsebene, auf der doch alles basiert, denunziert.

## Das Einsamkeitsgerücht

»Die Mentalität der Gleichgültigkeit bestimmt vielfach das öffentliche Leben. Man will in Ruhe gelassen werden und lässt andere in Ruhe. Wer sich engagiert, bekommt eins auf den Deckel.«[7] So heißt es in einer christlichen Zeitschrift im Jahre 2002 – ein klassisches kulturpessimistisches Lamento.

Man könnte aber ebenso gut das genaue Gegenteil behaupten und belegen: Noch nie waren so viele Menschen bereit, sich für die Umwelt, in Nachbarschaften und sozialen Projekten, für Völker in anderen Regionen des Planeten zu engagieren. Noch nie waren Spendensummen und ziviles Engagement so hoch. Unsere Gesellschaft ist eine »Engagementgesellschaft« – nur dass die soziale Aktivität sich nicht mehr auf die alten Institutionen von Kirche und Vereinen konzentriert, sondern vielfältige, selbstorganisierte, netzwerkhafte Formen annimmt.

Singles, so geht immer noch die Mär, sind egoistische Einzelwesen, die sich zurückziehen, die Schwierigkeiten mit Bindungen haben und als Käuze enden werden.

Nun weist jede Untersuchung über das Single-Phänomen nach, dass es sich bei dieser Gruppe von Menschen um die *kommunikativste* Schicht von allen handelt. Singles – wie immer man sie definiert, per Haushaltsform, Lebenslage oder Partnerstatus – sind gebunden in Freundschaftscliquen, Netzwerken, Interessengemeinschaften, auch in familiären Verbünden. Die meisten Singles suchen einen Partner und probieren auf dem Weg dorthin eine Menge aus.

Ähnlich absurd verläuft immer noch die Debatte über die neuen Kommunikationstechnologien. Hartnäckig hält sich das Gerücht, der Umgang mit elektronischen Medien vereinzele die Menschen. Was vereinzelt, ist das exzessive passive Fernsehen, wie es in den Unterschichten und bei vielen Älteren oft genug vorkommt. Computer und elektronische Technologien verbinden jedoch auf verschiedenen Ebenen die Menschen, beruflich *und* privat.

Natürlich gibt es in der modernen Gesellschaft Einsamkeit. Die Frage lautet aber auch hier: Nimmt sie tendenziell *zu* oder *ab*?

- *Familie:* Noch vor 100 Jahren lag die Lebenserwartung in Deutschland bei 50 Jahren. Wer 20 Jahre alt wurde, hatte oft keine Eltern mehr, Großeltern, die man bis ins Erwachsenenalter erlebte, waren eine Seltenheit. Diese Gesellschaft wimmelte von Witwen, Waisen, »Daheimgebliebenen« und »Zukurzgekommenen«. Zwei Drittel der Bevölkerung lebten auf dem Land, in der völligen Abgeschiedenheit des Vor-Medienzeitalters, ohne Telefon und Anschluss an das Kommunikationsnetz.

- *Ehe:* Noch vor 100 Jahren heirateten kaum mehr als die Hälfte aller heiratsfähigen Männer und Frauen. Heirat und Familiengründung waren ein ökonomisches Problem – viele konnte die entsprechende Mitgift nicht aufbringen oder sie wurden auf Grund von Behinderung, sozialen Mängeln, Armut aus dem Heiratsmarkt ausgeschlossen.[8]

- *Kinder:* In der industriellen Gesellschaft zu Beginn des 20. Jahrhunderts kamen in Deutschland etwa 20 Prozent der Kinder unehelich zur Welt – was aber damals nicht »alleinerziehend« hieß, sondern als soziale Schande für Mutter und Kind galt, die dadurch sozial isoliert und stigmatisiert wurden. Ein weiterer Teil verlor in frühen Jahren ihre Eltern durch Infektionskrankheiten oder Kriege. Bis zu 25 Prozent aller Kinder wuchsen elternlos auf. Und in den Waisenheimen herrschte nicht gerade das, was man eine behütete Kindheit nennen konnte. Dort waren Unterernährung, Misshandlung und Prügelstrafe an der Tagesordnung.

- *Bildung:* Mangel an Bildung, so weisen alle Studien nach, erhöht die Einsamkeitsgefahr massiv. Wer sich nicht ausdrücken kann, wer keinen Zugang zu Sprache, Bildern, Medien, Welt hat, der kann schnell vereinsamen. Die Bildungsniveaus in der Gesamtbevölkerung sind jedoch in den siebziger und achtziger Jahren massiv gestiegen, und sie steigen heute, allen gegenteiligen Beteuerungen zum Trotz, kräftig weiter.

Früher waren Menschen weniger allein, weil sie in Massen organisiert waren – in Großorganisationen wie Parteien oder dem Militär, in Milieus und engen lokalen Bindungen. Aber gerade die Masse ent-individualisiert den Menschen, macht ihn einsam und »monadisch«.

»Die steigende Scheidungsrate ist keineswegs Beweis einer steigenden Einsamkeit«, schreibt Sven Hillenkamp in einem klugen Essay in der *Zeit*. Und fährt fort:

Ironischerweise stimmt sogar das Gegenteil. Der Mensch, der isoliert ist in der Gesellschaft, kaum oder keine Kollegen hat, kaum Freunde, traut sich oft keine Trennung zu. Wer dagegen Freunde hat, einen Beruf, eine Welt außerhalb der Partnerschaft, er traut sich eher. Abgesehen von der Unterstützung der Familie, die Trennungswillige, zumal früher, nicht erwarten durften. So wurde die Ehe-Einsamkeit auch zur Familien-Einsamkeit.[9]

Und schließlich kann man Einsamkeit auch anders begreifen – so wie viele Philosophen: Allein-sein-Können als Bedingung von Autonomie und persönlicher Authentizität. Wer nicht »mit sich selbst sein kann«, wird seinem Partner, seiner Gruppe, seiner Familie irgendwann schwer auf die Nerven gehen. Wer für Bindungen plädiert, sollte also für die Kunst des Alleinseins werben. Wer wirklich lieben will, muss »Single« sein können. Und diese Fähigkeit auch in der Bindung bewahren.

## Sind verbindliche Werte »gut«?

Ist es tatsächlich für eine Gesellschaft von Vorteil, über stringente Wertesysteme zu verfügen? Vordergründig scheint das auf der Hand zu liegen: Die Homogenität der Werte erleichtert das Zusammenleben ungemein. Man produziert weniger Konflikte. Man versteht sich besser und schneller. Man braucht weniger Polizei, Richter und Gesetze, die jede Auseinandersetzung regeln.

Die US-amerikanischen Sozialforscher Christopher Baumann, Linda Skitka und Edward Sargis haben unlängst in einer empirischen Studie die andere Seite dieser Medaille erforscht. Sie befragten Passanten an öffentlichen Orten wie Bahnhöfen oder Flughäfen zum wichtigsten Problem ihres Landes. Gleichzeitig eruierten sie, inwieweit das Thema Teil eines ethischen und moralischen Gesamtsystems bei der jeweiligen Person war.

Diejenigen, deren Meinung auf einer »festen moralischen Überzeugung« basierte, wiesen deutlich mehr Feindbilder und Dogmen auf. Ihre Toleranz gegenüber anderen Menschen war deutlich verringert, ihre Bereitschaft, zuzuhören und sich auf Differenzierungen einzulassen, geringer. Sie vereinfachten komplexe Sachverhalte und arbeiteten stark mit Klischees.[10]

Kohärente Wertsysteme waren in der tribalen Gesellschaft von Nutzen – sie rationalisierten Kommunikation und erleichterten das Überleben der Sippe im Überlebenskampf. Moderne Gesellschaften hingegen zeichnen sich *immer* durch einen Wertepluralismus aus. Dieser Pluralismus bildet wiederum einen »Wert an sich« und drückt sich in folgenden Aussagen aus:

- Es gibt keine absoluten Werte.
- Alle Menschen haben ein Recht auf Eigenheit.
- Gesellschaftliche Regeln ergeben sich nicht aus Verboten, sondern aus freiwilligen Vereinbarungen und Kontrakten.

Die meisten großen Verbrechen entstanden im Namen einer hehren, »kohärenten« und unangreifbaren Moral. Umgekehrt ist es kein Zufall, dass besonders diejenigen Kulturen auf unserem Planeten ökonomisch und kulturell erfolgreich sind, die ein adaptives und flexibles »Meta«-Wertesystem entwickelt haben. In diesen Kulturen gibt es *keinen* »durchgestylten« Werte- und Moralkanon mehr. Man einigt sich auf wenige, allerdings essenzielle

Spielregeln, die dem Einzelnen möglichst viel Spielraum lassen. Man vertraut darauf, dass Menschen fähig sind, untereinander die Details ihrer Verhaltensregeln selbst zu erarbeiten. Und entfesselt auf diese Weise die Kräfte der Individualität, die ihrerseits zur Vielfalt des Gesellschaftlichen beitragen.

## Soft-individualistische Wertesysteme

Wenn die Ressourcen knapp sind, dann ist es gut zu wissen, was verboten ist. Wenn keine echte Wahl besteht, dann ist es besser, die Grenzen eng zu stecken. Zur alten Knappheitsgesellschaft passten deshalb Wertesysteme der Restriktion: Sei tugendhaft und fromm, bleibe bei deinem Partner lebenslang; komme nicht auf interessante Gedanken.

Anders liegt die Sache in jenem grenzenlos globalen Wohlstandssystem, das wir in den letzten 100 Jahren entwickelt haben. Hier steigen die Freiheitsgrade explosionsartig mit dem Wohlstand, und entsprechend erhöhen sich die Wahloptionen für den Einzelnen. Damit evolutionieren die Werte zwangsläufig in eine bestimmte Richtung:

- *Von der normativen Moral zur Verhandlungsmoral.* Gut ist nicht mehr das, was die Mehrheit sagt. Gut ist das, was wir – die jeweiligen Verhandlungspartner – im gegenseitigen Einverständnis vereinbaren. Das gilt für Liebe, Sex, Familie, aber auch für die Kontrakte Nachbarschaft, Beruf und Arbeit.
- *Von der Monomoral zur Multimoral.* Es ist schwierig, mit anderen Menschen zusammenzuleben, die ein völlig anderes Kultur- und Lebensverständnis haben. Entgegen vieler Unkenrufe, die heute das »Multikulturelle« beerdigen wollen, werden wir jedoch in Zukunft immer mehr mit kultureller »Diversity« leben müssen. Das bedeutet *universellere* Werteorientierungen, in denen sich die meisten »Verschiedenen« arrangieren können.

- *Von der Bindungsethik zur kooperativen Veränderungsethik.*
Treue ist ein hoher Wert, und das gilt auch für das Individuum
selbst. (Man muss es ja nicht gleich so machen wie jene holländische Studentin, die sich vor einigen Jahren demonstrativ
selbst heiratete.) Die entscheidende Technik der Individualkul-
tur besteht in der Fähigkeit zur »Selfness«, zur authentischen
Selbst-Kenntnis und Selbst-Mächtigkeit.[11] Wir müssen (ja:
müssen!) in einer individuellen Kultur sehr viel mehr über uns
wissen – über unsere Macken, Ängste, Wünsche, Verletzungen,
Abgründe. Nicht aus »egoistischen« Gründen, sondern weil
wir unsere sozialen Beziehungen sonst nicht fair verhandeln
und gestalten können. Treue in Zukunft heißt nicht mehr: »Ich
bleibe bedingungslos bei dir«, sondern: »Ich werde dir stets
dabei helfen, deine Potenziale weiterzuentwickeln – und ich
zeige dir mein authentisches Ich.«

Eberhard Rathgeb schrieb im Sommer 2006 in der *Frankfurter
Allgemeinen Zeitung*:

Wie Pauschaltouristen mit Pauschalvorstellungen in die Welt reisen, so
gehen die Menschen mit schwachsinnigen Paar- und Sexvorstellungen
in die Beziehung hinein ... und trennen sich, ohne etwas vom anderen
gelernt und ohne sich selbst besser kennengelernt zu haben. Den Täu-
schungen über das Lebensglück und den Lebenssinn im Sex und in der
Liebe entspricht der weit verbreitete Individualismus ohne Einsicht in das
Individuelle. Nichts ist den Menschen verschlossener als sie selbst. Nichts
ist ihnen im Innersten fremder als ihre so genannte Individualität.[12]

Der Paartherapeut David Schnarch weist in seinem Weltbestseller
*Die Psychologie sexueller Leidenschaft* nach, dass es genau diese
Fähigkeit zur »Selbstheit« ist (in der Trendforschung lautet der Be-
griff »Selfness«), die Paaren auch nach vielen Jahren noch stabiles
Liebesglück ermöglicht. Nicht die symbiotische Verschmelzung,
also die Umsetzung des romantischen Ideals, ist das Geheimnis
erfolgreicher Partnerschaft. Sondern im Gegenteil, die »Distanz-
Kompetenz«. Nur wer sich selbst treu bleibt, sich eigenständig als

Individuum entwickelt, kann sich mit dem Partner gemeinsam auf die Reise in die Zukunft begeben. Erst wenn wir das Paradox der Liebe anerkennen, wird Liebe lebbar.[13]

## Reality Check: die Wahrheit über den Werte- und Moralzerfall

Es gibt keinen »Werteverfall«. Vielmehr produzieren menschliche Gesellschaften ständig neue Verhaltensregeln, Moralsysteme, ethische Codes, die wie »Autopiloten« funktionieren. Sie synchronisieren das individuelle Verhalten mit den sozialen und gesellschaftlichen Umwelten und Anforderungen. Gelingt dieser Wertewandelprozess, kommt es zu einer gesellschaftlichen Evolution. Misslingt er oder wird der Wandlungsprozess geleugnet oder verdrängt, kommt es zu gesellschaftlicher Regression mit Wohlstandsverlust, Krieg oder Degeneration.

Moderne Gesellschaften sind weder »atomisiert« noch »entmoralisiert«. Sie tragen vielmehr einen reichhaltigen Schatz an Bindungen und sozialen Verknüpfungen in sich, den es zu heben und zu nutzen gilt. Schlechte Politik und verlogene gesellschaftliche Kontrakte können allerdings dazu führen, dass dieses Potenzial behindert oder gar verkrüppelt wird.

»Kooperativer Egoismus« ist die Substanz aller menschlichen Gemeinschaften. Da Menschen soziale Wesen sind, finden sie unter den Bedingungen der Freiheit immer wieder neue Werte-, Moral- und Ethikbalancen. Das gilt umso mehr für die globale Netzwerkkultur, in der Technologie uns die Chance zu erweiterten Bindungs- und Beziehungskreisen gibt. Für diese urbane, globale Wissensgesellschaft benötigen wir komplexere Wertesysteme, die Freiheitsoptionen und Bindungsbereitschaft auf höherer Ebene miteinander kombinieren. Man nennt diese Werte die »soft-individualistischen« Werte: Toleranz, Authentizität, Freundschaft, Ehrlichkeit, Spiritualität.

# Das Märchen von der Klimakatastrophe

Die Zivilisation besteht aufgrund der Duldung der Geologie – fristlose Veränderung vorbehalten.

*Will Durant*

## Der paradiesische Mensch

Am Anfang war das Paradies. Und das Paradies war Fleisch.

Hunderttausende von Tonnen von Fleisch, die in Form von gewaltigen Herden auf sattem Grasland weideten; Wildschafe, Wildziegen, Auerochsen, Wildesel, Gazellen. All diese Spezies hatten sich explosionsartig vermehrt, als die Kältezone des Planeten, die in der letzten Eiszeit halb Europa bedeckte, plötzlich zurückwich. Vor etwa 12 000 Jahren drang der Monsunregen der subtropischen Zone weit nach Norden vor. Und verwandelte die gewaltige karge Steppe, die von Mitteleuropa bis Kleinasien reichte, in ein von gewaltigen Tierherden durchzogenes Paradies.

Der paläolithische Mensch, der Jäger und Sammler der Gras- und Savannenlandschaften, stets auf der Hut vor wilden Tieren wie Säbelzahntiger und Bären, immer am Rand des Verhungerns und des Gefressenwerdens, konnte sein Glück kaum fassen. Innerhalb von wenigen Generationen multiplizierten sich die Nahrungsvorräte. Tonnen an Fleisch und Fellen wurden nun auf einen Schlag erbeutet, indem man einfach die Herden in die Flüsse trieb und das Fleisch für Monate in »Fleischhäusern« konservierte. Wildgetreide aller Art wucherte nun üppig im milden Klima der Nacheiszeit. Und wurde zum ersten Müsli der Geschichte verarbeitet.

Im heutigen Grenzgebiet zwischen Nordirak, Türkei und Iran, im »fruchtbaren Halbmond«, haben Geologen, Paläontologen, Anthropologen und Klimaexperten den Garten Eden lokalisiert.

Hier, rund um den nordiranischen Urmia-See und die Stadt Urfa grub man in den letzten Jahren Kultstätten mit Tempeln und Schreinen aus, die etwa 10 000 Jahre alt sind und an denen sich eine Kultur des Überflusses ablesen lässt, die selten in der menschlichen Geschichte war. Man fand Tausende von Lehm- und Tonfiguren, die nicht von neolithischen Bauern, sondern eindeutig von Jägern und Sammlern stammten. Sie hatten offenbar Zeit, viel Zeit, um sich mit dem kulturellen »Überbau« zu beschäftigen.

Hier fanden, so glauben die Historiker, gleich *zwei* Übergänge statt: der von der kargen Eiszeit in die Üppigkeit. Und dann, ab 7 500 vor Christus, als das Wild abrupt wieder seltener wurde und die Flüsse versiegten, die neolithische Revolution, jener dramatische Übergang vom Nomaden- zum Bauerntum, die erste große Kulturtransformation der Menschheit.

In seinem Buch *Legend* hat der britische Historiker David Rohl die Funde mit den Texten der Bibel verknüpft.[1] Die Topografie stimmt eins zu eins mit der Landschaft des Alten Testaments überein, in dem von »sprudelnden Wasserquellen« und dem »heiligen Berg« die Rede ist, auf dem laut Ezechiel der Garten Eden lag. Die Ausweisung Adams und Evas aus dem Paradies, mit dem Befehl verbunden, von nun an ihr Brot im Schweiße ihres Angesichts zu verdienen – nichts anderes als der Beginn des Bauerntums. Der Auszug aus dem gelobten Land – allegorisch der Verlust der riesigen Herden. Und auch die Sintflut geht auf ein reales Ereignis zurück: Es waren wahrscheinlich die gewaltigen Schmelzwasserströme der Nacheiszeit, die zum katastrophalen Durchbruch des Schwarzen Meeres in das Mittelmeer führten.[2]

Der Übergang vom Fleischparadies zum Ackerbau war alles andere als ein einfacher Weg. Zivilisation war, im Wortsinne, hartes Brot. Die Ausgrabungen bei Urfa zeigen, dass die ersten Bauern eher unterernährt und häufig krank waren. (»Verflucht sei der Acker um Deinetwillen, mit Mühsal sollst Du Dich von ihm nähren Dein Leben lang!« – Genesis 3,19).

Die Zivilisation entstand als Notwehr gegen einen brachialen

Klimawechsel, der unseren Vorfahren ihre Nahrungsgrundlage entzog. Und wurde als Strafe Gottes interpretiert, als Schuldzuweisung »von oben«.


## Der klimaschwankende Planet

Die Bilder sind düster und drohend: Das Eis, lange gewachsen im Dunkel der Zeit, zerbricht. Gigantische Eisschollen lösen sich vom Schelf und treiben aufs offene Meer. Gletscher kalben, ganze Gebirgszüge stürzen, Tornados toben, sintflutartige Regenfälle verheeren die Zivilisation.

Kein Zweifel: Wir leben im Zeitalter des Strafgerichts. Nur ist es diesmal nicht der Engel des Herrn, der uns mit dem Flammenschwert aus dem Paradiese weist (diesmal aus dem industriellen). Sondern die Medien und Klimapropheten.

*Nie war es so schlimm wie heute!*

*Ihr müsst opfern!*

Und dennoch gab es sie immer schon, die klimatische Turbulenz. Im dritten vorchristlichen Jahrtausend, nach der kleinen Zwischeneiszeit, lagen die Temperaturen in den Alpen 2 Grad Celsius über den heutigen, weshalb neolithische Wanderer wie der »Ötzi« die Berge durchqueren konnten (und bisweilen dabei schockgefroren wurden). Nach 850 vor Christus sanken die Temperaturen stark ab, die Gletscher stießen vor und die Pässe wurden unüberwindbar. Um Christi Geburt wurde es wieder wärmer – zur Blütezeit des Römischen Reiches existierte eine dauerhafte Garnisonsverbindung über das Schnidejoch im Berner Oberland nach Norditalien. Im Hochmittelalter war es in Zentraleuropa so warm, dass man in Klöstern und Kirchen nur selten fror – womöglich ein Grund, warum man sich auf diese »heizungslose Großarchitektur« überhaupt einließ. In England wuchs damals Wein.[3] Und dann kippte das Klima, wie so oft in der Erdgeschichte: In der »kleinen Eiszeit« zwischen 1550 und

1750 (Brueghels holländische Winterlandschaften, eine gefrorene Themse in London), fror Europa erbärmlich, fielen Ernten aus – der Ausbruch des Dreißigjährigen Krieges könnte darin eine weitere Ursache haben. Und bald verlagerten sich die Trinkgewohnheiten von Wein zu Bier.[4]

Und in all den Zyklen kamen und gingen die Gletscher, mal sanft, mal polternd, mal langsam, mal abrupt – nur dass vor Jahrtausenden keine dramatischen Fernsehbilder, kommentiert von düster blickenden Meterologen, in die Wohnzimmer flimmerten.

Was für das Klima bestimmter Erdteile gilt, ist im langfristigen planetaren Maßstab noch dramatischer. Mindestens vier Mal in der Urgeschichte kam es zu Warmperioden. Vor 400 000 Jahren, so verraten es uns die Eisbohrkerne aus der Antarktis, dauerte die »Global Warming«-Phase mehrere 1 000 Jahre; auch damals stieg der Kohlendioxidgehalt der Atmosphäre, allerdings ganz ohne zweibeinige Umweltsünder.

Der Kohlendioxidgehalt, heute das Schlüsselindiz der Global-Warming-These, variierte im Laufe der Erdgeschichte heftig. Vor einer halben Milliarde Jahren lag er bei einem Vielfachen der heutigen Werte, um dann durch die Kohlebildung im Erdaltertum in mehreren Kaskaden abzufallen, wie Robert A. Berner in seinem Buch *The Phanerozoic Carbon Cycle* schreibt. Gleichzeitig fiel der Sauerstoffanteil der Erdatmosphäre von 30 Prozent vor 300 Millionen Jahren auf 12 Prozent vor 200 Millionen Jahren, um dann wieder auf die heutigen 21 Prozent anzusteigen.[5]

Ohne Kohlendioxid wäre es auf der Erde empfindlich kalt. Und selbst die Totalverbrennung aller fossilen Energien würde uns keinen »Venus-Effekt« bescheren und die Erde in eine Treibhaushölle verwandeln. Denn die Umlaufbahn der Erde liegt viel weiter von der Sonne entfernt als die der Venus. Und der Mond reduziert die Geschwindigkeit der Erdrotation um jenen entscheidenden Faktor, der keine geschlossene planetare Wolkendecke entstehen lässt.

Die langfristige Klimakurve in Abbildung 6 zeigt, dass der »Normalzustand« unseres Planeten eher die Kälte ist – über lange

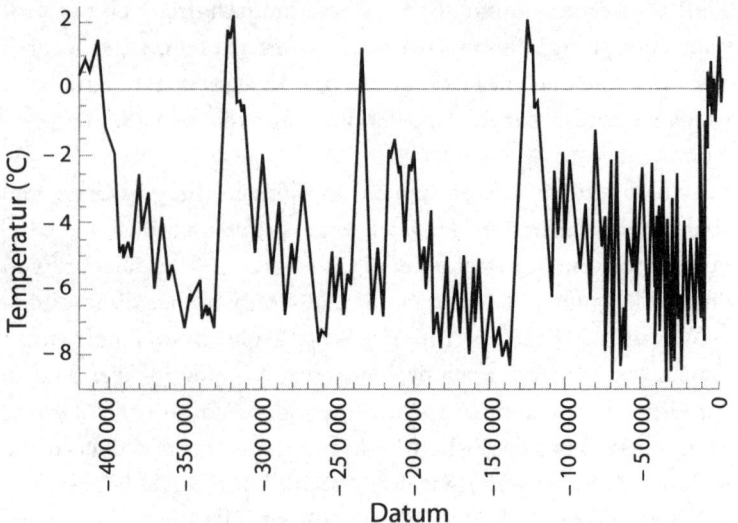

Abbildung 6: Die langfristige Klimakurve der letzten 420 000 Jahre,
der sogenannte Milankovitch-Zyklus.

Perioden hat die Erde ausgedehnte eiszeitliche Zyklen durchlaufen. Das war schlecht für den Menschen, aber gut für eine Unzahl von Spezies, die in gemäßigten Klimazonen von den Extremen verschont blieben. Zwischendurch wucherte in der Antarktis ein grüner Regenwald, und dort, wo heute die Alpen sind, erstreckte sich ein warmes Flachmeer. Die bittere oder auch befreiende Wahrheit ist: Es gab nie (und wird nie) ein »Normklima« geben, in dem es ruhig, berechenbar und auf ewig »stabil« zugeht (sagen wir: 25 Grad im Sommer, ein wenig Schnee im Winter, ansonsten Pulloverwetter).

## Der Mensch: ein Wettermacher

Im Jahre 2005 erschütterte die Theorie eines US-Klimaforschers das Establishment sowohl der alten wie auch der neuen katastrophischen Klimaforschung. William Ruddiman von der University of Virginia entdeckte bei der Überprüfung langfristiger Klimamodelle eine Anomalie. Vor zehntausend Jahren, so Ruddiman, hätte es nach den astronomischen Zyklen, die das Klima über die letzte Million Jahre prägten, eigentlich deutlich kälter werden müssen. Gleichzeitig hätten die Werte der Treibhausgase, auch des Methans, eigentlich seit mindestens 9000 Jahren absinken müssen.

Als Ursache für diese langfristige Erwärmung machte Ruddiman einen bislang unbeachteten Faktor aus: den Menschen. Aber eben nicht den industriellen, hoch technologischen, supermächtigen, die fossilen Energien verheizenden Menschen. Sondern den neolithischen und frühagrarischen Hominiden, der Buschland zu Feldern, Wälder und Schwemmländer zu Agrarfläche umformte – seit mehr als 7000 Jahren. Nur dadurch, so Ruddiman, dass sich Rinder und Schafe durch agrarische Wirtschaft stark vermehrt hätten, ließen sich die steigenden Methanwerte erklären. Nur durch gewaltige Rodungen und Holzverbrennung konnten die Kohlendioxidwerte damals steigen. Und damit eine Abkühlung entlang des sogenannten Milankovitch-Zyklus verhindert werden.[6]

Interessanterweise berichteten die Zeitschriften im Falle dieser Hypothese einmal anders: »Wie prähistorische Bauern uns vor einer Eiszeit retteten!«, titelte der englische *Guardian*, und der *Spiegel* berichtete neutral: »Wettermacher in der Steinzeit«.[7] Dabei hätte man doch eine knallige These daraus machen können: »Skandal entlarvt! Schon Adam war ein Umweltsünder!«

## Terraforming – ein Planet wandelt sich

»Terraforming« wurde vor einigen Jahren jener Prozess getauft, bei dem man ganze Planeten klimatisch umformt – eine utopische Technologie, die eines Tages helfen soll, den Mars oder noch entferntere Himmelkörper zu besiedeln. Aber nun wissen wir, dass

Terraforming schon längst betrieben wird. Viele Landschaften sind das Produkt anthropomorpher Wechselwirkungen. Die Abholzung des Mittelmeergebietes hat erst das mediterrane Klima entstehen lassen. Die Reisterrassen Fernasiens verstärken schon seit Jahrtausenden das Mikroklima aufsteigender, regenreicher Winde.

Dehnen wir diesen Ansatz über unsere Spezies hinaus aus: Die Pflanzenwelt ist der erste große Terraformer des Planeten. Die »Erfindung« der Photosynthese vor eineinhalb Milliarden Jahren durch die Cyanobakterien (Blaualgen) brachte dem Planeten seine erste Klimakatastrophe – die Luft wurde nun mit Sauerstoff »vergiftet«. Sauerstoff, ein reaktives Gas, das erhebliche Beschleunigungen organischer und unorganischer Prozesse mit sich bringt (zum Beispiel Feuer begünstigt), war für die damaligen Lebewesen reines Gift.

Vor 530 Millionen Jahren endete die »kambrische Explosion«, die Zeit der höchsten Artenvielfalt, die unser Planet jemals erlebt hat. Ein gewaltiges Artensterben, das größte aller Zeiten, vernichtete eine unglaubliche Diversität und veränderte die Biosphäre radikal. 95 Prozent aller Arten verschwanden, die Meere der Erde füllten sich mit Krebstierchen, über die wir heute achtlos in den Marmorhallen großer Gebäude hinweggehen. Die Wälder kondensierten in gewaltigen Sedimenten, mit denen wir heute unsere Mobilität bewältigen – aus ihnen wurde das Erdöl.

Das gigantische Massensterben ließ innerhalb kurzer Zeit die Meere umkippen, in denen Milliarden toter Muscheltiere nun eine gewaltige Verkalkung erzeugten – der Kalziumgehalt des Meerwassers verdreifachte sich. Für die überlebenden Meeresorganismen war dies ein tödliches Problem, sie verkalkten im wahrsten Sinn des Wortes. Doch wie immer blieb die Evolution nicht untätig. Im zähen Wirken von Selektion und Adaption brachte sie den zellulären Mechanismus des »Kalzifizierens« hervor. Die Organismen »lernten«, den Kalk auszuscheiden und auf ihrer Außenfläche zu verhärten. So entstanden die Mollusken und Muschelformen, die wir heute noch kennen.

Die Dinosaurier, die eine Viertelmilliarde Jahre lang diesen Planeten dominierten, waren ganz hervorragende Terraformer; nicht so sehr, weil sie mit ihrem Gewicht die Landschaft platt walzten, sondern weil sie mit ihren Fressgewohnheiten und Dungkapazitäten ganze Ökosysteme formten.

Gerade wenn wir die »Gaia«-Hypothese – die Erde als ganzheitlicher Organismus – ernst nehmen, müssen wir den engen Rahmen homozentrischen Denkens sprengen. Die Evolution hat auf ihrem langen Weg vom Einzeller zur Intelligenz unendlich viele *Technologien* erfunden. Es ist willkürlich (und im Grunde unwissenschaftlich), eine Grenze zu ziehen zwischen dem »guten« Reich der Natur und der »unnatürlichen« Sphäre der Technologie und des Menschen.

Warum, könnte man ketzerisch fragen, »durften« die Blaualgen das Nervengift Sauerstoff herstellen, die Dinosaurier den ganzen Planeten umformen – aber Menschen müssen, will man den Öko-Theorien unserer Tage folgen, völlig spuren- und folgenlos auf diesem Planeten leben?

## Der Mensch: ein Wetterfühler

Es gibt praktisch keine Kultur auf der Erde, die keinen »Kult des Wetters« erfunden hätte. Zur Jobbeschreibung aller Schamanen gehörte *immer* die Herstellung von Wetter (oder, via geschickter Inszenierung davon nicht unterscheidbar, die Prognose). Eine Tradition, die sich heute in den computeranimierten Wettershows fortsetzt, für die die Sender gewaltige Summen ausgeben. Und im dunklen Kult der Klimakatastrophe sind religiöse Anleihen weder beabsichtigt noch bewusst, aber überdeutlich.

Es besteht kein Zweifel: *Hier befindet sich eine Urangst auf kulturellen Anabolika.*

Der Grund liegt auch hier in unserer biologisch-anthropologischen Konstitution: Wir sind, als felllose aufrecht gehende Warmblüter, enorm von klimatischen Schwankungen bedroht. Das menschliche Hirn benötigt 40 Prozent unseres Energieumsatzes. Menschliche Organismen können bei Temperaturextremen weder in Winterschlaf fallen noch, wie etwa Schlangen, tagelang in Hitzestarre verharren. Als hoch mobile Omnivoren sind wir von Nahrungsvielfalt und regelmäßiger Nahrungszufuhr abhängig. Anders als Kamele, die wochenlang ohne Wasser auskommen können, oder Krokodile, die manchmal monatelang auf Beute warten, verfügen wir kaum über Methoden der organischen Energiespeicherung.

Im Unterschied zu Tieren können wir jedoch Nahrungsknappheiten *in der Zukunft* antizipieren. Und das macht uns sehr nervös!

Die Beherrschung des Feuers, Landwirtschaft und der Bau von Häusern waren nichts anderes als »Waffen« gegen Klimaeinflüsse. Mit Feuer lernten wir, uns gegen Angreifer zu wehren und unseren Zugang zu verdaubaren Eiweißreserven zu erweitern. Mit agrarischen Techniken gestalteten wir Umwelt so, dass Nahrung kontinuierlicher und berechenbarer verfügbar war. In der modernen Zivilisation haben wir die Abkoppelung von unmittelbaren Klimaeinflüssen weiter vorangetrieben durch feste Gebäude, Heizungen und Klimaanlagen, und durch die Massenproduktion von Lebensmitteln geschieht dies unter kontrollierten Bedingungen.

Aber *eigentlich* trauen wir dem Gelingen dieses Unterfangens nicht – dafür ist es viel zu jung. Hunderttausende von Jahren hat unsere Spezies immer dieselbe Erfahrung gemacht: *Gegenüber den Naturgewalten sind wir hilflos!*

Wirbelstürme, Fluten, Feuersbrünste oder Überschwemmungen drohen – oder scheinen zu drohen. Wir fürchten immer noch die Rache des »Klimagottes«.

*Wir sind schuld!*

*Wir müssen opfern!*

## Die Kaskaden der Zivilisation

Als vor 7000 Jahren der Monsun im Mittleren Osten aussetzte, konnten die Menschen trotz der neu entwickelten agrarischen Techniken dem Land bald immer weniger abringen. Der Bevölkerungsdruck stieg in Relation zum Nahrungsangebot. Deshalb begaben sich viele Bauern auf die große Wanderung. Der Auszug aus dem Paradies führte in die Ebene zwischen Euphrat und Tigris, wo die ersten großen Städte entstanden – Babylon, die Stadt Ur –, und weiter ins Nildelta, wo die Schwemmareale eine Enklave der Fruchtbarkeit inmitten der vordringenden Wüsten bildeten. Die Migrantenbauern legten die Sümpfe trocken, bauten Bewässerungsnetze und erzeugten bald gewaltige agrarische Überschüsse.[8]

Gewaltige Kulte der Dankbarkeit entstanden nun, mit Totems, Tempeln und Personenkulten. Die relativ egalitären Bauerngesellschaften transformierten in hierarchische, feudale Sklavenhalterkulturen. Die Reiche der Phönizier und der Pharaonen entstanden, mit allem Gold und allem Glanz, allen Mythen und Monstrositäten.[9]

Klimatische Katastrophen bewirken auch heilsame kulturelle Phänomene. Sie können Kriege beenden (zum Beispiel wurde der Bürgerkrieg in der indonesischen Provinz Aceh durch den Tsunami von 2004 weitgehend beendet).[10] In Naturkatastrophen rücken Menschen zusammen. Sie steigern ihre kognitiven Leistungen im gemeinsamen Kampf ums Überleben. Sie vollziehen, durch Technik, Anpassung und Erfindungsreichtum, immer neue zivilisatorische Komplexitätssprünge.

Man könnte auch schlicht formulieren: ohne schlechtes Wetter keine Zivilisation. Was jeder weiß, der schon einmal im englischen Regen Tee getrunken hat.[11]

## Reality Check: die Wahrheit über den Klimawandel

Die Erde ist ein unruhiger Planet, der einer Vielzahl von externen und internen Einflüssen unterliegt. Unser Planet dreht sich exzentrisch um die Sonne. Die Erdachse unterliegt Unwuchten, die Aktivitäten der Sonne selbst können massive klimatische Auswirkungen haben, auch die Magnetfelder erzeugen Klimaeffekte.

Ebenso verändern die auf der Erde lebenden Organismen ständig Wetter und Klima. Beim turbulenten Prozess, den wir »Leben« nennen, werden notwendigerweise Substanzen freigesetzt, entstehen »Verdauungsprodukte« der vielfältigsten Art. Diese »Abfälle« sind nichts anderes als die Rohstoffe und Energieträger der Zukunft, wenn neue, natürliche oder artifizielle Technologien zur Verfügung stehen, um sie zu nützen.

Der globale Erwärmungsprozess, der sich in den letzten Jahrzehnten abzeichnete, wird *eine* Erwärmungsphase von vielen sein, die die Erde durchlaufen hat. Wenn wir ehrlich sind, wissen wir keineswegs, welche Dimensionen er haben wird. Denn Erwärmung und Abkühlung hängen niemals *nur* von dem »Input« von Spezies (und ihren Stoffwechselprodukten) in die Ökospäre ab. Es kann zu gehäuften Wetterturbulenzen kommen, zu veränderten Landschaften, aber auch zu neuen Arten und biologischen Varianten. Daraus generierten sich in den meisten Fällen neue kulturelle Vielfalt und höhere zivilisatorische Komplexität.

Anders als andere Spezies ist der Mensch in der Lage, sein Verhalten zu steuern und zu verändern. Die Klimaveränderung setzt unsere Technologien einem starken Evolutionsdruck aus. Bestimmte Exzesse des Energieverbrauchs und der Substanzfreisetzungen, wie sie in der industriellen Episode auftraten, werden beendet, technologische Transformationsprozesse beschleunigt. All dies führt zu »smarteren« energetischen Prozessen. Innerhalb dieses Jahrhunderts können wir nahezu kohlendioxidfreie Fortbewegungsmittel erfinden und nutzbar machen. Und unsere Lebensweise in vielen Faktoren effektiver gestalten.

Der Klimawandel, wie heftig er auch ausfallen wird, ist keine finale Bedrohung, sondern nur eine von den vielen Herausforderungen und evolutionären Wachstumsreizen auf dem langen, turbulenten Weg der Menschheit.

# Das Märchen von der tödlich bedrohten Natur und der Formel der »Nachhaltigkeit«

Der Mensch ist ein Teil der Natur und nicht etwas, das zu ihr im Widerspruch steht.

*Bertrand Russell*

## Der Horror des Fortschritts

Über meinem Jugendbett hing ein Poster, das den Fortschritt in poetischen Untergangsbildern denunzierte. Sieben Panorama-gemälde, in zeitlicher Reihenfolge geordnet und penibel foto-realistisch gemalt. Das erste Bild zeigt ein idyllisches hutzeliges Bauernfachwerkhaus in einem sanften Tal. Kühe, Katzen, ein Mann mit Hut auf dem Fahrrad, spielende Kinder am Badesteg eines entengrützigen Sees. Im zweiten wird eine Straße gebaut. Im dritten eine Fabrik, deren Abwässer den kleinen Bach und den See verseuchen. Im vierten folgt eine vierspurige Straße, das Haus wird abgerissen. Am Ende steht dort ein betongewaltiges Ein-kaufszentrum, das Idyll ist einem brutalen Parkplatz gewichen, und auf einer sechsspurigen Autobahn rasen hässliche chrom-blitzende Limousinen dahin.

Da ist es wieder, das alte, dichotomische Weltbild, in dem die romantische Verklärung regiert. Die Natur ist das »Unver-fälschte«, das Originäre. Die Zivilisation das Böse, Monströse.

*Die Zivilisation wird die Natur ermorden!*

*Und hinter allem steht der Profit!*

*Alle Technik ist des Teufels!*

Es fällt nicht schwer, von hier aus eine Brücke zu vielen men-talen und politischen Desastern nicht nur der deutschen Historie zu spannen. Die radikale Kritik am städtischen, am »entfremdeten« Leben zieht eine blutige Spur durch die Geschichte. Schon Dschingis Khan hielt Städte für etwas Unnatürliches; eine Platzverschwendung, die schleunigst niederzubrennen und deren Insassen zu vergewaltigen oder umzubringen waren. Im Nationalsozialismus existierte zwar ein technisch determinierter Heroismus, aber Hitler und seine Vasallen hassten die Diversität und »Unordnung« wahrer Metropolen. Unter dem kambodschanischen Tyrannen Pol Pot galten Städte als verderbtes bourgeoises Terrain; oberstes Ideal war die radikale dörfliche Autonomie. Ebenso in der chinesischen Kulturrevolution. Die Millionen Toten der entsprechenden Siedlungspolitik sind heute nahezu vergessen.

Komplementär dazu existiert, zumindest in der westlichen Kulturgeschichte, das Bild des »edlen Wilden«, der im ewigen Einklang mit der Natur lebt. Eine von den vielen Projektionen, mit denen wir uns die Welt im wahrsten Sinn des Wortes »zurechtlegen«.

Für die biologischen Ausrottungen der letzten 10 000 Jahre waren »Naturmenschen« verantwortlich, die auf der Suche nach Nahrung nahmen, was ihnen vor die Speere kam und in die Fallen stolperte. Nachdem vor etwa 12 000 Jahren Menschen über die gefrorene Beringstraße in Nordamerika einwanderten, starben mehr als 60 Prozent der dortigen Großtierarten aus.[1] Das Mammut, der Säbelzahntiger, der Riesenbär, das Wollnashorn, Riesenschildkröten so groß wie Autos – alle diese wunderbaren Arten verschwanden auf dem amerikanischen Kontinent für immer. Sogar das Pferd, das erst durch die Eroberer wieder eingeführt wurde.

Die Moas, fantastische Riesenvögel und Verwandte der Strauße, wanderten allesamt in die Kochtöpfe der Maoris, lange bevor die europäischen Konquistadoren einmarschierten und zum Beispiel den hässlichen Dodo ausrotteten, einen Riesenvogel, der, extrem zutraulich und enorm schmackhaft, bis zu einem Zentner leckeres Fleisch auf die Waage brachte. Und der ausgerechnet evolutionär isoliert auf einer einsamen Insel lebte, auf der die halb verhungerten Seefahrtpioniere Europas auf ihrem elend langen Weg nach Indien an Land gingen – Mauritius.[2]

Aussterben, so können wir feststellen, ist gar nicht so leicht. Man muss sich ziemlich blöd anstellen (siehe Dodo), wenig Ausweichmöglichkeiten und halb verhungerte Feinde haben. Und das alles zugleich und über längere Zeit!

Aussterben ist andererseits für viele nachfolgende Arten äußerst vorteilhaft. Als die stolze Spezies der Dinosaurier durch eine kosmische Katastrophe bis auf einige Sorten Leguane und Krokodile reduziert wurde, überlebten kleine, unscheinbare Nager – Säugetiere. Stephen Baxter, einer der klügsten Science-Fiction-Autoren unserer Tage, beschreibt in seinem Monumentalroman *Evolution*, wie daraus über Jahrmillionen das Weltreich der aufrecht gehenden, denkenden Hominiden wurde. Eine großartige Geschichte, die aber nur möglich wurde, weil das Imperium der Großechsen für immer unterging.[3]

## Das Gerücht vom Artensterben

Es vergeht kaum ein Tag, an dem nicht Menschen mit Moral auf einer öffentlichen Bühne warnend den Zeigefinger heben und verkünden: »In einer Welt, wo nicht nur jedes Jahr Millionen von Kindern zu Tode kommen, sondern auch täglich Zigtausende von Tierarten aussterben ...«

Selten findet jemand den Mut, eine simple Frage zu stellen: »Welche Tierarten denn zum Beispiel in diesem Jahr?«

Einige wenige wissen dann vom Verlust der Amerikanischen Wandertaube, dem Auerochsen oder der Stellerschen Seekuh zu berichten – Arten, deren Aussterben schon rund 100 Jahre zurückliegt. Erstaunlich: Obwohl wir inzwischen alle »bio« sind, obwohl unsere Kinder sämtlich Tierliebhaber und begeisterte Umweltschützer sind, haben wir außer dem Mammut und den Dinosauriern selten ein drastisches Aussterbebeispiel parat.

Folgende Behauptungen stehen sich gegenüber:

Die derzeitige globale Aussterberate von Tierarten ist die niedrigste seit 500 Jahren. Dies entspreche in etwa dem Artensterben im 16. Jahrhundert. Insgesamt können die Wissenschaftler für die vergangenen 400 Jahre das Verschwinden von 675 Arten nachweisen. Bei einer Zählung in Europa wurde festgestellt, dass zu den 24 000 hier lebenden Arten in den letzten 20 Jahren noch 300 hinzugekommen sind.[4]

Und hier die andere Seite:

Das Artensterben beschleunigt sich dramatisch. Heute sind einer Studie zufolge drei Mal so viele Arten bedroht, wie in den vergangenen 500 Jahren bereits ausgestorben sind. Der Mensch habe die Aussterberate um das 100- bis 1000-Fache über das natürliche Maß hinaus getrieben, berichten US-Forscher in den »Proceedings« der amerikanischen Akademie der Wissenschaften.

Die Biologen untersuchten solche Arten, für die es weltweite Daten gibt. Dazu zählen Säugetiere, Vögel, Amphibien, einige Reptilien und als einzige Pflanzengattung Nadelhölzer. Die meisten der demnach 794 bedrohten Arten leben jeweils nur noch an einem Ort.

Seit dem Jahr 1500 sei die Ausrottung von 245 Arten aus diesen Gruppen verzeichnet, berichten die Forscher um Taylor Ricketts von der Umweltstiftung WWF. »Die festgelegten Arten machen nur einen Bruchteil aller aus, die durch menschliches Handeln vom Aussterben bedroht sind.« Die Forscher identifizierten 595 Zentren bevorstehenden Aussterbens, die jeweils als einzige verbliebene Heimat für bedrohte Arten dienen.[5]

Zwei Analysen zum selben Sachverhalt – beide von renommierten Wissenschaftlern. Bemerkenswert, dass sie sich beim Zahlenmaterial kaum unterscheiden – die WWF-Analyse nennt sogar noch geringere Werte bei den bereits ausgestorbenen Spezies![6]

Wenn man auf einer der öffentlichen Empörungsdiskussionen sanft auf diese Widersprüche hinweist, heißt es meistens: »Aber wir wissen ja noch gar nicht, wie viele Arten es überhaupt gibt!« Und dann kommt garantiert die wunderbare Geschichte von den

Millionen von Arten, die man noch in den Baumkronen des Amazonas entdecken wird ...[7]

Was denn nun? Gibt es *Millionen* Arten, die nicht entdeckt sind, aber permanent aussterben? Oder bleibt es eher bei den bekannten rund eine Million Arten – dann wäre die Aussterberate von ein paar Hundert pro 300 Jahren nicht allzu dramatisch (außerdem kommen erstaunlicherweise immer wieder verloren gegangene Arten zurück; hoffentlich auch der Baiji, der chinesische Flussdelfin, der seit einiger Zeit als »vermisst« gilt).[8]

Die Frage, die natürlich niemand stellt, lautet: Wie viel Aussterben ist »natürlich«? Gibt es eine »biologische« Aussterbequote?

Richard Muller und Robert Rohde vom Berkeley Lab an der University of California haben die Geschichte des Aussterbens der letzten 500 000 Jahre analysiert und dokumentiert.[9] Etwa alle 50 bis 70 Millionen Jahre kommt es regelmäßig zu gigantischen Kaskaden des Artensterbens, bei dem biologisch praktisch kein Stein auf dem anderen bleibt. Und danach entwickeln sich, ebenso kaskadenhaft, neue Spezies, neue Ökosysteme, neue Komplexitäten des Lebens.[10]

## Die multiple Ökologie

Wandern wir über das verlassene Bahnhofsgelände in Berlin-Schöneberg. Zwischen einer lärmenden S-Bahn-Linie und Appartementblocks liegt ein Teppich von seltenen Blumen wie Hibiskus esculentu und Habichtskraut. Unzählige Arten von bedrohten oder seltenen Schmetterlingen, Spinnen und Hummeln gedeihen hier, Habichte und Turmfalken lauern auf Beute, ebenso Europas nördlichste Kolonie von Gottesanbeterinnen ...[11]

So schilderte *Newsweek* im Sommer 2006 unter dem Titel »The New Urban Jungles« einen neuen Aspekt der Artenvielfalt. Diese blühe, so *Newsweek*, inzwischen am besten in *Zivilisationslandschaften*.

In unserem Naturbild, das sich in der industriellen Gesellschaft entwickelt hat, waren die Fronten klar: Stadt war Anti-Natur; ein Feldzug des An-organischen gegen die biologische Welt. In der urbanen Umwelt existierten allenfalls Kellerasseln, Tauben und Schaben, die ja, wie wir wissen, den Atomkrieg überleben werden.

Die höchste Artendiversität, so wissen wir heute, herrscht in Parks und Gärten. Die »English Horticultural Society« fand in ihren Studien zur Biodiversität heraus, dass es in englischen Kleingärten 1 176 höher entwickelte Pflanzenarten und über 37 000 wirbellose Tierarten gab.[12] »Species-killing agriculture« nennen Ökologen inzwischen unsere gestalteten Feldlandschaften, die aber seit dem Mittelalter unsere Bilder von »natürlicher Landschaft« bestimmen.

Der mitteleuropäische Wald, der irgendwann einmal (gab es das jemals?) unberührt war von Menschenhand, bestand in einem ziemlich eintönigen Dickicht, in dem wenige durchsetzungsstarke Arten dominierten. In den Regenwäldern der Erde ist die Artenvielfalt ohne Zweifel hoch. Aber viele der dort vorhandenen Spezies ähneln sich so sehr, dass es sich auch um *Varianten* handeln könnte.

Und die *allerhöchste* Artenvielfalt auf diesem Planeten bietet: der Zoo!

## Der Mythos des »ökologischen Gleichgewichts«

Im Jahre 1872 wurde auf dem nordamerikanischen Kontinent der erste große Naturpark eingeweiht. Mehr als 8 000 Quadratkilometer von großer Schönheit waren für die Öffentlichkeit von nun an nur mit strikten Beschränkungen zugänglich. Der Yellowstone-Nationalpark war ein Meilenstein zu einem neuen Naturverständnis, das dem industriellen Ausbeutungsparadigma eine Vision der »autonomen Natur« gegenüberstellte.[13] Amerikanische Zeitungen und Politiker feierten die Gründung durchaus zivilisationskritisch als »Schutzakt vor der blinden, ruchlosen Zerstörung ringsherum«.

1934 musste die Parkdirektion vermelden, dass der weißschwänzige Hirsch, der Puma, der Luchs, der Wolf und noch vier andere Arten aus dem Park verschwunden waren. Es stellte sich heraus, dass die Park Rangers diese Tierarten zum Teil heimlich gejagt und erlegt hatten.[14]

1890, in der Planungszeit des Parks, standen die Elche in Nordamerika kurz vor dem Aussterben. Man versuchte deshalb, Elche durch Schonzonen, in denen die Raubtiere sie nicht erreichen konnten, zu schützen. 1914 zählte man 35 000 Elche im Yellowstone-Park. Antilopen und Hirsche dezimierten sich zunehmend, weil sie um denselben Lebensraum konkurrierten. Als Ausgleich begannen die Parkwächter, heimlich die Raubtiere zu schießen.

Nun begann Überweidung die Böden zu verändern. Die Weiden an den Bächen, eine beliebte Elchspeise, verschwanden. Daraufhin fanden die Biber kein Baumaterial mehr für ihre Dämme und wanderten ab. 1930 stellte man fest, dass die gesamte Raubtierpopulation verschwunden war (Wölfe zum Beispiel jagen auch Biber).

In all dieser Zeit hatte man sorgfältig darauf geachtet, dass keine Waldbrände das natürliche Terrain verwüsteten. Die Indianer, die vorher das Yellowstone-Gebiet besiedeltet hatten, galten als Naturfrevler, weil sie regelmäßig den Wald abbrannten. 1988 entflammte der Wald im Yellowstone-Park dann doch. Weil alle Bäume inzwischen zu gigantischer Größe herangewachsen waren und eine Unmenge Unterholz herumlag (in einem Nationalpark darf man es nicht räumen), fackelte der ganze Wald mit Stumpf und Stil ab.

In den neunziger Jahren wurden erneut Wölfe im Yellowstone-Park angesiedelt – und wieder verschoben sich die Verhältnisse. Kojoten starben praktisch aus, weil sie gegen ihre stärkeren Kollegen keine Chance hatten. Davon profitierten die Füchse. Weil

nun das Wild nicht mehr an den Bächen ungestört junge Bäume
fressen konnte, siedelten sich in den Flussauen wieder mehr Vögel
an ...[15]

Die Artengeschichte des Yellowstone-Nationalparks illustriert, wie schwierig es ist, »natürliches Gleichgewicht« herzustellen – und wie sehr menschliche Projektionen und Meinungen über
»Natur« Wirklichkeiten beeinflussen. Wo beginnt »Natur«? Was
ist »Künstlichkeit«? Wie weit müsste man zurückgehen, um das
»Unverfälschte« wieder zu erreichen? In die Wälder Germaniens,
die so dicht und mückenverseucht waren, das selbst die Römer
darin stecken blieben? Ins Pleistozän, als riesige Wälder mit
Schachtelhalmen dominierten – ein ziemlich eintöniger Anblick?
In die Frühzeit der Erde, als sie noch eine glühende Kugel war?

Legt man Menschen Bilder von Landschaften vor und fragt sie,
welche sie für »natürlich« halten, kommt in den allermeisten Fällen eine klare Selektion dabei heraus. Als »natürlich« angesehen
werden Kulturwälder, Auenlandschaften und parkähnliche Landschaften, die allesamt Produkt von *Kultur* sind. Caspar David
Friedrichs Gemälde etwa, Sinnbilder der Romantik, zeigen im
Höchstmaß *gestaltete* Landschaften: Birken- und Eichenhaine,
Heidelandschaften mit »gespenstischen« Koniferen (durch Abholzung entstanden). Ruinen in (durch Menschenhand geformten)
Mooren ... [16]

Wüsten, Grassteppen und Tundralandschaften (die einen gewaltigen Teil der Erdoberfläche ausmachen) gelten als »unnatürlich«, ebenso Naturbilder, auf denen Kadaver zu erkennen sind
oder kahle Pflanzen. Auch wenn diese Kahlheit in natürlichen
Prozessen begründet ist.

Der Grund dieser Präferenz liegt in unsere genetisch ver-
ankerten Prägung für »offene Savannenlandschaften« – Wiege
und erste Nahrungsquelle der Menschheit. In einem englischen
Park spiegelt sich diese Raumgliederung aus hohen Bäumen und
offenem Terrain bei hoher Artenvielfalt ästhetisch wieder.

Was ist nun mit unserem Wald? Ist er gesund? Natürlich nicht ... Der
gesunde Wald ist eine idyllische Vorstellung, eine Projektion. Es hat ihn
nie gegeben. Wo der Wald lebt, kränkelt er auch. Aber er muss deshalb
nicht gleich sterben.[17]

So lautet die Bilanz eines der »nachhaltigsten« Alarme der letzten
30 Jahre: des Waldsterbens. Günther Keil, ein kluger Beobachter
der deutschen Waldpolitik, beschreibt in seinem Artikel in der
*Zeit*, wie die fixe Idee, der Wald sei zum Tode verurteilt, durch die
Medien »gemacht«, durch Ängste geschürt und schließlich von
den Lobbys der Umweltschützer und der Forstwirtschaft in ein
unwiderlegbares museales Dauergerücht mutiert wurde.

Die Wahrheit ist simpler und systemischer zugleich. Weil der
Wald lebt, stirbt er auch. Es gibt trockene Sommer, es gibt Bor-
kenkäfer und Windbruch. Es gibt alte Bäume, die kahl werden
und langsam sterben. Der Gesundheitszustand des Waldes glie-
dert sich wie der einer menschlichen Population. Immer gibt es
Kranke und Sieche, Nicht-ganz-Fitte und Behinderte. Und auch
ziemlich viele Hässliche.

*Wenn* schon Wald, so will es aber unser romantisiertes, harmo-
niesüchtiges Hirn, dann einen Wald, in dem jeder Baum wie eine
Eins steht! Kerzengrade, saftgrün, kerngesund! Alles andere als
den Idealwald interpretieren wir als schwer behandlungsbedürf-
tige Katastrophe.


## Die heiligen Kühe des Meeres

Obwohl es Tiere gibt, die bei allen Menschen Kuschelgefühle
hervorrufen – zum Beispiel den Panda –, ist unser Verhältnis zur
Tierwelt kulturell äußerst differenziert. Asiaten essen Hunde und
Katzen. In Afrika isst man Maden, in Frankreich Schnecken.
Manche lieben Pferdeleberkäse. Andere eher nicht.

Viele Kulturen haben auch heilige Tiere hervorgebracht, denen stellvertretend für die animalische Welt bestimmte magische Fähigkeiten zugeschrieben werden. In Indien kennt man seit Jahrhunderten die heiligen Kühe. In den saturierten, globalisierten Wohlstandsnationen sind es die Delfine und vor allem die Wale. Was in der frühromantischen Zeit das Pferd war – Inbild der Schönheit und des Animalismus – ist heute der Wal. Ein magisches Emblem für Gaia, die Erdgöttin, das sogar *singen* kann.

Wale spielten zunächst einmal eine gewichtige Rolle in der Nahrungskette der Menschheit. Als fettreiche Fleischbringer ernährten sie ganze Populationen, bis hinauf in die arktischen Regionen. Zu Beginn der industriellen Revolution sorgen sie mit Tran, Amber und Öl für die Stillung einer gewaltigen Nachfrage nach industriellen Fetten, vor allem zum Betrieb von Öllampen. Es war letztlich die Nutzung des Erdöls, das die Wale lange vor der Umweltschutzdebatte rettete oder ihnen zumindest eine Überlebenschance gab. Schon um 1920 ließ die Nachfrage nach Walfetten nach, die Fangquote sank.

Seit 1986 ein totales Walfangverbot erlassen wurde, haben sich die meisten Walbestände kräftig erholt. Von den Zwergwalen, von denen in den sechziger Jahren nur noch rund eine halbe Million Exemplare durch die Meere pflügten, sind nun zirka eine Million Tiere gezählt worden. Der Spermwal, ein Koloss mit 41 Tonnen Durchschnittsgewicht, hat eine Population zwischen 500 000 und 1,2 Millionen erreicht. Auch die Zahl der Minkwale geht wieder an die Millionen, Grauwale haben ihre ursprüngliche Population von 20 000 rückerobert. Nur die Population des Buckelwals bleibt kritisch, und vor allem die des Finnwals, des größten Säugetieres des Planeten, mit etwa 5 000 Exemplaren nach wie vor eine gefährdete Spezies.[18]

Zwergwale stellen heute nach Einschätzung mancher Meeresökologen bereits eine Meeresplage dar, die andere Arten gefährlich dezimiert. Warum erhebt sich dennoch immer ein gewaltiges Geschrei, wenn, wie jedes Jahr, Japaner und Norweger die Aufhebung des Totalverbots und eine moderate Fangquote verlangen?

(Letztes Jahr fingen beide Nationen zusammen etwa 1 300 Wale.) Die Antwort lässt sich nicht im Raum der Vernunft finden, sondern nur in dem der Symbole: Wale sind Ikonen der Naturreligion, der sich weite Teile Europas verschrieben haben. Und wie in allen Religionen bilden sich früher oder später Dogmen, gegen die zu argumentieren schwere Ketzerei bedeutet.

## Gibt es die Grenzen des Wachstums?

Das Landareal der Erde erstreckt sich über 30 Prozent der Erdoberfläche, der Rest wird von den Meeren gebildet. Rund 57 Millionen Quadratmeilen Erdfläche gibt es (148 Millionen Quadratkilometer). Davon müssen wir 6 Millionen Quadratkilometer für Eisflächen abziehen.

Zwischen 30 und 55 Prozent dieser Fläche ist bis heute durch den Menschen verändert worden – direkt oder indirekt.[19] Die rein urbanen Flächen addieren sich jedoch zu nicht mehr als 5 Millionen Quadratkilometern. Diese werden bis etwa zum Jahr 2050 noch zunehmen, wenn die Erdbevölkerung bei rund 9 Milliarden Menschen ihren zahlenmäßigen Zenit erreicht. Dann werden etwa 6 Millionen Quadratkilometer für Siedlungen verbaut sein.[20]

33 Millionen Quadratkilometer Fläche sind dauerhafte Pflanzungen, 15 Millionen agrarisches Farmland und 6,4 Millionen Quadratkilometer kultivierter Nutzwald, insgesamt also gut 50 Millionen Quadratkilometer, zehnmal so viel wie die urbanisierte Fläche. Diese Rechnung ist deshalb wichtig, weil die Zivilisationskritiker besonders den »Urban Sprawl«, die Flächenausdehnung der Städte, als Megaproblem darstellen. Im Vergleich zur Landwirtschaftsfläche ist die Flächenbesetzung durch Städte jedoch marginal. Die Agrarfläche aber ist, parallel zur agrarischen Produktivität, in den letzten 50 Jahren ständig kräftig *gesunken*. Und dieser Prozess wird sich fortsetzen, wie die Datenreihen der

Agrarwirtschaft uns zeigen. Biotechnologie wird eine weitere grüne Revolution auslösen.

Aber rechnen wir einstweilen mit den konventionellen Parametern: Eine Menschheit auf ihrem zahlenmäßigen Zenit von 9 Milliarden[21] wird man mit einer agrarischen Fläche von 10 Millionen Quadratkilometern bestens ernähren können (heute schon haben wir in der weltweiten Nahrungsproduktion massive Überschüsse; Ernährung ist vor allem ein Verteilungsproblem). Damit werden mindestens 5 Millionen Quadratkilometer, doppelt so viel Raum wie die heutigen Städte, frei zur Verwilderung – oder zur Besiedlung mit lockeren Siedlungsformen, die auch der Natur Raum geben.

Würden wir die *gesamte* Fläche also zur Besiedlung mit Drei-Personen-Haushalten freigeben (was unsinnig wäre: verdichtete Besiedelung ist sinnvoller), kämen wir auf einen Durchschnitt von 120 Haushalten pro Quadratkilometer oder ein Drei-Personen-Haushalt pro 6 000 Quadratmeter (Zum Vergleich: Amerikanische »Suburbs« haben heute eine Dichte von zwölf Personen auf derselben Fläche).[22]

Selbst wenn wir einen Teil der Agrikulturfläche für den intensiven Anbau von Energieträgern bereitstellen: Es wird nur mäßig eng auf dem Planeten, wenn wir in diesem Jahrhundert den Zenit der Menschenzahl erreichen. Kennen Sie das Telefonhäuschenspiel? Frage: Wie viele Menschen gehen in ein Telefonhäuschen von einem Quadratmeter Grundfläche? Quetschen wir einmal brachial zwölf Menschen in eine Zelle, was deutlich unter dem Guinness-Rekord liegt (der wurde mit 31 Menschen 1971 von Studenten des MIT aufgestellt). Dann passt die *gesamte heutige Menschheit* auf die Fläche des Bodensees.[23]

Fliegen Sie über den Bodensee, in einem großen Verkehrsflugzeug. Und überzeugen Sie sich selbst. Der Mensch ist kein Schimmelpilz. Allenfalls eine kleine, nicht allzu bedeutende Blase.

Ein Mitbewohner. Kein Schmarotzer.

## Das Märchen vom Fußabdruck

Das Bild vom »ökologischen Fußabdruck« ist ein weiteres Element dieser Restriktionssichtweise des Ökologischen. Menschen haben, so die Grundannahme, einen »Verbrauch von Umwelt« zur Folge. Dieser Verbrauch »überfordert« den Planeten. »Wenn alle so leben würden wie die Amerikaner ...« – wir alle kennen das Argument, in dessen Namen man sich so ziemlich alles zurechtrechnen kann, was man möchte.

In den entsprechenden Messungen schneiden, wie kann es in diesem Denkmuster anders sein, die bitterarmen Länder immer ganz besonders günstig ab. Ein Nordkoreaner hat hier Vorbildcharakter, weil er fast am Verhungern ist und in seelenlosen Wohnmaschinen eines totalitären Modells lebt!

Am ökologischen Fußabdruckmodell sind gleich *alle* Parameter falsch. Erstens basiert das Modell auf einer nicht-dynamischen Sichtweise energetischer Prozesse. Die Energieeffizienz hat sich jedoch längst vom Rohstoffeintrag abgelöst. Auch Amerikaner verbrauchen pro Kopf heute weniger Energie. Die chinesischen Umweltgesetze, die derzeit erlassen werden, gehören zu den strengsten der Welt. Und die Entwicklung wird weitergehen, und zwar »nachhaltig«!

Zweitens wird in diesem Modell niemals die technologische Entwicklung eingerechnet. Immer in der Geschichte kam es, wenn bestimmte Rohstoffvorräte »eng« wurden, zu technologischen Innovationskaskaden. Die Knappheiten und Verteuerungen der alten Ressourcen treiben diese Sprünge geradezu an.

Drittens werden in die Fußabdruckparameter meistens Rohstoffe eingerechnet, die nicht verbraucht, sondern nur genutzt werden. Wasser zum Beispiel geht, genau betrachtet, niemals verloren. Es befindet sich in einem ewigen molekularen Kreislauf, bei dem der Mensch nur eine Zwischenstation ist (Wasser ist ein Verteilungs- und Verfügbarkeitsproblem, kein Quantitätsproblem).

Viertens ist die Quantifizierung des Fußabdrucks reine Willkür. Nach welchem Kriterium will man das messen? Wer definiert die Parameter des Modells? Wer setzt die Grenzen? Ohne mit der Wimper zu zucken, wird Energie in Fläche umgerechnet, werden Äquivalente geschätzt, die völlig willkürlich sind – gerade wie es dem Mahner vor dem Herrn gefällt.

Treffen sich zwei Planeten:
»Na, du schaust aber gar nicht gut aus, was fehlt dir denn?«
»Tja, ich habe Homo sapiens …«
»Oh, wie unangenehm! Aber das geht vorbei.«

Diesen Witz hören wir heute nicht nur an den Stammtischen der Ökologiegläubigen, sondern auch auf Kirchentagen, Managerveranstaltungen und Kultursymposien. Wie menschenverachtend und *grundblöd* er ist, wird beim ersten Blick gar nicht deutlich. Aber diese Logik ist tief in eine bestimmte Art und Weise »ökologischen Denkens« eingebaut. Eine Denkweise, die bei Licht betrachtet linear, unsystemisch und im Wesen *statisch* ist. Also all das, was die Natur gar nicht kennt!

## Das Märchen von der Nachhaltigkeit

Jared Diamond führt in seinem Bestseller *Kollaps* die Geschichte eines kleinen Eilands als typisches Beispiel für den ökologischen Sündenfall, den »Ökozid« an: Die Bewohner der Osterinsel entwaldeten ihre Insel, um Material und Platz für die berühmten Steinfiguren zu schaffen. Durch Bodenerosion entstanden Hungersnöte – und schließlich Kannibalismus. Und dann starben die armen, dummen Bewohner von Rapa Nui tragisch aus.

In Wirklichkeit verlief die Geschichte ganz anders.

Die Bewohner der Osterinsel führten ein ganz normales Leben bis weit ins 18. Jahrhundert hinein. Sie siedelten auf einem Eiland, das sie umgeformt hatten. Als die ersten Europäer um 1720

258 Anleitung zum Zukunfts-Optimismus

die Osterinsel betraten, ernährten sich die Menschen mit einer intensiven Landwirtschaft und frischem Fisch aus den reichen Fanggründen. Sie hatten gelernt, den vulkanischen Humus in kleinen Mauermulden zu schützen und fruchtbar zu machen, wie auf Teneriffa und Fuerteventura. Der Anthropologe Benny Peiser von der Universität in Liverpool erklärt: »Sie hatten sich erfolgreich veränderten Bedingungen, also einer erhöhten Bevölkerungsdichte, angepasst.«[24]

Zum Aussterben der Inselbevölkerung kam es erst nach der Ankunft der Europäer, und zwar durch rücksichtslose Sklavenhändler und eingeschleppte Krankheiten. In den vielen Berichten über den »Niedergang« der Osterinsulaner wurde ihnen jedoch stets das eine vorgehalten: mangelnde *Nachhaltigkeit*.

Schon phonetisch bringt uns dieses Wort in neuronale Verzückung: Es klingt warm, erdig, es knackt dabei wie ein alter Holzofen. Auch das ein Grund, weshalb es inzwischen *jeder* benutzt. Bürger, Nachbarn, Politiker, Wirtschaftsbosse, Ökonomen, Rockstars. Alle möchten »nachhaltig« sein.

Nun ist es einleuchtend, dass man verantwortlich und sparsam mit Ressourcen jedweder Art umgehen sollte. Nachhaltigkeit als Wort stammt ursprünglich aus der Forstwirtschaft, wo es bedeutete: Pflanze mindestens ungefähr doppelt so viele Bäume, wie du gefällt hast!

Leider aber ist das Wort anfällig für ideologische Konstrukte und mentale Verkürzungen.

Dietrich Dörner hat in seinem Buch *Die Logik des Misslingens* Menschen mit komplexen Entscheidungssituationen konfrontiert. Zum Beispiel im »Moro-Spiel«, bei dem es um die Verbesserung der Lebensumstände eines (fiktiven) afrikanischen Stammes in Tanaland, einem ebenso fiktiven Teil Afrikas ging. Wie sich zeigte, neigen Menschen, die komplexe Situationen zu steuern haben, zu haarsträubenden Verkürzungen und ideologischen Fehlentscheidungen. So weigerten sich viele Probanden, die Tsetsefliege entschlossen mit chemischen Mitteln zu bekämpfen.

Auch sollten tunlichst keine Lebensmittel aus anderen Regionen herbeigeschafft werden, denn es ging ja um die »Autonomie« der Moros.

Mit diesen »Maßnahmen« verhungerten die Moroianer in kürzester Zeit.

Die Teilnehmer des Experiments glaubten, sich »nachhaltig« zu verhalten, weil sie die komplexen Wechselwirkungen zwischen Ökonomie, Kultur und natürlicher Umwelt zugunsten eines »Primats des Natürlichen« verkürzten. Sie deklarierten einen Teilaspekt als geschlossenes System, dem man keine Einflüsse von außen zumuten durfte.[25] Eine Hebung des ökonomischen Lebensstandards verbessert aber auch immer die ökologischen Parameter. Nicht das »Natürliche« schützt die Natur. Sondern oft genau das scheinbare Gegenteil – ihre Ökonomisierung.

- Als zu Beginn des 19. Jahrhunderts der Bergbau sich intensivierte und wenig später die Ölvorkommen entdeckt und ausgebeutet wurden, verhalf dies den Resten des europäischen Waldes zum Überleben. Denn nun mussten die Menschen nicht mehr die Wälder als Feuerholz verheizen.
- Als die moderne Pharmazie die Naturheilkunde ablöste, rettete sie damit zahlreiche Spezies. Noch heute gelten Tigerpenis und Wolfsklaue in vielen Regionen des Planeten als heilige Heilmittel, was mehr zum Aussterben beitrug als jede böse chemische Pille.
- Die moderne, industrielle Nahrungsmittelproduktion ist derzeit wieder bevorzugtes Hassziel altgedienter Küchengourmets. Mag ja sein, dass ein freilaufendes Huhn besser schmeckt und glücklicher gackert. Aber wir sollten nicht vergessen, wie flächenverbrauchend und *arbeits*intensiv die kleinbäuerliche Ernährungsweise war. Wer jemals als Landfreak (wie ich in mehreren Phasen meines Lebens) einen Profigarten inklusive Tierhaltung gepflegt hat, um alles Gemüse und Fleisch für den Eigenbedarf biodynamisch und »unentfremdet« auf den Tisch

zu bekommen, weiß, dass ein solches Unterfangen das Leben von früh bis spät dominiert. Es sind am Ende die Frauen, die in einer Bio-Welt von früh bis spät damit beschäftigt sind, Nahrungsmittel auf- und zuzubereiten. Es lebe die Konservendose!

Im Zeichen der Nachhaltigkeit kann man ganze Kulturen im Zustand der Abhängigkeit und Primitivität halten. Man kann damit, wie der schwarze Bürgerrechtler Roy Innis behauptet, sogar einen »neuen, grünen Kolonialismus« begründen.[26] Im Zeichen der Nachhaltigkeit kann man jede Technik verbieten – denn Technik verändert *immer* die (Um-)Welt (das ist ja gerade ihr Sinn).

Nachhaltigkeit ist eine Formel der Linearität und der Statik. Ihre seelenschmeichelnde Kraft bezieht sie aus der Angst vor Veränderung. Sie verspricht uns, dass sich nichts ändern soll, dass nichts einen Preis hat, dass alles *statisch* geregelt werden kann. Aber gerade diese Angst vor dem lebendigen Wandel, der immer auch Tod und Neubeginn bedeutet, ist das, was unsere Zukunft bedroht.

## Reality Check: die Wahrheit über Natur und Mensch

Es gibt keinen stabilen Zustand des Gleichgewichts in der Natur. Die Idee eines »Äquilibriums« repräsentiert eine romantische Idee des 18. Jahrhunderts, die mit naturellen Prozessen wenig zu tun hat. Natürliche Prozesse sind immer »ungleichgewichtet«. Evolution ist ein »Stolpern«, bei dem auf lange Sicht kein Stein (Gen, Mem) auf dem anderen bleibt. Sie besteht gerade in stofflichen, systemischen *Ungleichgewichten*!

Der Mensch ist hierbei kein Schmarotzer, sondern ein Mitspieler. Seine Einwirkungen auf die Biosphäre sind stark, aber keineswegs nur negativ zu bilanzieren. Menschen haben im Zug der Kultivierung von Tieren und Pflanzen die Diversität der Biosphäre erhöht und gefördert. Als »Selektierer« sind sie ein Arten-

und Variantenhervorbringer – menschliche Züchter machten in 10 000 Jahren aus 33 Tierarten 5 000 Spezies.[27] Man denke an Rosen, Katzen, Getreide, an die differenzierten Kulturlandschaften der Erde. Ohne Mensch würden viele der heutigen Artenvarianten nicht existieren.

Die Ressourcen der Erde sind nicht knapp. Sie erneuern sich auf vielfältige Weise; durch Recycling, durch neue Technologien, durch Transformationen gesellschaftlicher und produktiver Systeme. All diese Systeme unterliegen permanenten Verbesserungsprozessen, mit denen sie sich an veränderte Parameter der Umwelt anpassen.

Natur ist keineswegs bedroht, fragil, ständig gefährdet. Die Evolution ist vielmehr ein äußerst robuster Prozess, deren Wirkmechanismen in Milliarden von Jahren verfeinert und differenziert worden sind. Die DNA-Struktur ist das stabilste Gebilde, das es im bekannten Universum gibt, wenn man ihre Wandlungsfähigkeit berücksichtigt. Auch wenn der Mensch nicht überdauerte, würde die Evolution weitergehen – und früher oder später wieder intelligente Spezies hervorbringen.[28]

# FUTURE MIND

## Plädoyer für einen evolutionären Optimismus

Ein einziger mutiger Mensch stellt eine Mehrheit dar.

*Andrew Jackson*

I am not afraid of tomorrow, for I have seen yesterday and I love today.

*William Allen White*

Was in Zukunft sein wird, lässt sich nicht anfechten. Wirst du es ja doch, wenn es bestimmt ist, einst erleben, begabt mit derselben Vernunft, die dir jetzt in der Gegenwart Dienste leistet.

*Marc Aurel*

## Die Grammatik des Glücks

Laut des »World Happiness Index«, der seit einigen Jahren das Glücksempfinden der Weltbevölkerung misst, ist das Volk der ni-Vanuatu, der 220 000 Einwohner von Vanuatu, das glücklichste der Welt.

Vanuatu, früher auch »Neue Hebriden« genannt, liegt etwa 1 500 Kilometer vor der australischen Küste im Südpazifik; ein ausgedehntes Inselarchipel mit etwa 180 Eilanden, die bis zu 700 Kilometer Distanz voneinander aufweisen. Auf den ersten Blick ähnelt diese Welt dem Gauguinschen Paradies – Strände wie aus Puderzucker, Kokospalmen, dichte Wälder, Fischreichtum im blauen Meer. Aber die Vanuatuaner kennen auch den Krieg und die Feindseligkeit, Kriminalitätsraten und soziale Probleme. Sie zelebrieren archaische und durchaus gewaltsame Rituale, wie zum Beispiel die Beschneidung von pubertierenden Jungen, die dafür wochenlang in den Dschungel entführt werden. Ihre Heimat ist, wie alle Inseln des Pazifik, den rohen Naturkräften ausgesetzt. Vulkanausbrüche und Wirbelstürme haben im Laufe der Geschichte immer wieder ihre Existenz gefährdet.

Vanuatu ist ein armes Land. Nach dem GDP-Index der Vereinten Nationen rangiert es auf Rang 207 (von 233). 50 Prozent sind Analphabeten. Die Säuglingssterblichkeit liegt immer noch hoch. Dennoch erreichen viele Vanuatuaner locker ein Lebensalter von 90 Jahren.

Warum wohnt trotzdem das Glück auf Vanuatu? Haben wir sie am Ende doch gefunden, die glücklichen, anspruchslosen Wilden, »gänzlich unverdorben von der Zivilisation«?

Zunächst ist die Welt der Vanuatuaner eine Welt der kulturellen Vielfalt. Über tausende von Jahren wanderten verschiedene Völker auf den Archipel ein, aus Polynesien, Melanesien, Papua-Neuguinea; auch Aborigines-Einflüsse sind deutlich sichtbar. Alle diese Kulturen brachten eigene Ressourcen und Kulturtechniken mit, die sich im Lauf der Zeit zu 180 verschiedenen Sprachen und drei Sozialformen entwickelten. Im Norden der Inseln herrscht ein offenes Stammessystem, in dem es auch Frauen zu Wohlstand und Ansehen bringen können. Die Mitte ist geprägt von Big-Daddy-Gemeinschaften mit einem mächtigen Herrscher und einem patriarchalen Klassen- und Feudalsystem. Den Süden dominieren kleine Häuptlingsstämme.

Vanuatuaner kennen also eine »Kultur der Wahl«. Man kann in seiner eigenen Gruppe bleiben. Oder in eine andere Kultur, auf eine andere Insel übersetzen. Man braucht dazu lediglich ein gutes Kanu, Geschenke und ein bisschen Risikobereitschaft.

Der Kolonialismus hat auf Vanuatu keine Tradition der Abhängigkeit begründet, sondern eine ganz spezielle Lachnummer produziert, über die man sich auch Jahrzehnte nach der Unabhängigkeit noch amüsiert. Da sich die Kolonialmächte nicht einigen konnten, wem die Inselgruppe gehörte (sie aber nicht bedeutend genug war, einen Krieg um sie zu führen), arrangierten sich Franzosen und Engländer 1906 im sogenannten »Condominium«, einer Art großer Koalition, die jahrzehntelang heilloses Chaos produzieren sollte. Man fuhr mal auf der linken Straßenseite, mal auf der rechten, es gab zwei Zollabfertigungen, eine doppelte Bürokratie. Zum Höhepunkt der Gemengelage führte ein spanischer Richter das oberste Gericht, der *weder* Französisch *noch* Englisch sprach. Staatsoberhäupter waren offiziell die englische Königin und der französische Präsident, die sich – über ihre bürokratischen Vertreter – derart oft in die Haare gerieten, dass die Insulaner glaubten, sie seien verheiratet. Deshalb haben die Vanuatuaner niemals der Zentralmacht allzu viel zugetraut. Und zugemutet.

Die symbolische Währung auf Vanuatu ist das Schwein. Wer seinen Status beweisen will, muss möglichst viele Schweine verschenken. Überhaupt ist das Verschenken ein Volkssport. Auf Vanuatu existieren bis heute Varianten des »Cargo Cults«, jenes Kultes der Polynesier, in dessen Selbstverständnis die Götter unermesslichen Reichtum für die Bewohner des Pazifik produziert haben, der durch die Kolonialisten endlich rechtmäßig überreicht wurde ...

Der Alltag der Vanuatuaner ist von einer unendlichen Folge von Festen, Ritualen und Zeremonien durchzogen. Man feiert Geburtstage, Todestage, Jahrestage von Naturereignissen, schwierige Tage, magische Tage, mittelmäßige Tage. Trotzdem haben die Vanuatuaner kaum ein Alkoholproblem. Ihre Lieblingsdroge ist Kava, eine rituelles Getränk, das aus Rauschpfeffer gewonnen wird. Kava benebelt nicht, sondern macht klar und angstfrei, es gilt als »Ermutigungsdroge« (es enthält entkrampfende und angstlösende Substanzen wie Kavain und Methysticin). Unter Kava-Einfluss stürzen sich die jungen Männer beim Fest des *naghol* an Gummibändern große Palmen hinunter. (In unserer westlichen Erlebniskultur wurde daraus Bungee-Jumping.)

Obwohl die offizielle Religion der Vanuatuaner »christlich« ist, kreist der alltägliche Glauben immer noch um Naturgeister und -götter. Viele Vanuatuaner glauben an den Schöpfer »Tahara«

(was entfernt an den »Jehova« der presbyterianischen Missionare erinnert). Der uralte Schöpfungsmythos der Inseln erzählt – wie der christliche – vom Paradies, von einem Sündenfall, der die Menschen zu Arbeit und Plage verurteilte. Der oberste Dämon heißt *Saratau* – schon phonetisch eine Parallele zu Satan.

Und obwohl Satan überall existiert, in Palmen, Steinen und bösem Wasser, lacht man unendlich viel und sagt: »Morgen wird es besser werden!«

## Die Segnungen annehmen

Wir können nicht alle Vanuatuaner werden. Aber ein wenig lernen vom glücklichsten Volk der Erde können wir schon. Wodurch definieren wir uns als Gesellschaft, als Individuen? Oft durch das Unerlöste, das Defizitäre. Wir leiden daran, nicht die große Liebe gefunden zu haben. Den wirklich satten Wohlstand. Die wahre Berufung im Arbeitsleben. Wir klagen über Sinn- und Wertezerfall. Wir sind enttäuscht von »den Politikern« oder »der Wirtschaft«, »den Frauen« oder »den Männer«. All das mit gutem Grund. Aber ohne innere Weisheit. Unsere Kinder sind nicht so, wie wir es erhofften – nach all den Opfern, die wir ihnen gebracht haben!

Und der Fortschritt ist auch nicht mehr das, was er mal war!

Wir schauen nicht dorthin, wo, wie die Vanuatuaner sagen, »die Geschenke des Windes wehen«. Wir nehmen nicht wahr, was die großen Schiffe uns gebracht haben.

Dass wir in einer reichen und freien Gesellschaft leben. Dass Europa heute ein Hort des Friedens ist. Dass wir Grenzen überschreiten können, die früher Stacheldrahtverhaue waren. Dass wir nicht mehr »einfach so« an Infektionskrankheiten sterben. Dass wir nicht mehr so ohne weiteres als Kanonenfutter dienen. Oder als Brutmaschinen für Soldaten. Dass wir weitgehend die Wahl haben, wen wir lieben, welchen Beruf wir ergreifen, wel-

chen Lebensweg wir einschlagen. Gerade *weil* andere auf diesem
Planeten all dies noch nicht erreichen können, ist es ein Geschenk.
Eine Segnung, die zum Teilen und Verbreiten auffordert.

Wer seine Segnungen nicht annehmen kann (im Englischen:
»count your blessings«), der verkrüppelt seine innere Gestalt. In
dieser schwärenden Lücke der Defizite wuchern die Apokalypsen,
die Verschwörungstheorien, mehrt sich das Gift der Weltver-
achtung. Der apokalyptische Pessimismus wurzelt *immer* in einer
Depression. Wer von dieser Depression erlöst ist, weiß: Jeder von
uns ist ein Geschenk. Jeder von uns trägt ein Geheimnis, das es zu
erfahren und zu entwickeln gilt. Jeder von uns ist ein temporäres
Kunstwerk aus Raum und Zeit, das erst durch den Blick der anderen zu Leben und Sinn erwacht.


## Vertrauen

Ein zweiter Aspekt, den uns die Vanuatuaner lehren, ist das
Vertrauen in die Welt. Rituale verleihen diesem Vertrauen eine
Benutzeroberfläche. Sie demonstrieren die Kontinuität unserer
Beziehung zur Umwelt, deuten die wiederkehrenden Zyklen,
die uns umgeben: Jahreszeiten – Geburt – Aufwachsen – Rei-
fung – Tod – Erinnern.

Das Verschenken von Schweinen und Strohmatten, das in Vanuatu solche Rituale begleitet, ist keineswegs ein Zeichen von un-
verdorbenem Altruismus. Die Evolutionssoziologen sprechen von
»reziprokem Egoismus«: Man gibt üppig, um andere wohlwollend
zu stimmen. Man gibt letztlich, um zu bekommen. Weil Kooperation auf lange Sicht (und unter den riskanten Umständen der
Welt) die effektivere Strategie darstellt, ist Geben dringlicher als
Nehmen. Aber man gibt auch gern, weil man dafür unmittelbar
gefeiert und anerkannt wird. Im Akt des Schenkens manifestiert
sich eine Lebenshaltung: »Ich vertraue darauf, etwas zurückzubekommen.«[1]

Der idealistische Pessimist beschwert sich an dieser Stelle, dass der Einsatz nicht hoch genug sei. Wo bleiben die Ideale, die spirituellen Höhen?

Der realistische Optimist sieht zweierlei: Erstens den Egoismus, der gesund ist, weil wir alle diesseitige Wesen aus Fleisch, Blut und Trieben sind, die versuchen, ihre Situation zu verbessern; der sich aber zweitens in ein höheres Metasystem auflöst, in dem Gegenseitigkeit und Kooperation das Spiel bestimmen. *Denn das Ganze ist viel größer als seine Teile.*

Hier liegt der Unterschied zwischen einem blauäugig-idealistischen und einem evolutionär-skeptischen Optimismus. Während der Wunschoptimist am Idealen klammert (und davon letztlich immer enttäuscht werden muss), sieht nüchterner Optimismus die Welt aus der Gelassenheit der Systeme. Vertrauen entsteht nicht aus Wunschbildern, sondern aus realistischen Erfahrungen, die wiederum in Menschenbildern wurzeln, in denen wir uns nicht dauernd zu Übermenschen stilisieren oder als Untermenschen denunzieren müssen.

Im apokalyptischen Weltbild spiegelt sich vor allem ein radikales Nichtvertrauen in die Menschen. Wenn wir den Untergang für unvermeidbar halten, dann machen wir ja auch eine implizite Aussage darüber, was wir von anderen Menschen halten. Wir trauen ihnen nichts zu; keine Erkenntnis, keine Lernprozesse, keine Wandlung. Deshalb steckt in der Untergangsideologie ein tiefer, radikaler Menschenhass.

Wahres Vertrauen hingegen hat Gnade mit den Menschen. Es traut ihnen alles zu. Natürlich das Schlechte, gewiss. Aber eben auch das Gute.

## Zukunftsadaptivität

Wenn große Zyklone oder Vulkanausbrüche die Dörfer der Vanuatuaner verwüsten – was alle Jahrzehnte vorkommt –, dann verändern sich die Rituale. Die Beschneidung der Jungen, die sonst in einem Alter von 12 bis 14 Jahren stattfindet und mit vielen Geschenken und Kosten verbunden ist, wird ausgesetzt. Jungen werden im Haus gehalten und auch über die Pubertät hinaus mütterlich umsorgt. Sie helfen beim Wiederaufbau, statt ihren eigenen Haushalt zu gründen. Die Familien, Sippen, Generationen rücken zusammen, bis die Katastrophenschäden beseitigt sind.

Im Gegensatz zu den Tieren, die auf größere Bedrohungen nur mit Flucht, Kampf oder Starre reagieren können, haben Menschen ein reichhaltiges Repertoire sozialer Adaptivität entwickelt. Wir können, als Individuen, aber auch als Gemeinschaft, unsere Spielregeln im Bedarfsfall ändern.

Der Psychologe Anthony Reading spricht von einer genuinen, evolutionären Fähigkeit zu *zukunftsorientiertem Verhalten*:

Die Kapazität für zukunftsorientiertes Verhalten entwickelte sich über die Jahrtausende, als unsere Vorfahren langsam die Fähigkeit ausbildeten, die langfristigen Auswirkungen ihres Handelns zu antizipieren. Obwohl diese Fähigkeit ein menschliches Erbe darstellt, basiert ihre Anwendung doch auf der Art unserer Erziehung und differiert stark entlang des kulturellen Erbes.[2]

Adaption funktioniert ab einem gewissen Punkt der sozialen Komplexität nicht nur in *Reaktion* auf Bedrohungen, sondern in einer Art aufsteigender Spirale des Lernens. Menschen können Technologien erfinden und diese Technologien dann beständig verfeinern, sozial adaptieren und »smarter« machen.

Menschen können *neue* soziale Regeln aufstellen, in denen zum Beispiel Frauen mehr Rechte haben und Jungen nicht mehr beschnitten werden. Wir können soziale Ressourcen für Menschen mobilisieren, die in Not sind. Wir können sogar versuchen, Kriege zu verhindern oder zu vermeiden. Oder *gute* Kriege zu führen (ja, das gibt es!).

Wir können an dem großen Menschheitsprojekt arbeiten: dass es allen ein wenig besser geht.

An diesem Punkt erst wird Hoffnung zur Zukunftskraft: Wenn sie sich mit Adaptivität verbündet. Zukunftsgewissheit kann niemals auf reinem Bewahren basieren. Sie braucht den Glauben in unsere Fähigkeit, auch unter anderen Bedingungen weiterzumachen.

## Mut haben!

Der Verhaltens- und Hirnforscher Gregory Berns hat das Phänomen des Glücks in den modernen Zivilisationen des Westens untersucht. Er besuchte dazu Sado-Maso-Studios und Sushi-Bars, nahm an einem Kreuzworträtselwettbewerb teil und half Freunden bei der Vorbereitung eines großen Essens. Seine Erkenntnisse hat er in dem Buch *Satisfaction* veröffentlicht (frei nach den Rolling Stones, die bekanntlich niemals welche erfahren konnten).[3]

Menschen, so Berns, sind auf vielerlei Weise zufriedenzustellen. Aber *glücklich* werden sie nur durch das *Erringen des Neuen*.

Natürlich kann uns Verbindlichkeit glücklich machen – Heim, Herd, Sicherheit, eine berechenbare Zukunft. Aber dieses Glück hat die Tendenz zur neuronalen Abnutzung. Die Kaskade der Glückshormone – von Endorphinen über Dopamine bis zu Cortisol und Sexualhormonen – kommt immer nur dann richtig in Schwung, wenn wir eine Herausforderung meistern.

Ab und zu gilt es, über die Klippe zu springen. Wenn sehr, sehr große Bären oder Dämonen hinter einem her sind. Oder ein richtiger Wirbelsturm. Oder glühende Lava. Oder wenn wir etwas Altes hinter uns lassen und uns »häuten« müssen.

Dazu muss man zunächst wissen, wann es an der Zeit ist. Wenn man bei jedem Lufthauch und Brüllen oder bei jeder vagen Unzufriedenheit über die Klippe springt, dann wird das Ganze bald zu einer Lachnummer. Man braucht ein verlässliches Frühwarnsystem, das sowohl Gefahren signalisiert als auch Erstarrungen meldet.

Und *wenn* man springt, ist eine elegante Flughaltung von Vorteil.

Deshalb üben die jungen Vanuatuaner unter Kava-Einfluss den Sprung von den großen Palmen, mit einem Gummiband am Fuß, für dessen Konsistenz, Festigkeit, Länge sie allein verantwortlich sind.

Vertrauen lässt sie die Palme heraufsteigen. Adaptivität lässt sie zu Experten für Gummibänder werden. Und Mut lässt sie springen, wenn es an der Zeit ist.

## Warum die Welt funktioniert

Die kleine nordholländische Gemeinde Drachten wagte zur Jahrtausendwende ein gefährliches Experiment. Drachten hatte sich in den Jahren zuvor von einer verschlafenen Provinzstadt zu einem lebendigen, pulsierenden Mittelzentrum entwickelt. Das Verkehrsaufkommen hatte sich vervierfacht, und im Ortskern war zur Rushhour die Hölle los. Autos hupten unentwegt, Laster standen im Stau, Fußgänger fluchten. Die Luftbelastung stieg ins Unerträgliche. Die Stadt litt unter galoppierender Verstopfung von täglich 22 000 Autos, und den historischen Ortskern konnte und wollte man nicht mit großen Autoschneisen durchtrennen.

Man stellte also Schilder auf, schuf immer mehr Regeln, erließ zeitliche Park- und Halteverbote, ließ Poller in die Straßen ein, erhöhte die Anzahl der Ampeln ...

Und alles wurde immer schlimmer.

Bis der Verkehrsplaner Hans Modermann gemeinsam mit dem Verkehrsamt alle Verkehrsschilder abschaffte. Seitdem ist die ganze Innenstadt von Drachten nur mit rotem Kopfsteinpflaster ausgelegt. Keine Linien, keine Bordsteige, keine Ampeln, kein einziges Verkehrsschild. Pure Anarchie?

»Shared Space« nennt Modermann sein Konzept. Innerhalb weniger Wochen hat sich die Unfallquote auf ein Viertel reduziert.

Der Verkehr beruhigt sich. Plötzlich nehmen alle aufeinander
Rücksicht. Die Geschwindigkeit verringert sich, aber trotzdem
kommen alle schneller voran. Weil alle sich ein wenig verletzlicher
fühlen, sehen sich die Verkehrsteilnehmer ins Auge, statt über-
einander zu fluchen. Fahrradfahrer trauen sich wieder auf die
Straße, wo der Verkehr nun wieder fließt und auch Fußgängern
Platz lässt. Lastwagenfahrer grüßen und schauen genauer hin.

Das System der Verkehrsteilnehmer *lernt.*

Natürlich fand dieser Regelwechsel unter den Bedingungen
einer hochzivilen Gesellschaft statt, deren Bürger Rücksichtnahme
und Kooperation gelernt haben. Aber auch die Straßenverkehre
von Kalkutta und Neapel weisen die Merkmale selbstregelnder
Systeme auf; auch wenn der Geräuschpegel ungleich höher und
der Blechschaden heftiger ist.

Die Welt funktioniert. Das ist ein einfacher Satz, der eine unwahr-
scheinliche Sache beschreibt. Mehr als sechs Milliarden Menschen, jeder
mit einem eigenen Bewusstsein, jeder mit einem eigenen Ziel, und all
die Straßen, Häuser, Menschen, Maschinen, die Autos, Flugzeuge,
Züge, Datenströme, die gesprochenen Worte und unausgesprochenen
Gedanken, ganz zu schweigen von der natürlichen Umwelt, unzähligen
Tier- und Pflanzenarten. Dem Meer und dem Wetter – all das und die
Schwerkraft bilden eine Welt, die so gut funktioniert, dass jeder Ausfall,
ein Flugzeugunglück, ein Überfall, ein Tod am Steuer, eine Nachricht ist,
bemerkenswert, weil selten. Es ist eigentlich unmöglich. Und trotzdem
leben wir darin.[4]

So formulierte es Wolf Lotter in der Hoffnungszeitschrift *Brand
eins*. Schöner kann man es nicht ausdrücken – aber man kann es
ergänzen: Wir sind umgeben von lebendigen, lernenden Systemen,
die sich auf dem Weg genetischer, kultureller und systemischer
Evolution ständig weiter entwickeln und dabei sowohl ihre innere
Komplexität als auch – auf lange Sicht – ihre Stabilität erhöhen.

In der Systemtheorie existiert dafür ein Schlüsselwort: Emergenz. Emergenten Systemen wohnt eine dynamische Flexibilität
inne, die sie sowohl anpassungsfähig als auch robust macht. Die

Evolution ist ein solcher Prozess. Aber auch gelungene Liebe. Zivilisation.


## Das Non-zero-sum-Game

Nach Robert Wright, dessen Lebensprojekt darin besteht, Evolutionstheorie und Spieltheorie zu verknüpfen, gibt es drei Spielarten, die im Universum möglich sind:

1. Lose-lose-Spiele: Hier verlieren *beide* Kontrahenten, niemand hat am Ende Vorteile. Zum Beispiel in Bürger- oder auch Ehekriegen. Beide bleiben beschädigt zurück und lernen nichts aus dem Geschehenen.
2. Win-lose-Spiele. Hier obsiegt *einer* der beiden Kontrahenten. Zum Beispiel im Tennis. Oder wenn ein Raubtier ein Opfer frisst. In allen stark kompetitiven, von Knappheit geprägten Systemen dominieren eher die Win-lose-Spiele.
3. Win-win-Spiele. Hier gewinnen *beide* Seiten eines Spiels im Sinne einer gegenseitigen Kooperation und Synergie.

Komplexität entsteht durch die simple Tatsache, dass es auf Dauer *mehr* Spiele gibt, bei denen die Win-Aspekte überwiegen. Mit anderen Worten: Die Welt ist mehr als ein Nullsummenspiel.

Und das gilt sogar für die dunkelsten Stunden der Menschheit. So wurde zum Beispiel durch den Zweiten Weltkrieg – im Sinne der Systemtheorie ein klassisches Lose-lose-Spiel – die Grundlage für die längste Friedensperiode Europas gelegt und für einen gewaltigen Zivilisationsschub. Bei vielen Scheidungen, Trennungen, Ehekrisen erwächst irgendwann doch jenes kostbare Quäntchen Erkenntnis, das die Kontrahenten ein Stück in ihrer emotionalen Entwicklung weiterbringt ...

Der Zukunftspessimist versteht genau an diesem Punkt die Welt nicht mehr. Für ihn ist das Universum ein Nullsummenspiel.

Wenn einer gewinnt, muss der andere verlieren. Und wenn sich die Waage, durch Zufall oder menschliches Versagen, auch nur ein wenig auf die falsche Seite neigt, ist alles vorbei.

Nichts ist vorbei!

Edward O. Wilson hat das »evolutionäre Epos« als verbindlichen Mythos für unser wissenschaftliches Zeitalter vorgeschlagen. Evolution, so Wilson, könnte jene »große Erzählung« bieten, die uns die alten Mythen und Epen ersetzen kann, an die die Menschheit Jahrtausende geglaubt hat.

Beginnen wir also noch einmal von vorn.

## Ein evolutionär-optimistischer Mythos

In einem Seitenarm der Galaxis, auf einem kleinen, blauen Planeten, der um eine mittelgroße Sonne kreist, hat sich seit Äonen die Komplexität des Lebens entwickelt. Schritt für Schritt haben sich Moleküle verbunden, Aminosäuren zu immer komplexeren Sequenzen kombiniert. So sind Organismen der Ursuppe entstiegen, erst die simplen Einzeller, dann Eukaryonten, bis hin zu kompletten Organismen mit Sinnesorganen und Bewegungsmembranen. Und schließlich entstand das Bewusstsein.

Leben an sich ist nichts Schönes. Im Vergleich zu den kalten Wundern des Universums, den Protuberanzen der Gestirne, den fantastischen Nebeln aus Wasserstoff, die im Glutlicht von Milliarden von Sonnen leuchten, ist organisches Leben wie ein hektischer Schimmel, eine unruhige Flut. Ein Ringen und Wogen.

Wo Leben ist, ist auch Leiden. Ist Kampf und Konkurrenz. Ist das unauflösbare Rätsel des Todes. Aber Leben hat auch eine Richtung. Es tendiert dazu, immer komplexere Organismen und »informellere« Systeme hervorzubringen.

Und Menschen neigen – aus evolutionären Gründen – dazu, zu kooperieren![5]

Leben ist keineswegs prekär, instabil, ständig bedroht, wie es uns die Propheten des Untergangs weismachen wollen. Leben ist zäh und »nachhaltig« (wenn wir schon diesen Begriff benutzen wollen, dann hier). Wenn der Mensch tatsächlich von der Erde verschwinden sollte, wird es neue Versuche geben. Immer wieder entstehen unzählige Arten, und immer wieder bringt die Komplexität Bewusstsein hervor – und sei es im Fleisch landwandelnder Tintenfische.

*Leben ist fundamental.*

*Wir sind umgeben von lebenden, lernenden Systemen.*

»Jedes Epos braucht einen Helden«, sagt Wilson. »Wie wäre es mit dem Bewusstsein?« (»The mind will do.«)[6]

## Optimismus als mentale Kraft

Der englische Psychologe Adam Phillips schreibt in seinem Weltbestseller *Going Sane*: »Gesundheit heißt, Konflikte genießen zu lernen. Und alle Mythen von Harmonie, Konsistenz und Belohnung aufzugeben.«[7]

Das klingt pessimistisch und ist es gerade nicht. Es ist »metarealistisch«. Der ständige Zwang zum »Alles-ist-easy«, die unentwegte Aufforderung, »alles positiv« zu sehen, kann zu einem neurotischen Zwang werden. Alle laufen nun mit Masken der Fröhlichkeit herum. Herausforderungen werden als reine Stimmungsaufgaben definiert. Leiden wird umetikettiert – und auf perfide Weise dem Leidenden zugeschrieben.

*Du hast Krebs – du musst dich zusammenreißen und glücklich sein, leben!*

*Die Armen haben ein schlechtes Karma.*

Das chinesische Zeichen für Krise ist aber nicht, wie es uns von den Motivationsgurus auf jeder »Winning«-Konferenz weismacht wird, identisch mit dem Zeichen für Chance. Das chinesische Zeichen für Krise vereint vielmehr zwei Zeichen: *Möglichkeit und Gefahr.*

Und das ist ein großer Unterschied!

Ein realistischer Optimismus argumentiert niemals deterministisch, im Sinne von: Es wird schon gutgehen; wenn du nur willst, geht alles! »Gutgehen« ist ein Resultat von Engagement und Anspannung, von Vertrauen und Handlung und oft genug von Zufall und Glück. Es geht eben *nicht* alles, wenn man »nur will«. Vieles geht, wenn man fleißig übt, sich vorbereitet, kämpft und glaubt. Und Mut hat.

Vieles. Nie alles.

Im Grunde sind es immer zwei Wege, die unserem »Mind« zur Verfügung stehen. Der Pessimist kann sich gut und gerecht fühlen, weil die Welt schwach und verderbt ist. Er feiert seine moralische Überlegenheit und projiziert seine inneren Schatten hemmungslos auf die Welt. Der Pessimist hat »es« immer schon gewusst, und deshalb geht er kein Risiko ein. Kommt es besser, als seine düsteren Visionen es beschworen haben (was so gut wie sicher ist), lag es ja nur daran, dass er so leidenschaftlich gewarnt hat. So kann er nie verlieren.

Der realistische Optimist hingegen trägt das volle Risiko. Er exponiert sich an der Front des Lebens. Er kann scheitern. Er kann enttäuscht werden. Er leistet einen Hoffnungskredit mit Risiko.

Evolutionärer Optimismus heißt, dass wir uns eingestehen, dass das menschliche Leben empfindlich und zerbrechlich ist. Dass es Leid gibt, viel Leid, aber nicht »unendlich viel Leid«.

Evolutionärer Optimismus tritt der großen Emergenz mit Respekt und Verantwortung gegenüber. Er weiß um den *Anteil*, den er selbst erlösen kann. Dieser Anteil mag nicht groß sein. Aber er zählt.

Um wirklich Mut zu haben, sagt Seneca, muss man die Gefahr zu fürchten wissen – und standhalten. Um wirklich Mut zu haben, brauchen wir jene heroische Gelassenheit, die angesichts des Leidens der Welt und dessen, was am Ende unseres Lebens unweigerlich auf uns zukommt, immer noch ein Lächeln kennt.

## Abschied von den dunklen Gurus

»Wie kann die menschliche Rasse die nächsten 100 Jahre überleben?« Die Frage ist drastisch formuliert. Sie erzeugt unsere
sofortige Aufmerksamkeit. Sie gruselt uns. Und ein wenig gruselig
ist ja auch der, der sie stellt, das »Supergenie« Stephen Hawking,
der Physiker im Rollstuhl, der nur noch mittels Augenbewegungen
und Computer kommunizieren kann.

Und so verfehlt die Frage ihre Wirkung nicht, im Sommer
2006, als Hawking sie medienwirksam auf seiner Website plat-
zierte. 25 000 Antworten erhält er innerhalb einer Woche. Aber
eigentlich wollen alle nur *seine* Antwort wissen. Die kommt einen
Monat später, am 1. August 2006:

Wie kann die menschliche Rasse die nächsten 100 Jahre überleben? Ich
weiß die Antwort nicht – deshalb habe ich die Frage gestellt ... Zu den
Bedrohungen des atomaren Krieges sind neue gekommen ... Jedes Mal,
wenn wir unsere technologische Macht erhöhen, fügen wir neue Möglichkeiten für desaströse Ereignisse hinzu ... Lasst uns hoffen, dass wir nicht
enden wie unser Nachbarplanet Venus mit einer Temperatur von 250
Grad ... Vielleicht müssen wir hoffen, dass genetische Techniken uns
weiser und weniger aggressiv machen ...[8]

Da ist er wieder, der satte Sound der apokalyptischen Trompeten,
die eitle Mischung aus Gruselstory und Schuldverordnung, das
ganze Sinfonieorchester des apokalyptischen Spießertums.

Peter Sloterdijk, der deutsche Philosoph, fiel sogleich ein und
formulierte in seiner Antwort:

Wie bekannt rasen wir mit Höchstgeschwindigkeit frontal auf eine Be-
tonwand zu, doch weil der Moment des Aufpralls eine Weile entfernt ist,
bleibt man auf dem Gaspedal ...[9]

Was könnte »die Menschheit« nach Ansicht des Meisterdenkers
anderes tun, als »wie bekannt« völlig blödsinnig auf eine Beton-
mauer zuzurasen? Und das Publikum applaudiert stets höflich
bis frenetisch zu dieser Pauschalbeleidigung, ohne auch nur eine

Sekunde nachzudenken, ob das Bild stimmt, die Metapher richtig ist – oder ob das Ganze einfach nur überwältigend pathetisch klingt ...

Es ist Zeit, von den dunklen Gurus Abschied zu nehmen. Auch wenn sie Nobelpreise tragen, philosophisch hoch eloquent oder heroisch verkrüppelt sind.

Mir persönlich gefiel eine ganz lapidare Blogging-Antwort auf die Hawking-Frage am Besten. Sie war mit dem Pseudonym *Rabbit* unterzeichnet – frei nach dem Kaninchen in *Alice im Wunderland*:

Es wird schon werden ... Natürlich wird es Probleme geben und Katastrophen. Aber nichts derart Schreckliches, das Ihrem Pessimismus Recht geben könnte. *Nur Mut!*

(It will work out ... There will undoubtedly be problems and disasters, but nothing so devastating to match your pessimism. Lighten up!)[10]

Das Schlusswort gebührt einem alten Kämpfer gegen den Untergangswahn. Für mich ist er ein mentaler Held, denn die Zeit, in der er sein *Manifest eines Optimisten* veröffentlichte – 1972 – war die denkbar ungünstigste Zeit für einen Aufstand gegen die allgegenwärtigen Kulturpessimisten. Der französische Zukunftsschriftsteller und Journalist Louis Pauwels wurde damals mit Sicherheit als »Renegat« und »Reaktionär« denunziert. Heute ist er nahezu in Vergessenheit geraten. Aber seine Worte aus dem *Manifest eines Optimisten* klingen heute noch so frisch, als müsste man sie gleich morgen an die nächste Wand schreiben:

Ich habe allein im Jahr 1971 innerhalb von 28 Tagen in den Zeitungen genau 1 243 mal die Floskel gefunden »Unsere Welt ist in ständigem Wandel begriffen«. In allen 1 243 Fällen handelte es sich um negative Beobachtungen: Unruhen, Konflikte, Gefahren. »Wandlung« ist im Lager der Pessimisten ein Reizwort geworden.

Ich meine, daß eine Krankheit unserer Zeit der Haß auf die Gesellschaft ist, in der wir leben. Man erwartet und verlangt alles von ihr, aber nichts von sich selbst. So verhalten sich ungezogene Kinder, die meinen, daß sie nur mit den Beinen zu strampeln brauchen, damit ihre Wünsche erfüllt werden. Ich persönlich möchte lieber etwas erwachsen sein und meine reifen Jahre nutzen, um etwas für die Erfüllung meiner Wünsche zu tun. Und das nicht nur mit klarem Kopf, sondern mit gelassener Heiterkeit, dem kostbarsten Ertrag eines Menschenlebens.

Ich bin für eine Gesellschaft, die, mit allen Vorteilen der Technik ausgestattet, ganz demokratisch einer reicher und immer reicher werdenden Zukunft entgegengeführt wird, die wie ein lebender Organismus sich selbst reguliert. Ich bin für die Leistungsgesellschaft und für die Güterumverteilung. Ich blicke mit Vertrauen in die Zukunft, daß die wachsende Vielfalt, die der Fortschritt mit sich bringt, das Ineinandergreifen des technischen, ökonomischen und sozialen Pluralismus, das internationale Gleichgewicht der Kräfte, alles in allem der ganze Determinismus, der unserer modernen Zeit innewohnt, ein solides Korsett bildet, das unsere ideologischen Fehlleistungen auf ein Minimum reduziert.[11]

### Anleitung zum skeptischen Optimismus

1. Verlassen Sie das »Empire of Belief«, jenes Universum aus medial geprägten Meinungen, Vorurteilen und »konventionellem Wissen«, das unseren Zukunftsdiskurs bis in die letzten Hirnverästelungen definiert. Glauben Sie nichts, »was man sich so erzählt« – über die Welt und ihre Veränderungen, die angeblich alle zum Schlechten verlaufen. Widerstehen Sie den Oberlehrern und Apokalypse-Gurus, indem Sie sie einfach ignorieren. Wagen Sie einen mentalen »Reset«.

2. Fangen Sie an, Wirklichkeit neu zu erfahren – fragend, mit unschuldigen Augen. Verstehen Sie, dass die Zukunft nicht determiniert ist, sondern ein Produkt der Handlungen vieler, die wiederum aus »Mindsets«, also aus den Perzeptionen der Wirklichkeit entstehen.

3. Begeben Sie sich in den Orbit jener Erfahrungsdistanz, in der Sie die Dinge *als Systeme* wahrnehmen können. Alles hängt mit allem zusammen: Das heißt nicht, dass alles eine einzige wolkige Gemengelage ist. Sondern, dass die Dinge einen *Kontext*, eine Struktur haben, die sich in vieler Hinsicht als sehr robust erweist: Die Welt ist erfüllt von selbstregulativen Systemen!

4. Durchschauen Sie den Trick des »operativen Denkens«: Wir konstruieren die Welt so, wie sie uns gerade in den argumentativen Kram passt (die Strategien unseres Denkens folgen dabei oft Ängsten und inneren Kompensationsbestrebungen).

5. Begreifen Sie, dass alles auf der Welt zwar keinen Sinn, aber einen *Zweck* hat. Das bedeutet im Umkehrschluss, dass keine Energie verloren geht. Jede Handlung, jedes noch so mikroskopische Tun, hinterlässt eine Spur im

unendlichen morphologischen Gedächtnis der Welt. (Dies bedeutet im Umkehrschluss auch, dass die schlimmen Dinge nicht geschaffen worden sind, um *Ihnen persönlich Schwierigkeiten zu machen*.)

6. Verstehen Sie, dass Komplexität das zentrale Wirkprinzip evolutionären Werdens ist. Organismen, Gesellschaften, Technologien, Systeme drängen unentwegt in Richtung auf höhere Integration bei gleichzeitig steigender Vielfalt. Komplexität entsteht aber nicht, weil sie »gut« ist, sondern weil sie einem Grundgesetz entspricht, nach dem der Entropie immer eine Ordnungstendenz gegenübersteht.

7. Befreien Sie sich von der Frage, warum nicht alle diese neue Sichtweise mit Ihnen teilen. *Sie allein* sind der Konstrukteur Ihres kognitiven Universums. Es ist völlig egal, was »die Leute da draußen« denken oder meinen.

8. Verbünden Sie sich mit Gleichgesinnten.

9. Erfahren Sie das Glück kognitiver und handelnder Freiheit. Sie haben die Wahl, die Dinge so positiv zu sehen, dass Ihr Beitrag dazu ein konstruktiver sein kann, auch wenn er »objektiv« klein sein mag. Das ist die einzige, die zentrale Freiheit, die Sie in diesem Universum haben. Aber eine entscheidende.

10. Handeln Sie. Tun Sie, was Sie können. Es wird genug sein, um ein Leben zu erfüllen!

# Anmerkungen

## Die Zukunftswette

1 Zur Tradition des aufklärerischen Skeptizismus, die hier nur am Rande behandelt werden kann, empfehle ich das hervorragende Buch von Stuart Sim, *Empires of Belief. Why We Need More Sceptizism and Doubt in the Twenty-first Century*, Edinburgh 2006.

## Teil I: Das Imperium der Angst

### Die Auguren der Apokalypse

1 Matthias Schulz, »Totenkult am Feuerberg«, in: *Spiegel* 22/2003, S. 160 ff.

2 Jared Diamond, »Der klassische Kollaps«, in: *Weltwoche* 24/2006, S. 54; siehe auch: Jared Diamond, *Collapse. How Societies choose to Fail or Succeed*, New York 2005 (dt. Ausgabe: *Kollaps. Warum Gesellschaften überleben oder untergehen*, Frankfurt 2005).

3 Karen Armstrong, *Ein kurze Geschichte des Mythos*, Berlin 2005, S. 11.

4 Zitiert nach Klaus Harpprecht, »Untergang des Abendlandes? Welch ein Unsinn!«, in: *Die Zeit* 14. Juni 2006, S. 48.

### Die Lobbys des Alarmismus

1 Die letzte stammt aus *Bild*, Cover-Geschichte vom 18. Oktober 2005.

2   Frank A. Meyer, »Vierte Gewalt Medien. Das Selbstverständnis der Medien hat sich in Deutschland grundlegend gewandelt«, in: *think-tank* (Berlinpolis) H. 2/2006.

3   Nicholas Taleb, zitiert nach Michael Bond, »Stop television unravelling your reality«, in: *New Scientist* 19. August 2006, S. 19.

4   Siehe Hilmar Schmundt, »Brandstifter in der Heide«, in: *Spiegel* 28/2006, S. 112; ähnliche Ergebnisse bei David Wardle, »Long-Term Effects of Wildfire on Ecosystem Properties Across an Island Area Gradient«, in: *Science* 9. Mai 2003, siehe auch: *Spiegel* 27/2004, S. 148: »Gesund durch Sturm und Brände«.

5   Kant prägte deshalb den Begriff der »praktischen Vernunft« – im Gegensatz zur reinen Vernunft.

6   Boris Kotchoubey, »Die Eigentümer des Intellekts«, in: *Novo* Mai/ Juni 2006, S. 40 ff.

7   Siehe zu diesem Aspekt, wo er die massenmedialen Inszenierungen betrifft, auch Eva Illouz: *Oprah Winfrey and the Glamour of Misery. Essay on Popular Culture,* New York 2005.

8   Georg Franck, *Mentaler Kapitalismus. Eine politische Ökonomie des Geistes,* München/Wien 2005.

9   Aus: Günther Anders, *Thesen zum Atomzeitalter,* zitiert nach Jörg Lau, »Abschied von der Panikmache«, in: *Die Zeit* 13. Mai 2004, S. 35.

10  Siehe zu diesem Gerücht, aber auch zu allen anderen Partnerschafts-gerüchten à la »Männer und Frauen verstehen sich nicht!« das hervorragende Buch der Historikerin Stephanie Coontz: *In schlechten wie in guten Tagen. Die Ehe – eine Liebesgeschichte,* Bergisch Gladbach 2006.

11  Siehe Michael Utsch, »Ein frommer Wunsch?«, in: *Psychologie heute* 11/2005, S. 59; Quellenartikel in: *Lancet,* Bd. 366, 2005, S. 9481.

12  »Übersee spart Energie«, in: *Focus* 43/2005, S. 122.

13  Der Begriff stammt – danke schön – von Frank Furedi, siehe z.B. »Der Terror der Untergangspropheten«, in: *Novo* September/Oktober 2006, S. 9.

14  Siehe u. a. Roland Brockmann, »Rehabilitierung eines Fisches«, in : *Die Welt* 15. August 2005, S. 8.

*Die Psychologie des Alarmismus*

1   Natürlich weiß ich, dass Hühner und Schweine nicht »fröhlich« sind, Sie Besserwisser!

2   Stefan Klein, *Die Glücksformel oder wie die guten Gefühle entstehen*, Reinbek 2002, S. 46; siehe auch: Ulli Kulke, »Das Erbe der Gejagten«, in: *Die Welt* 14. März 2006, S. 10.

3   Siehe auch *Emotion* Mai 2006, S. 12.

4   Siehe zum Thema des »opportunistischen Falschdenkens« auch David Perkins, *Geistesblitze. Innovatives Denken lernen mit Archimedes, Einstein & Co.*, Frankfurt/New York 2001 .

5   Dirk Maxeiner, Michael Miersch, »Warme Liste. Klimafolgen«, in: *Die Welt* 7. Juli 2006, S. 9.

6   Jochen Bittner, »Blackbox Weißes Haus«, in: *Die Zeit* 24. Juli 2003, S. 5.

7   http://news.google.de/news/url?sa=T&ct=de/9-0&fd=R&url=http:// www.n-tv.de/680151.html&cid=0&ei=Qu2oRNauJsmOwQHd95 X2CA [Stand: Januar 2007].

8   Lars-Broder Keil, Sven Felix Kellerhoff, *Gerüchte machen Geschichte. Folgenreiche Falschmeldungen im 21. Jahrhundert*, Berlin 2006.

9   Georg Rüschemeier, »Selbstbetrug im Rückspiegel«, in: *Süddeutsche Zeitung* 19. Juli 2005, S. 9.

10  Ein weiterer Effekt in diesem Zusammenhang basiert auf der »Verfügbarkeitsheuristik«, ein Begriff der Psychologen Daniel Kahneman und Amos Tversky: Menschen gründen ihre Urteile über die Zukunft stets auf der Emotionalität von Erlebnissen der Vergangenheit – und liegen damit regelmäßig falsch (siehe Daniel Kahneman, Thomas Gilovich, Dale Griffin, *Heuristics and Biases. The Psychology of Intuitive Judgment*, Cambridge 2002).

11  Vgl. Ulric Neisser, *The Rising Curve. Long-Term Gains in IQ and Related Measures*, Washington 1998; siehe auch das Kapitel »Das Märchen von der medialen und sonstigen Verblödung der Menschheit« in Teil II dieses Buches.

12  Thomas Meyer, »Fährt der Lift hoch oder die Welt runter?«, in: *Neue Zürcher Zeitung* 26. April 2005, S. 61.

13  Odo Marquard, *Zukunft braucht Herkunft. Philosophische Essays*, Ditzingen 2003, S. 12.

14  Siehe auch Annette Bolz, »Wer ist schuld am Jammersyndrom? – Ergebnisse der Wissenschaftlerin Antonia Hamilton«, in: *Financial Times Deutschland* 25. März 2004, S. 28. Siehe auch die Homepage von Antonia Hamilton: www.dartmouth.edu/~antonia/index.html.

15  Sven Hillenkamp, »Selbst schuld«, in: *Die Zeit* 8. Juni 2006, S. 59.

16  Pascal Bruckner, *Ich leide, also bin ich. Die Krankheit der Moderne. Eine Streitschrift*, Berlin 1997, S. 64.

17  Am 3. Mai 2006.

18  Johann Michael Möller, »Kinder sind die Zukunft«, in: *Die Welt* 22. Januar 2004, Titel.

19  Siehe z. B. Isaiah Berlin, *Die Wurzeln der Romantik*, Berlin 2004, oder Herbert Uerlings (Hg.), *Die Theorie der Romantik*, Ditzingen 2001, Hubertus Gaßner (Hg.), *Caspar David Friedrich. Die Erfindung der Romantik*, München 2006. Wolf Lepenies, *Kultur und Politik. Deutsche Geschichten*, München 2006.

20  Siehe z. B. Gertrude Himmelfarb, *The Roads to Modernity. The British, French, and American Enlightenments*, New York 2004.

21  Helmut Fuchs, Andreas Huber, *Gefühlsterroristen – erkennen, durchschauen, entwaffnen*, München 2006.

22  Siehe »Mass Hysteria. Telling the Truth to the Terrified«, in: *Economist* 20. Mai 2006, S. 86.

## Die Wirkungen des Alarmismus

1  Suzanne C. Segerstrom, *Breaking Murphy's Law. How Optimists Can Get What They Want from Life – and Pessimists Can Too*, The Guilford Press 2006.

2  Michael Rutschky, »Falscher Zweifel, Politikverachtung und Verschwörungstheorien«, in: *Süddeutsche Zeitung* 1. Oktober 2003, S. 13.

3  Vgl. www.iab.de, siehe auch Kolja Rudzio, »Bin ich zu alt?«, in: *Die Zeit* 14. September 2006, S. 25 f.

4  Franz Schuh, »Seveso war überall«, in: *Die Zeit*, 6. Juli 2006, S. 27; in diesem Artikel werden die Ergebnisse einer Konferenz »Seveso 30 Jahre danach« dargestellt.

5  Im Sommer 2006 gab der südafrikanische Gesundheitsminister bekannt, dass die Anzahl der Malariaerkrankungen seit dem Jahr

2000 um 88 Prozent, die Zahl der Todesfälle durch Malaria um 86 Prozent zurückgegangen seien. Im Jahr 2000 hatte Südafrika das Verbot von DDT aufgehoben. Während im englischsprachigen Raum mehrere Dutzend Medien sofort auf das Thema eingingen, war es bislang keinem einzigen deutschsprachigen Journalisten eine Meldung wert.

6  Deutsche Übersetzung: *Welt in Angst*, München 2005.

7  Michael Crichton, »Fear, Complexity, & Environmental Management in the 21st Century«, Vortrag, Washington Center for Complexity and Public Policy, Washington DC, 6. November 2005, www.crichton-official.com/speeches/complexity/complexity.html.

8  Zitiert nach ebd. – vgl. auch http://www.who.int/mediacentre/news/releases/2005/pr38/en/index.html.

9  »Er hat nur Fieber gemessen«, Interview mit Gabriele Gordon in: *Spiegel* 14/2006, S. 169 ff.; siehe auch den von Gabriele Gordon unter ihrem Mädchennamen Gabriele Wolff veröffentlichten Roman *Ein dunkles Gefühl*, Innsbruck 2006.

10  Siehe auch: Graham Lawton, »The Autism Myth«, in: *New Scientist* 13. August 2005, S. 37.

11  Siehe z. B. Lutz Niemann, »Wie gefährlich sind radioaktive Strahlen? Über Krebsgefahr durch Sonnenlicht, radioaktive Strahlung und Alkohol«, in: *Novo* März/April 2006, S. 22.

12  Die Ergebnisse sind zusammengefasst in: Björn Lomborg, *Global Crises, Global Solutions*, Cambridge 2004.

13  Der beste Bericht dazu: Jörg Lau, »Deutschstunden«, in: *Die Zeit* 2. Februar 2006, S. 61.

14  Siehe Christian Geyer, »Wir sind nicht in der Position, uns viel zuzutrauen«, in: *Frankfurter Allgemeine Zeitung* 25. November 2005, S. L13, und das Buch von Geert Mak: *Der Mord an Theo van Gogh, Geschichte einer moralischen Panik*, Frankfurt 2005.

15  Siehe z. B. Paul K. Driessen, *Öko-Imperialismus. Grüne Politik mit tödlichen Folgen*, Jena 2006. Der kenianische Ökonom James Shikwati schreibt über das Buch: »Wenn Sie die Stimme der Armen zu Umweltthemen hören wollen, dann lesen Sie *Öko-Imperialismus*. Die Armen der Welt haben genug davon, von Gutmenschen geführt und dominiert zu werden, die darauf aus zu sein scheinen, sie in Armut zu halten, aus ideologischen Gründen und um Spenden werben zu können.«

16   Bruckner 1997, S. 73.

17   Siehe auch den wunderbaren historischen Essay von Heribert Prantl
     in der *Süddeutschen Zeitung* vom 12. März 2006, S. I/Wochen-
     endbeilage: »Sicherheitsfolter. Die diabolische Potenz der Angst in
     der Politik – und ihre gefährlichen Folgen«.

## Teil II: Die Skripte der Zukunftsangst

*Das Märchen von der bösen Globalisierung*

1   Siehe »Bullish on Bangladesh«, in: *Newsweek* 26. Juni 2006, S. 30;
    siehe auch: Martin Wolf, *Why Globalization works*, New Haven
    (CT) 2004; und Wolfgang Uchatius, »Im Takt von tausend Näh-
    maschienen«, in: *Die Zeit* 2. Januar 2003, S. 15.

2   Siehe »Power to the People«, in: *The Economist Technology Qua-
    terly* 11. März 2006, S. 31.

3   Siehe z.B. Frank Sieren, »Sozialer Kreuzzug – Wie Europas große
    Textilhändler in Billiglohnländern wie Bangladesh die Sozialstan-
    dards heben«, in: *Wirtschaftswoche* 23. Juni 2005, S. 43 ff.

4   Hans Magnus Enzensberger, *Politische Brosamen*, Frankfurt 1982.

5   Johannes Dieterich, »Das erwählte Volk«, in: *Brand eins* 03/2003,
    S. 120.

6   Christian Schüle, »Killer üben Nächstenliebe«, in: *Die Zeit*
    26. Februar 2004, S. 13.

7   »Booming, if a little bit dirty. Mozambiques ten years of peace«, in:
    *Economist* 5. Oktober 2002, S. 47.

8   Siehe u. a. Johannes Dieterich, »Das Musterland«, in: *Brand eins*
    01/2005, S. 34; Frank Räther, »Kleiner Löwe«, in: *Wirtschafts-
    woche* 12. September 2002, S. 43.

9   Die beste Reportage dazu: David Signer, Tiane Doan na Cham-
    passak, »Die Hölle hat einen Ausgang«, in: *Weltwoche* 25/2003,
    S. 44 ff.; siehe auch Alexander Smoltczyk, »Tage des Gerichts«, in:
    *Spiegel* 49/2002, S. 162.

10  Adrian Schläpfer, »Zwischen Schwarz und Weiss«, in: *Weltwoche*
    2/2006, S. 60 ff.

11 Siehe u.a. Stephan Hille, »Aufbruchstimmung in Sibirien trotz wachsendem Zentralismus«, in: *Neue Zürcher Zeitung*, 19. Mai 2006, S. 9.

12 Sophie Mühlmann, »Ende einer Feindschaft«, in: *Die Welt* 30. April 2005, S. 10; siehe auch Olaf Ihlau, »Ein Tiger im Sprung«, in: *Spiegel* 47/2002, S. 132 ff.

13 Ron Moreau, »Promise in Pakistan«, in: *Newsweek* 27. März 2006, S. 28.

14 Marek Kohn, »Made in Savannahstan«, in: *New Scientist* 1. Juli 2006, S. 34 ff.

15 Siehe u. a. *National Geographic*: Schwerpunktheft: »Woher kommen wir – wie Genetiker die Geschichte der Menschheit entschlüsseln«, März 2006.

16 Robert Wright, *Nonzero. The Logic of Human Destiny*, London 2001, S. 289.

17 Edward L. Dreyer, *Zheng He. China and the Oceans in the Early Ming Dynasty*, London 2006.

18 Kate Douglas, »Lost for Words«, in: *New Scientist* 18. März 2006, S. 44.

19 Jared Diamond, *Arm und reich. Die Schicksale menschlicher Gemeinschaften*, Frankfurt 1997 (engl: Originaltitel: *Guns, Germs and Steel*); siehe auch: John Kay, *Culture and Prosperity. The Truth About Markets*, New York 2004.

20 David Landes, *Wohlstand und Armut der Nationen. Warum die einen reich und die anderen arm sind,* Berlin 1999.

21 Michael Mitterauer, *Warum Europa? Mittelalterliche Grundlagen eines Sonderweges*, München 2003.

22 Svante Weyler, »Stadt der verhexten Kinder«, in: *Süddeutsche Zeitung* 27. Juli 2006, S. 12.

23 David Signer, »Ökonomie der Hexerei. Warum kommt Afrika nicht vom Fleck?«, in: *Weltwoche* 25/2002, S. 45 ff.

24 Siehe zu diesem Thema auch Karl Schlögel, *Planet der Nomaden*, Berlin 2006.

25 Gleichzeitig hat sich die Anzahl der *Kriegsflüchtigen* nach den Zahlen der Weltflüchtlingskommission verringert. Siehe auch: Uwe Jean Heuser, »Die Welt in Bewegung«, in: *Die Zeit* 28. September 2006, S. 25.

26  Siehe zum Beispiel die Weltbank-Studie zum Thema unter world-
bank.org/programs/migration.

27  Siehe auch die Coverstory von *Newsweek* vom 19. Januar 2004:
»Moving on Up«. Ebenfalls Deborah Steinborn, »Chez Olga. Einmal Brüssel und zurück«, in: *Die Zeit* 20. November 2003, S. 21.

28  David Diamond, »One Nation, Overseas«, in: *Wired* 06/2002,
S. 139 ff.

29  Zu den nächsten notwendigen Schritten siehe auch: Joseph E. Stig-
litz, *Making Globalization Work*, New York 2006.


*Das Märchen von der »aufklaffenden Schere«
zwischen Arm und Reich*

1  Siehe z. B. Urs Engeler, »Die reichsten Armen der Welt«, in: *Welt*
11. März 2006. Eine der mächtigsten Institutionen des Schweizer
Sozialwesens, die Caritas, hatte die Schlagzeile »Eine Million
Arme!« massiv in die Medien lanciert. Die Caritas plante eine
Kampagne zur Einführung eines Gesetzes zur »sozialen Existenz-
sicherung«, für das sie dringend medialen Rückenwind benötigte.
Hintergrund war eine Entwicklung in den Schweizer Kommunen:
Viele Gemeinden, die in der Schweiz zuständig für die Sozial-
ausgaben sind (und untereinander in starkem Steuerwettbewerb
liegen), verknappten ihre Fürsorgegelder angesichts einer immer
größeren Masse von Bedürftigen, die auf den Ämtern vorspricht.
Dem wollte die Caritas mit einer gesicherten Rechtslage Paroli bieten – und entfachte als Flankenschutz eine alarmistische Medien-
kampagne.

2  Siehe u. a. *iwd. Informationsdienst des Instituts der deutschen
Wirtschaft Köln* 25. Oktober 2001, S. 4; in: *Frankfurter Allgemeine
Sonntagszeitung* 19. September 2004, S. 40.

3  »Einkommensverteilung: Stabile Verhältnisse«, in: *iwd* 43/2001, S. 4;
siehe auch: »Die Illusion immerwährender Gleichheit«, in: *Frankfurter Allgemeine Sonntagszeitung* 19. September 2004, S. 38.

4  Branko Milanovic, *Worlds Apart. Measuring International and
Global Inequality*, Princeton 2005, S. 87.

5  Milanovic 2005.

6  Milanovic 2005, S. 72.

7  Siehe auch: Johannes Berger, »Nimmt die Einkommensungleichheit weltweit zu?«, in: *Leviathan. Berliner Zeitschrift für Sozialwissenschaft* 4/2005, mehr Datenmaterial hierzu in: François Bourguignon, Christian Morrison, »Inequality among Wold Citizens«, in: *American Economic Review* 92/2002.

8  Das gesamte Datenmaterial zur Weltentwicklung – einschließlich der Entwicklung von Bildung, Wohlstand, Gesundheit u. Ä. – ist auf der Website www.gapminder.org in animierten Grafiken veröffentlicht. Die dortigen Daten basieren auf dem *Human Development Report* und sind deshalb valide und stets aktuell. Siehe auch Samiha Shafy, »Der Welt geht es immer besser«, in: *Welt* 13. November 2004, S. 3; und Lüthi, Plüss, Signer: »Alles wird besser«, in: *Die Weltwoche* (Sonderheft) 17. Oktober 2002, S. 44.

9  Siehe z. B. Robert J. Barro, Xavier Sala-i-Martin, *Economic Growth*, New York 2003.

10  Siehe auch: Robert Guest, »Getting better all the Time, A survey of technology and development«, in: *The Economist* 10. November 2001, S. 3.

11  Alle Daten im *Human Development Report* 2005

12  »Relief, but little Rebuilding«, in: *Economist* 24. Dezember 2005, S. 82.

13  Siehe z. B. Clyde Prestowitz, *Three Billion New Capitalists*, New York 2006; und: »Landstraße zum Datenhighway«, in: *Spiegel* 22/2006, S. 150 ff.

14  Siehe dazu auch die Reportage »Dienen in Delhi«, in: *Focus* 8/2006, S. 104;

15  »Geschäft mit dem Wetter«, in: *Spiegel* 17/2006, S. 120.

16  Das wichtigste Werk von Sen: *Poverty and Famines. An Essay on Entitlement and Deprivation*, Oxford 1984 (Reprint). Dazu auch: Barbara Köhler, »Das Gewissen der Ökonomie«, in: *Bilanz* 5/2006, S. 70; ferner C. K. Prahalad: *Der Reichtum der Dritten Welt – Armut bekämpfen, Weltweiten Wohlstand fördern, Würde bewahren*, München 2006.

17  Jeffrey D. Sachs, *Das Ende der Armut. Ein ökonomisches Programm für eine gerechtere Welt*, München 2005.

18  So stieg nach dem Armutsbericht der Bundesregierung ein gutes Viertel derjenigen, die 2002 unter der Armutsschwelle von 60 Prozent

des mittleren Einkommens lagen, binnen eines Jahres in eine höhere Einkommensklasse auf – im längeren Zeitraum von 1998 bis 2003 schaffte das sogar mehr als die Hälfte der Einkommensschwachen: *iwd – Informationsdienst des Instituts der deutschen Wirtschaft Köln* Nr. 44, 2. November 2006, S. 2.

19  Siehe zu diesem Aspekt z. B. Wilfried Herz, »Der Preis des Wachstums – Ohne Unterschiede zwischen Reich und Arm kommt die Ökonomie nicht voran, doch werden die sozialen Spannungen zu groß, gerät die Wirtschaft in Gefahr«, in: *Die Zeit* 30. März 2006, S. 26.

20  Siehe Julie Rawe, »Vikramakula. Finding new Ways to support Indias Poor«, in: *Time* 8. Mai 2006, S. 99.

21  Scott Johnsohn, »Money on the Move«, in: *Newsweek* 20. Januar 2003, S. 30.


## Das Märchen von der medialen und sonstigen Verblödung der Menschheit

1  Siehe Platon, *Werke in acht Bänden*, hrsg. von Gunther Eigler, Darmstadt 1990, 2. Auflage, Band V.

2  J. G. Hoche, *Vertraute Briefe über die jetzige abenteuerliche Lesesucht und über den Einfluss derselben auf die Verminderung des häuslichen und öffentlichen Glücks*, 1794.

3  Günther Anders, *Die Antiquiertheit des Menschen 1. Über die Seele im Zeitalter der zweiten industriellen Revolution*, München 2002 (zuerst 1956).

4  So der Buchtitel von Marie Winn, Reinbek 1979.

5  Zum Beispiel: »Angesichts einer telematisch durchpulsten Gesellschaft, in der alles Produzieren und alles Lernen über die Informationssynthesen des Mikrochips gelenkt wird, in der Kommunikation, die nicht technisch vermittelt ist, nur für Residualräume übrig bleibt, geraten schon gar die großen Kategorien und Kampfbegriffe der Aufklärung ins Schleudern: Authentizität und Autonomie.« C. Koch, »Jenseits der Gesellschaft ...«, in: *Merkur* 7/1983, S. 741.

6  Siehe auch Boy Hinrichs, »Historische Topoi der Medienkritik«, in: *Ludwigsburger Beiträge zur Medienpädagogik* 1/2001.

7 Siehe zum Beispiel: Rudolf Dreikurs, *Kinder fordern uns heraus. Wie erziehen wir sie zeitgemäß?*, Stuttgart 2006, 14. Auflage; oder vom selben Autor *Familienrat. Der Weg zu einem glücklichen Zusammenleben von Eltern und Kindern*, Stuttgart 2003.

8 Stephen Johnson, *Everything Bad Is Good For You. How Today's Popular Culture Is Actually Making Us Smarter*, London 2006.

9 John Seely Brown, Paul Duguid, *The Social Life of Information*, Boston 2000, S. 27.

10 Norbert Bolz, *Bang-Design*, Hamburg 2006.

11 C. Shawn Green, Rebecca Achtman, Julie Cohen, Renjie Li, Matt Dye, Dara Baril, Arnaud Guido, »Plasticity in the Visual System. The effect of video games on visual attention«, www.bcs.rochester.edu/people/daphne/visual.html.

12 Der neuseeländische Professor für politische Studien und Intelligenzforschung James R. Flynn untersuchte viele Jahrzehnte lang akribisch die Intelligenzentwicklung auf unserem Planeten – und kam zu erstaunlichen Ergebnissen: Der Durchschnitts-IQ der Menschheit erhöht sich unaufhörlich. Flynn fand Anstiege zwischen 5 und 25 Punkten in gerade einmal 20 Jahren. Die Deutschen etwa verbesserten sich von 1954 bis 1981 um 17 Punkte. Eine 1982 getestete Gruppe niederländischer Rekruten schlug die Jahrgänge ihrer Väter um glatte 20 IQ-Punkte – im Reich der Intelligenz ein unglaublicher Sprung. Siehe die Zusammenfassung seiner Arbeiten in: Uric Neisser, *The Rising Curve – Long Term Gains in IQ and Related Measures*, Washington DC 1998.

### Das Märchen von der demografischen Katastrophe

1 Frank Schirrmacher, *Minimum. Vom Vergehen und Neuentstehen unserer Gemeinschaft*, München 2006, Seite 15 f.

2 Zitiert nach: Rüdiger Suchsland, »Im Land der Schrumpfgermanen«, 3. Mai 2006, Telepolis Website: www.heise.de/tp/r4/artikel/22/22581/1.html.

3 Ebenda.

4 Siehe auch das umfangreichste und beste Buch zum Thema: Ben J. Wattenberg, *Fewer. How the New Demography of Depopulation Will Shape Our Future*, Chicago 2004.

5  Ebenda, S. 96 f.

6  Ebenda, S. 95.

7  Ebenda, S. 99.

8  Björn Schwentker, »Pokerspiele an der Wiege«, in: *Die Zeit* 14. Juni 2006, S. 35.

9  ebd.

10  *Die Welt* 26. Mai 2006, Titelseite: »Studie: Akademikerinnen haben häufiger Kinder als angenommen«.

11  Björn Schwentker, »Aussterben abgesagt«, in: *Die Zeit* 8. Juni 2006, S. 35; und Ralf E. Ulrich, »Wir sterben immer wieder aus«, in: *Die Welt* 11. Mai 2006, S. 9.

12  Wattenberg 2004, S. 40 ff.

13  So das Ergebnis der zweiten Zeitbudgeterhebung der deutschen Bundesregierung 2005. Es wurde in mehr als 5 400 Haushalten mit über 12 600 Personen und etwa 37 700 Tagebüchern die Zeitverwendung ermittelt. Die gemeinsam mit Kindern verbrachte Zeit hat zugenommen. In den alten Bundesländern ist sie um eine Dreiviertelstunde auf insgesamt knapp sieben Stunden pro Tag gestiegen; in den neuen Ländern um 1,25 Stunden auf gut sechs Stunden. Diese sechs bis sieben Stunden Familienzeit täglich sind keine Exklusivzeiten, Kinder laufen oft neben anderen Tätigkeiten wie Einkaufen oder Haushaltsführung her. Bei der direkten Kinderbetreuung dominiert allerdings noch immer die klassische Rollenaufteilung. Männer widmen sich den Kindern knapp 1,25 Stunden, Frauen 2,75 Stunden.

14  Siehe z. B. Nicola Brüning, »›Statt Schläge kein TV‹. Neue Studie belegt, dass immer mehr Eltern auf Prügel und Ohrfeigen verzichten«, in: *Focus* 13/2004, S. 46.

15  Siehe auch »Kindheit ohne Kinderspiele – Haben Kinder heute noch Zeit zum Spielen? Womit verbringen sie ihre freien Stunden?«, in: *Psychologie heute* 6/2006, S. 18; Roger Hart, *Monitor in Psychology* Bd. 37/3, 2006.

16  *Achtung*: Die Tabelle ist eine grobe Vereinfachung J. Grundlegende Annahmen: eine Generation = 30 Jahre = Durchschnittsalter der Frau bei Geburt des ersten Kindes; Abnahme pro Generation um ein Drittel (1,3 Kinder pro Frau).

| Jahr plus 30 | Anzahl *0,66 | Jahr plus 30 | Anzahl *0,66 | Jahr plus 30 | Anzahl *0,66 |
|---|---|---|---|---|---|
| 2006 | 84 000 000 | 2 456 | 164 983 | 2 906 | 324 |
| 2036 | 55 440 000 | 2 486 | 108 889 | 2 936 | 214 |
| 2066 | 36 590 400 | 2 516 | 71 866 | 2 966 | 141 |
| 2096 | 24 149 664 | 2 546 | 47 432 | 2 996 | 93 |
| 2126 | 15 938 778 | 2 576 | 31 305 | 3 026 | 61 |
| 2156 | 10 519.594 | 2 606 | 20 661 | 3 056 | 41 |
| 2186 | 6 942 932 | 2 636 | 13 636 | 3 086 | 27 |
| 2216 | 4 582 335 | 2 666 | 9 000 | 3 116 | 18 |
| 2246 | 3 024 341 | 2 696 | 5 940 | 3 146 | 12 |
| 2276 | 1 996 065 | 2 726 | 3 920 | 3 176 | 8 |
| 2306 | 1 317 403 | 2 756 | 2 587 | 3 206 | 5 |
| 2336 | 869 486 | 2 786 | 1 708 | 3 236 | 3 |
| 2366 | 573 861 | 2 816 | 1 127 | 3 266 | 2 |
| 2396 | 378 748 | 2 846 | 744 | 3 296 | 1 |
| 2426 | 249 974 | 2 876 | 491 | 3 326 | |

17  Siehe DIW-Daten 2006, zusammengefasst in: Peter Horn, »Von Stagnation kann keine Rede sein«, in: *Süddeutsche Zeitung* 22. April 2006, S. V2/1
18  Siehe Matthias Horx, *Wie wir leben werden,* Frankfurt/New York 2005, Kapitel »Das ganze Leben«.

### Das Märchen von der Prekarisierung der Arbeit

1  Siehe u. a. Dieter Ziegler, *Die Industrielle Revolution,* Darmstadt 2005; Brunou Gebhardt, Jürgen Kocka, *Handbuch der Deutschen Geschichte Bd. 13 – Das lange 19. Jahrhundert,* Stuttgart 2002.
2  http://wko.at/statistik/eu/europa-erwerbsquoten.pdf.
3  Beispiele aus: »Suche Arbeit, biete Selbstverwirklichung. Eine Fotogeschichte von Michael Tewes«, in: *GDI Impulse* 3/2006.
4  Wolfgang Gehrmann, »Die Autonomen von Wolfsburg«, in: *Die Zeit* 14. Juni 2006, S. 28.
5  ebd.
6  Hochschul-Informations-System (HIS), Zahlen 2006; siehe auch: »Ängstliche Gewinner«, in: *Die Zeit* 4. Mai 2006, S. 83.

7   Peter Auer, ILO: *Geschützte Mobilität als Arbeitsmarktsicherung in der Globalisierung*, Institut für Sozial- und Wirtschaftswissenschaften, Linz, http://www.isw-linz.at/media/files/3_2004/LF_auer_03_04.pdf.

8   *iwd* 4. Mai 2006, S. 3.

9   *Newsweek* 3. Juli 2006, S. 45 f.

10  Das berühmteste, das amerikanische »Wisconsin-Programm«, das noch von Bill Clinton initiiert wurde, hat Millionen Menschen in die Erwerbsarbeit gebracht und die Geburtenrate bei US-Teenagern deutlich gesenkt. Auch dieses Programm hat noch Fehler, die man »feintunen« kann (siehe die Presseberichte im Zeitraum August 2006 in *Newsweek* etc.).

11  Charles Handy, »Age of Enlightenment«, in: *Guardian* 6. Mai 2006, S. 3.

12  Bruce Tulgan, *Winning the Talent Wars. How to Build a Lean, Flexible, High-Performance Workplace*, New York 2001, S. 55.

## Das Märchen von der wachsenden Gewalt und dem Krieg der Kulturen

1   Vgl. die vom Bundeskriminalamt herausgegebene Statistiken, zu finden unter http://www.bka.de/pks/pks2005/download/pks-jb_2005_bka.pdf und http://bka.de/pks/zeitreihen/pdf/t91_opfer_insg.pfd [Stand: Januar 2007].

2   Siehe zu diesem Überschätzungsphänomen auch: Christian Pfeiffer, »Weniger Verbrechen, mehr Panikmache«, in: *Die Zeit* 2. Juni 2005, S. 9; und ders., »Dämonisierung des Bösen«, in: *Frankfurter Allgemeine Zeitung* 5. März 2004, S. 9.

3   Auch die Anzahl anderer Delikte ging zurück. Die Zahl der Autodiebstähle sank um 70,5 Prozent, die der Wohnungseinbrüche um 43 Prozent. Leicht zugenommen hat die Anzahl der Körperverletzungen, Schlägereien etc. Was aber auch damit zu tun haben kann, dass diese häufiger zur Anzeige kommen, unter anderem wegen eines veränderten Gesetzes zur Gewalt in der Ehe. Totschlag blieb ungefähr stabil.

4   http://www.unfallkassen.de/webcom/show_article.php/_c-509/_nr-10/_p-1/i.html.

ANMERKUNGEN 295

5 Lyall Watson, *Die Nachtseite des Lebens. Eine Naturgeschichte des Bösen*, Frankfurt 1997, zitiert nach Franz M. Wuketits, *Warum uns das Böse fasziniert. Die Natur des Bösen und die Illusionen der Moral*, Stuttgart/Leipzig 2000, S. 7.
6 Henning Mankell, *Mittsommermord*, München 2002.
7 »New York was tamed«, in: *Observer* 15. Januar 2006, S. 28.
8 Mac Margolis, »Mapping Crime«, in: *Time* 3. Juli 2005, S. 18.
9 Steven D. Levitt und Stephen J. Dubner, *Freakonomics*, München 2006.
10 Siehe u. a. *Spiegel* 27/2006, S. 106.
11 Lawrence H. Keeley, *War before Civilization. The Myth of The Peaceful Savage*, Oxford 1997, S. 16, S. 89.
12 Ebenda, S. 33 ff.
13 Ebenda, S. 87.
14 Ebenda, S. 111.
15 Ebenda, S. 29 ff.
16 www.humansecurityreport.info.
17 Siehe auch die Arbeit des englischen Mathematikers und Meteorologen Lewis Fry Richardson. Richardson untersuchte ein halbes Jahrhundert lang akribisch die Mathematik des Krieges. Sein Versuch, Kriegsausbrüche anhand bestimmter Anzeichen vorauszusagen (Stürme, Börsenkrisen, Vergiftungsepidemien) scheiterte zwar, aber es gelang ihm, den Krieg in seinen Auswirkungen auf Menschen historisch zu quantifizieren. Richardsons Instrument war eine Zahlenreihe, die auf einem Zehner-Logarithmus von Opfern beruhte. Auf dieser Kriegsskala ist die Ermordung einer Person ein Ereignis von 0, während 100 Todesopfer einen »Event« der Stärke 1 bedeuten. Ein Bürgerkrieg mit einer Million Toten wäre also ein Ereignis mit dem Wert von etwa 6 auf der Richardson-Skala. Die beiden Weltkriege erbrachten einen Ausschlag von 7,1 und 7,3. Ein begrenzter nuklearer Weltkrieg hätte etwa 500 »Megatote« gefordert, käme also einem Kriegsereignis von 8,4 gleich. Ein Krieg von 9,8 würde die menschliche Geschichte für immer beenden. An Richardsons gespenstischer Mathematik ist vor allem bemerkenswert, wie deutlich die Weltkriege als »Mega-Events« aus der Geschichte herausragen. Von den 315 Kriegen von 1820 bis 1950, die Richardson kartografierte, führten sieben zu mehr als einer Million Toten (unter anderem die Taipeh-Rebellion, der amerikanische Bürgerkrieg, der Krieg

in La Plata, der erste chinesische kommunistische Bauernaufstand und der Spanische Bürgerkrieg). Die beiden Weltkriege allein waren jedoch für mehr als 60 Prozent aller Kriegstoten der Geschichte verantwortlich. Nach dem Zweiten Weltkrieg verharrte die Anzahl der weltweit geführten kriegerischen Konflikte zunächst bei rund 20 und stieg dann bis Ende der achtziger Jahre bis auf 50 an. Bis 2000 sank sie auf 37, um dann wieder leicht anzusteigen. Wurden 2000 noch 40 Konflikte in 35 Staaten ausgetragen, reduzierte sich die Anzahl bis zum Jahr 2002 auf 32. Die Zahl der Toten pro Halbjahrzehnt schwankte zwischen 300 000 (1956–1960) und 4,2 Millionen (1966–1970; Vietnamkrieg, mehrere Kriege in Afrika). In der ersten Hälfte der neunziger Jahre stieg sie kurzfristig auf knapp drei Millionen an, fiel aber dann deutlich wieder ab. Siehe auch *GLOBAL TRENDS*, Kelkheim 2006; und Human Security Report 2005.

18  Siehe z. B. Gerald Traufetter, »Arithmetik von al-Qaida«, in: *Spiegel* 23/2006, S. 176.

19  Siehe u. a. Gunnar Heinsohn, »Libanon ist weiter als Gaza«, in: *Die Welt* 22. Juli 2006, S. 8.

20  Eine differenzierte Studie zum »Youth-Bulge«-Phänomen und seiner Korrelation zu kriegerischen Aktivitäten: Steffen Kröhnert, *Jugend und Kriegsgefahr – Welchen Einfluss haben demographische Veränderungen auf die Entstehung von Konflikten*, Berlin-Institut 2005. Siehe auch Gunnar Heinsohn: *Söhne und Weltmacht. Terror im Aufstieg und Fall der Nationen*, Zürich 2006.

21  Zum Resilience-Faktor gegenüber dem Terrorismus siehe auch: Arieh Y. Shalev, »Healing London after Terror attacks«, in: *New Scientist* 16. Juli 2005.

22  Siehe z. B. Michael L. Bosworth, »Rise and Fall of 15th Century Chinese Seapower«, www.cronab.demon.co.uk/china.htm.

23  Siehe z. B. Niall Ferguson, »Huntington liegt falsch«, in: *Die Welt* 11. März 2006, S. 9; siehe auch: dies., *Empire. The Rise and Demise of the British World Order and the Lessons for Global Power*, London 2004.

24  Siehe dazu auch Mansoor Moaddel, »Sind Saudis Fanatiker – Eine Wertestudie zeigt erstaunlich liberale Haltungen«, in: *Presse* 15. September 2004, bezugnehmend auf sein Buch *Islamic Modernism, Nationalism, and Fundamentalism: Episode and Discourse*, Chicago 2005.

*Das Märchen von der finalen Seuche*

1  Siehe zu der Geschichte der Verbreitung von Aids über den Planeten die hervorragende Recherche von Peter-Philipp Schmitt: »Bis in den Tod auf der Suche nach Lust – auf den Spuren von ›Patient Zero‹ Gaetan Dugas, der als einer der ersten Aids verbreitete«, in: *Frankfurter Allgemeinen Zeitung* 28. November 2006.

2  dpa-Meldung vom 2. 2. 2006.

3  Paul Campos, *The Obesity Myth. Why America's Obsession with Weight Is Hazardous to Your Health*, New York 2004.

4  Bärbel-Maria Kurth, »Zahlen statt Mythen«, in: *Die Zeit* 28. September 2006, S. 45.

5  Richard Friebe, Gerd Knoll, »Eine Katastrophe weniger – die Fett-leibigkeits-Epidemie bei Kindern in Deutschland gibt es nicht«, in: *Frankfurter Allgemeine Sonntagszeitung* 27. Juni 2004, S. 55.

6  James Hamilton-Paterson, »Was einem alles fehlen kann, tztz«, in: *Weltwoche* 19. Juni 2006, S. 52.

7  *Psychologie heute* 8/2006, S. 3.

8  European Brain Council EBC, 27. April 2005, kommentiert unter anderem auf der Titelseite der *Welt* vom Mittwoch, dem 27. April 2005 unter der Überschrift: »Jeder dritte Europäer psychisch krank«.

9  Zitiert nach Darrin McMahon, *Happiness. A History*, New York 2006.

10 Siehe z. B. Veronika Hackenbroch, »Die eingebildete Heilung«, in: *Spiegel* 44/2004, S. 196: Man fand in einem Test heraus, das sowohl Akupunktur als auch *Scheinakupunktur* bei Rückenschmerzen bes-sere Heilerfolge zeitigten als herkömmliche schulmedizinische Maß-nahmen.

11 »Krankheiten, die der Himmel schickt«, in: *Spiegel* 32/2004, S. 130 ff.

12 Klaus Dörner, »Die allmähliche Umwandlung aller Gesunden in Kranke«, in: *Frankfurter Rundschau* 26. Oktober 2002, S. 14; Siehe auch Veronika Hackenbroch, »Spiel mit der Angst«, in: *Spiegel* 36/2002.

13 Siehe auch Frank Furedi, *The Culture of Fear. Risk-Taking and the Morality of Low Expectation*, London 1998.

14 »Die Erinnerungen waren falsch«, in: *Psychologie heute* 4/2003, S. 10.

15   Siehe z. B. Wikipedia (http://de.wikipedia.org), »Schwarzer Tod«, hier werden diese Zusammenhänge erklärt.

16   Siehe z. B. Klaus Bergdolt, *Der schwarze Tod in Europa. Die Große Pest und das Ende des Mittelalters*, München 2003.

17   Wolf Lepenies, »Erfolgreicher Kampf gegen das Virus«, in: *Süddeutsche Zeitung* 6. November 2003, S. 13.

18   iwd 13. Juli 2006, S. 8

19   Hannes Gamillscheg, »Dicke Finnen joggen auf Firmenkosten«, in: *Die Presse* 3. Oktober 2005, S. 10.

20   »Vogel, Marder – Mensch«, in: *Süddeutsche Zeitung Wissen* 11. März 2006, S. 22.

21   Ein wunderbares Beispiel dafür ist die genetisch manipulierte Baumwolle, die fünf Millionen chinesische Farmer einsetzen. Sie ist resistent gegen die Bauwollkapselraupe und sollte den Bauern starke Ertragssteigerungen bringen. Prompt erwies sie sich aber als sehr empfindlich gegen die Blindwanzen – der Natur fällt immer etwas ein; siehe: *New Scientist* 29. Juli 2006, S. 5.

22   Siehe Ulrich Kühne, »Der Himmel kann warten«, in: *Süddeutsche Zeitung* 8. November 2001, S. 17.

23   Um dies zu begründen, muss man tiefer auf die genetisch-molekulare Strukturebene eingehen, als es hier möglich ist. Generell basiert diese Vermutung auf der Erkenntnis, das »virulente« Eigenschaften eines Organismus immer mit bestimmten »adaptiven« Mechanismen verbunden sind. In der Molekularbiologie scheinen sich diese Mechanismen gegenseitig zu blockieren. Eine Zelle, die Gifte produziert, kann nicht gleichzeitig lebenserhaltende Funktionen wahrnehmen. Auf Gesamtorganismen übertragen heißt dies, dass die Aggressivität eines Organismus stets den Preis seiner Kurzlebigkeit hätte.

### Das Märchen vom Werte- und Moralzerfall

1   Peter Hahne, *Schluss mit lustig! Das Ende der Spaßgesellschaft*, Lahr 2004. Ein toller Hahne-Verriss stammt von Willi Winkler und erschien in der *Süddeutschen Zeitung* vom 26. Februar 2005: »Die Deutsche Sorgenorgel«.

2   Jens Bisky, »Zeit für einen Abschied«, in: *Süddeutsche Zeitung* 31. Januar 2006, S. 11.

3 BBC-Produktion: *One Lige – Three Sisters Make One Baby*; siehe auch *Guardian* 25. Oktober 2005, S. 11.

4 Schlüsselwerk dazu: Matt Ridley, *Die Biologie der Tugend. Warum es sich lohnt, gut zu sein*, Berlin 1999.

5 Richard Dawkins, *Das egoistische Gen*, Reinbek 1996.

6 Robert Axelrod, *The Evolution of Cooperation*, New York 1984; ders., *The Complexity of Cooperation. Agent-Based Models of Competition and Collaboration*, Princeton (NJ) 1997; Anatol Rapoport, *Two-Person Game Theory*, Mineola (NY) 1999.

7 Stephan Holthaus, »Nichts ist mehr sicher«, *Christ und Leben/Idea Spektrum* 3/2002, S. 17.

8 Zur Geschichte von Ehe und Familie siehe z. B.: Stephanie Coontz, a.a.O.; Rüdiger Peuckert, *Familienformen im sozialen Wandel*, Wiesbaden 2005; Elisabeth Beck-Gernsheim, *Was kommt nach der Familie? – Einblicke in neue Lebensformen*, München 2006; Paul B. Hill, Johannes Kopp, *Familiensoziologie*, Wiesbaden 2004; Lothar Bönsich, Karl Lenz, *Familien – eine Interdisziplinäre Einführung*, Weinheim 1999.

9 Sven Hillenkamp, »Einsamer nie?«, in: *Die Zeit* 15. Dezember 2005, S. 51.

10 »Aus tiefster Überzeugung«, in: *Psychologie heute* 12/2005, S. 8. Die Studie entstand an der University of Minnesota (*Journal of Personality and Social Psychology* 88/6, 2005).

11 Albert Bandura von der Stanford University entwickelte schon in den neunziger Jahren die Theorie der »self efficacy« – das Gegenteil von »erlernter Hilflosigkeit«, siehe z. B. Albert Bandura, *Self-Efficacy in Changing Societies*, Cambridge (MA) 1997.

12 Eberhard Rathgeb, »Was Schröder-Fischer-Wulff falsch machen«, in: *Frankfurter Allgemeine Zeitung* 9. Juni 2006, S. 49.

13 David Schnarch, *Die Psychologie sexueller Leidenschaft*, Stuttgart 2006.

## Das Märchen von der Klimakatastrophe

1 David Rohl, *Legend. The Genesis of Civilisation*, London 1998; siehe auch: ders., *From Eden to Exile. The Epic History of the People of the Bible*, London 2003.

2   Matthias Schulz, »Wegweiser ins Paradies«, in: *Spiegel* 23/2006. 158 ff.

3   »Ötzis Kollegen aus der Schweiz«, in: *Bild der Wissenschaft* 3/2006, S. 56 ff.; siehe auch »Das Klima war viel komplexer«, in: *Welt am Sonntag* 15. August 2004, S. 63. Siehe auch: Christopher Monckton, »DON'T BELIEVE IT! – The lies in the STERN Report«, in: *Sunday Telegraph* 5. November 2006, S. 17.

4   Siehe Ernst Fischer, Klaus Wiegandt (Hg.), *Die Zukunft der Erde. Was verträgt unser Planet noch?*, Frankfurt 2005.

5   Robert A. Berner, *The Phanerozoic Carbon Cycle*, Oxford 2004; siehe auch: Ulf von Rauchhaupt, »Der lange Atem der Erde«, in: *Frankfurter Allgemeine Zeitung* 2. Oktober 2005, S. 71; Bill McGuire, *Global Catastrophes. A very Short Introduction*, Oxford 2002; William F. Ruddiman, *Plows, Plagues, and Petroleum. How Humans Took Control of Climate*, Princeton 2005, S. 84 ff.

6   Der serbische Astrophysiker Milutin Milankovitch entdeckte diesen langfristigen Klimazyklus, der etwa alle 150 Millionen Jahre zu einer starken Erwärmung und danach zu einer Eiszeit führt, die auch mit einem Absinken der Kohlendioxidkonzentration in der Atmosphäre einhergeht. Die wesentliche Ursache liegt wahrscheinlich in zyklischen Veränderungen der Erdumlaufbahn.

7   *Guardian* 5. Juni 2005, *Spiegel* 10/2006, S. 142: siehe dazu auch, in etwas anderer Konnotation: Tim Flannery, *Wir Wettermacher. Wie die Menschen das Klima verändern und was das für unser Leben auf der Erde bedeutet*, Frankfurt 2006; siehe ebenso Ulf von Rauchhaupt, »Reden wir übers Wetter«, in: *Frankfurter Allgemeine Sonntagszeitung* 26. Februar 2006, S. 63; Hans von Storch, Nico Stehr: »Klima inszenierter Angst«, in: *Spiegel* 4/2005.

8   Siehe hierzu auch: »No Sahara Desert, no Egyptian Dynasty«, in: *New Scientist* Juli 2006, S. 16.

9   Nach einer Studie der Geowissenschaftler der Universität Köln, beschrieben von Holger Kroker, »Ohne Klimawandel kein Pharaonenreich«, in: *Die Welt* 25. Juli 2006, S. 27.

10  Siehe u. a. Simon Elegant, »The light that came from darkness«, in: *Time* 1. August 2005.

11  Siehe auch: »Time and Chance. Climate Change and Civilisation«, in: *Economist* 18. Dezember 2003, S. 114.

*Das Märchen von der tödlich bedrohten Natur*
*und der Formel der »Nachhaltigkeit«*

1 Siehe z. B.: Ronald Wright, *A Short History of Progress*, Toronto 2004.

2 Michael Gleich, Dirk Maxeiner, Michael Miersch, *Life Counts. Eine globale Bilanz des Lebens*, Berlin 2002, S. 104 ff. Das Buch bietet die sorgfältigste und vor allem völlig un-alarmistische Ausarbeitung der Speziesdaten der Erde. Siehe auch: Shepard Krech, *The Ecological Indian. Myth and History*, New York 1999.

3 Stephen Baxter, *Evolution*, München 2004.

4 Mark Collins, Chef des WCMC (World Conservation Monitoring Centre), Pressemitteilung 2006.

5 Pressemeldung dpa Dienstag, 13. Dezember 2005: »Forscher schlagen Alarm: Dramatisches Artensterben«.

6 Die World Conservation Union (IUCN) geht von einer Zahl von 784 definitiv ausgestorbenen Arten aus; *New Scientist* 6. Mai 2006, S. 10.

7 In der Tat entdeckt man immer noch Arten im Amazonasgebiet, aber auch in Papua-Neuguinea. Dort hat man erst vor kurzem mehr als zwanzig neue Froscharten, fünf Vögelarten und einen Maulwurf-Stachelbär gefunden; siehe »Paradise Found«, in: *Newsweek* 20. Februar 2006, S. 52.

8 Zurückgekehrt ist zum Beispiel der Elfenbeinspecht, von dem im Cache-River-Nationalpark wieder Exemplare gesichtet worden sein sollen; in: *Die Zeit* 10. August 2006, S. 26.

9 Die Webseite dazu: http://muller.lbl.gov/; der Schlüsseltext zum Zyklus der Artenvielfalt: http://muller.lbl.gov/papers/Rohde-Muller-Nature.pdf.

10 Vor einer Viertelmillion Jahren zum Beispiel war die Artenvielfalt so gering wie nie zuvor – nur etwa 20 000 Spezies bevölkerten die Erde.

11 Stephan Theil, »The New Urban Jungles«, in: *Newsweek* 3. Juni 2006, S. 75 ff.; siehe auch: Bob Holmes, »Evolution gets busy in the urban lab«, in: *New Scientist* 22. April 2006, S. 11.

12 www.rhs.org.uk/research/biodiversity/documents/evidence.pdf.

13 Siehe hierzu zum Beispiel Daniel Kehlmanns Bestseller *Die Vermessung der Welt*, Reinbek 2005, oder, als Grundlagenwerk des Natur-

verständnisses im Wandel zur Moderne: Keith Thomas, *Man and the Natural World. Changing Attitudes in England 1500–1800*, London 2000.

14 Zitiert nach Crichton, »Fear, Complexity, & Environmental Management in the 21st Century«, a.a.O.

15 Siehe Marco Evers, »Herrschaft der Rudel«, in: *Spiegel 5/2005*, S. 134.

16 Zum Kulturbegriff des Natürlichen siehe vor allem die Werke von Hansjörg Küster, u. a. *Geschichte der Landschaft in Mitteleuropa*, München 1995; *Geschichte des Waldes*, München 1998; und *Das ist Ökologie. Die biologischen Grundlagen unserer Existenz*, München 2005.

17 Günther Keil, »Chronik einer Panik««, in: *Die Zeit 9. Dezember 2004*, S. 39.

18 Michael D. Lemonick, »Revenge of the Whale Hunters«, in: *Time 3. Juli 2006*, S. 42; Gleich, Maxeiner, Miersch 2002. Zahlen auch aus diversen Quelle im Internet.

19 Wie viel Amazonaswald wurde abgeholzt? Nach allen Schätzungen, ob von Greenpeace oder der Weltforst-Organisationen, sind es zwischen 8 und 12, maximal 15 Prozent. 85 Prozent des Regenwaldes *stehen* also noch; siehe auch Björn Lomborg, *The Sceptical Environmentalist. Measuring the Real State of the World*, Cambridge 2001.

20 Die Siedlungsrechnung für Deutschland: Um 4 Prozent hat die Siedlungsfläche von 2000 bis 2004 in Deutschland zugenommen, so beklagen es die Naturschutzverbände. Was sie *nicht* vermelden: dass diese Zahl auch die renaturierten Areale alter Bergwerke enthält. Ebenso gelten renaturierte Landschaften im Ruhrgebiet und Erholungslandschaften als »Kultur«, »unnatürliche Versiegelung« ist also nicht der Punkt (*iwd 27/2006*, S. 1). Deutschland ist zu 16 Prozent »kulturisiert« – aber die Bevölkerung wird schrumpfen ...

21 Mehr Material zur Erdbevölkerungsentwicklung findet sich in Matthias Horx, *Wie wir leben werden,* Frankfurt/New York 2005. Siehe auch: »Das Ende der Bevölkerungsexplosion. Ein Interview mit dem Bevölkerungsforscher Wolfgang Lutz«, in: *Frankfurter Allgemeine Sonntagszeitung 29. Dezember 2002*.

22 Siehe Michael Lind, »Worldly Wealth«, in: *Prospect Juli 2004*.

23 Der Bodensee hat eine Fläche von 536 Quadratkilometern. Ein

Quadratkilometer hat 1 Million Quadratmeter (1 000 x 1 000). Stellt man zwölf Menschen in eine Fläche von einem Quadratmeter, passen auf einen Quadratkilometer 12 Millionen Menschen. Mal 536 ergibt rund 6,5 Milliarden – die heutige Bewohnerzahl der Erde.

24  Siehe auch Dirk Maxeiner, Michael Miersch, »Die Rehabilitation der Osterinsulaner«, in: *Die Welt* 31. Januar 2006, und die Coverstory von *New Scientist* 29. Juli 2006: »The Truth about Civilisation«.

25  Dietrich Dörner, *Die Logik des Misslingens. Strategisches Denken in komplexen Situationen*, Reinbek 1989, Seite 22 ff.

26  Siehe Brendan O'Neill, »›Die Grünen wollen alles richtig machen, aber sie liegen völlig falsch‹ – für den schwarzen Bürgerrechtler Roy Innis zählt der Umweltschutz heute zu den großen Bedrohungen Afrikas«, *Novo* September/Oktober 2006, S. 84.

27  Gleich, Maxeiner, Miersch 2002, S. 114.

28  Siehe zum Beispiel die wunderbare Doku-Serie *Die Zukunft ist wild*, in der intelligente Kraken den Planeten bevölkern (ursprünglich eine BBC-Produktion, erhältlich auf DVD).

## FUTURE MIND: Plädoyer für einen evolutionären Optimismus

1  Zum Reziprozitätsprinzip siehe auch: Heiko Ernst, »Von Darwin zu Dopamin«, in: *Psychologie heute* 10/2006, S. 3.

2  Anthony Reading, *Hope and Despair. How Perceptions of the Future Shape Human Behaviour*, Baltimore 2004, S. 7.

3  Gregory Berns, *Satisfaction. Warum nur Neues uns glücklich macht*, Frankfurt/New York 2006. Siehe auch das Interview mit dem Autor in der *Welt* vom 14. August 2006, S. 10: »Befriedigung bedarf des Unerwarteten«.

4  Wolf Lotter, »Einfach mehr«, in: *Brand eins* 1/06, S. 115.

5  Siehe Joachim Bauer, *Prinzip Menschlichkeit. Warum wir von Natur aus kooperieren*, Hamburg 2006.

6  Robert Wright, a.a.O. S. 301: »The last Adaption«.

7  Adam Phillips: *Going Sane. Maps of Happiness*, New York, 2005.

8  Ian Sample, »The great man's answer to the question of human survival: Er, I don't know«, in: *Guardian* 3. August 2006, S. 3.

9  Peter Sloterdijk, Interview in: *Die Zeit* 17. August 2006, S. 49.

10  Siehe http://www.guardian.co.uk/science/story/0,,1836051,00.html.

11 Louis Pauwels, *Manifest eines Optimisten. Wider die Schwarzseher und Untergangsphilosophen*, Bern/München/Wien 1972, S. 33.

# Register

Ablenkung 77–79
Abstumpfung 71 f.
Afrika 100–103
Aids 120, 197, 206–208
Alarmisierung der Politik 69
Alarmismus 24–26, 31, 46 f., 66,
  76, 79, 82
– politischer 67–69
Alarmistische Wellen, Auf-
  bau 83 f.
Ältere/Alterung, gesellschaft-
  liche 146–149
Alterspyramide 146 f.
Anders, Günther 39, 123
Angestelltenmodell, lebens-
  langes 153–155
Angst 79 f.
Angstkulturen 63
Angstlust 25
Antiamerikanismus 62, 78
Antiökonomismus 62
Arbeit 155–157, 168
– sichere 79 f., 153
Arbeiterfabriken 164
Arbeitsformen, neue 161–164
Arbeitslosigkeit 79, 163
Arbeitswelt 79 f.

Armstrong, Karen 22
Armut als System 117
Armutsbegriff 108
Armutsbekämpfung 120 f.
Armutsgrenze (EU, Schweiz) 107
Armutsparadox 110–112
Artensterben 238, 246–248
Artenvielfalt 248 f., 260 f.
Attentate 187
Aufmerksamkeitsressourcen 55
Aufstiegsoptionen 119
Aufwärtsmobilität 119
Aussterbehysterie 138 f.
Auto 5 000 164
Axelrod, Robert 224
Azteken 20 f.

Bafokeng 91 f.
Bangladesch 88 f.
Basisgesundheit 120
Baumann, Christopher 228
Baxter, Stephen 246
Berns, Gregory 269
Berufsidentität 154
Bildung 52, 115, 124, 133 f.,
  226 f.
Bildungsdebatte 51

Bipolarität 90 f.
Blüm, Norbert 36
Bolz, Norbert 129
Bonobos, Sozialverhalten 215–217
Boulding, Kenneth 128
Brentano, Lujo 138
Brown, John Seely 128
Bruckner, Pascal 57, 83
Burgdörfer, Friedrich 138
Bürgerliche Werte 212–215

Computerspiele 128–133
Crichton, Michael 75, 195

*Darwins Alptraum* 42 f.
Dawkins, Richard 224
DDT(-Verbot) 74 f.
Dementis, überlesene 39–41
Depression 202 f.
Deutungsmacht 123
Diabetes 202 f.
Diamond, Jared 21 f., 99, 257
Differenzierungen 228
Döblin, Alfred 123
Dogmen 228
Dörner, Dietrich 258

Egoismus 223–225, 231
– reziproker 266
Ehe 100, 226
Einsamkeit 225–227
Eltern 125 f., 143 f.
Emergente Systeme 271
Emmerich, Roland 35
Emotionale Intelligenz 135
Engagementgesellschaft 225

Erziehung 125 f., 144 f.
Ethik 221 f., 230 f.
Evolution 44 f., 97 f., 216 f., 238 f., 260 f., 272 f.
Evolutionstheorie 272
Existenzielle Erlebniskultur 62

Fahrstuhleffekt 51–53
Failed States 93, 110 f., 139
Faktoide 30, 40
Fälschungen, wissenschaftliche 34
Familie 137 f., 142 f., 146, 224, 226
– kooperative 127
Feindbilder 228
Ferguson, Niall 191
Fettleibigkeit 198–200
Fischhoff, Baruch 50
Flexicurity 166
Fortpflanzung 139 f.
Fortschritt 53, 82, 98, 100, 105, 168
Frauenrolle 140, 154, 182, 214, 218, 220
Freiheit 80, 162 f., 212 f., 222 f.
Freud, Sigmund 203

Gaia-Hypothese 37, 239
Gamer-Eigenschaften 132 f.
Gates Foundation 120
Geburtenrate 138–143, 145
Geburtenspanne 141
Geißler, Heiner 36
Gerüchte 30, 49, 67, 73
Gewalt 178, 192 f.
– Virtualisierung 193

Gini-Koeffizient 109f., 118
Gleichheit 118f.
Gleicheit-Ungleichheit-
  Berechnung 109f.
Global Warming 30, 35, 81, 235
–Mediendarstellung 27–30
Globalisierung 94–98, 105f.,
  110, 189
Glück 262, 269
Grameen Bank 89
GrameenPhone 89
Grass, Günter 36, 57

Hahne, Peter 211
Hamas 188
Hamilton, Antonia 55f.
Handy, Charles 166
Hawking, Stephen 276f.
Heinsohn, Gunnar 188
Helden- und Siegermythen 63
Hisbollah 188
Hoche, Johann Gottfried 123
Hochzivilisationen, erste 99
Homo habilis 95f.
Hoffnung 269
Huntington, Samuel 190
Hwang Woo-suk 34
Hygieneparanoia 64
Hysterien 65–67

Ich 223f.
Informationen, falsche 73–77
Innis, Roy 260
Integrationsdebatte 82
Intellektuelle 36f.
Intelligenzzunahme 133f.
Investitionskapital, Zugang 120

Issue Attention Circle 25

Johnson, Steven 127
Jugendarbeitslosigkeit 157

Kahn, Herman 182
Kant, Immanuel 224
Kategorischer Imperativ 224
Keeley, Lawrence H. 179
Kehlmann, Daniel 34
Kinder 125f., 143–145, 226
Klimaeinflüsse 240
Klimaerwärmung (s. auch Global
  Warming) 46f., 234f., 242
– neolithische 237
Klimakatastrophen, positive
  Folgen 241
Klimaschwankungen 234–236
Klimaversicherung 117
Klischees 228
Kognitive Fähigkeiten 45, 127f.,
  134
Kollaterales Wissen 127
Kolonialismus 98
Kombi-Arbeit/-Löhne 167
Kombi-Ökonomien 163
Kommunikationstechno-
  logien 224f.
Kompensation 77–79
Krankheiten 201–204, 209
– erfundene 204f.
– Heilmethoden 204
– Motivationsschub 207f.
– sozialer Wandel 205–207
Krieg der Kulturen 190–192
Kriege 179–184
– primitive 179f.

Krimis 172–175
Kriminalitätsverringerung
  (New York) 176–178
Kriminalstatistik 171
Kulturmodelle 96, 100 f., 106,
  149
Kultursystem 22
Kurth, Bärbel-Maria 199

Lafontaine, Oskar 67–69
Landes, David 99
Landschaft 62
Lebensalter, probalistisches 145
Lebenslanges Lernen 148
Lebens- und Wirtschafts-
  rechte 120
Leibniz, Gottfried Wilhelm 122
Lernende Systeme 271
Lernkurve, kulturelle 23
Lomborg, Björn 81
Lose-lose-Spiele 272
Lotter, Wolf 271
Lovelock, James 37 f.

Mankell, Henning 174 f.
Männerrolle 154, 201, 218
Marquard, Odo 53, 55
May, Karl 61
Mayas 21–24
Mediales Überangebot
  (Info-Obesity) 31
Medien 30–32, 55, 123–135, 183
Medienkritik, historische 122 f.
Meme 217
Mesoudi, Alex 45
Metakognitionen 127 f.
Microbanking 89, 120
Migration 103 f.

Milankovitch-Zyklus 236 f.
Milanovic, Branko 110
Mindset 46, 80
Mischkulturen 96
Mitterauer, Michael 100
Modermann, Hans 270
Mombert, Paul 138
Moral 220–222, 228 f., 231
Morphischer Wandel 146
Muller, Richard 248
Multimorbidität 196
Muster 44, 46
Mut für Neues 269 f.
Mutterrolle 214, 220

Nachhaltigkeit 257–260
Natur/das Natürliche 62, 97,
  251, 259–261
– Ökonomisierung 259 f.
Naturromantizismus 62 f., 244
Neolithische Revolution 99, 233
Networking 134
Neues 269
Neurotraumatik 66
Nichtvertrauen 267
Niemann, Lutz 78
Non-zero-sum-Game 272

Ökologischer Fußabdruck 256 f.
Ökologisches Gleichgewicht 249–
  252, 260
Opfer (Selbstdefinition) 55–57
Optimismus 274 f.
Ordnungssysteme, globale 192
Osterinsel 257 f.

Paläolithikum 232 f.

Passivmedien 128
Pauwels, Louis 277
Pearsall, Paul 71
Peiser, Benny 258
Perkins, David 46
Pessimismus 70 f., 266 f., 275
Phillips, Adam 274
Phonetische Anker 58–60
Platon 122
Polybios 138
Postheroische Kulturen 183

Rapoport, Anatol 224
Reading, Anthony 268
Rechtsgarantie 120 f.
Reflexives Wissen 134
Regeln, gesellschaftliche 219, 228
Reichtum 119
Reisen 98
Resignation 71
Restübelthese 53–55, 175
Rinderwahn 81, 197
Risikoabwägung 82
Risikowahrnehmung 32
Rohde, Robert 248
Rohl, David 233
Romantizismus 61–64
Rousseau, Jean-Jacques 138, 178
Rückschaufehler 50 f.
Ruddiman, William 237

Sachs, Jeffrey 117 f.
Sargis, Edward 228
Sartre, Jean-Paul 36
Schätzing, Frank 35
Schimpansen, Sozialver-
    halten 215, 217

Schmerzgedächtnis 66
Schnarch, David 230
Segerstrom, Suzanne 70
Segnungen annehmen 265 f.
Selbstdefinition 265
Selbstheit 230
Selbstmächtigkeit 135
Selbstthematisierung in
    Medien 127
Selbstwirksamkeit 135
Selffulfilling Prophecy 73
Selfness 230
Sen, Amartya 117
Seveso 73–75
Shared Space 270
Sicherheit 80, 118 f., 162
Sieburg, Friedrich 25
Signer, David 102
Singles 223, 225
Skitka, Linda 228
Skripte, alarmistische 84
Sloterdijk, Peter 276
Sombart, Nicolaus 213
Soziale Identität 154
Soziale Sicherheit 119, 155
Sozialsystem, globales 120
Soziobiologie 216, 223 f.
Spieltheorie 118, 272
Städte 245, 249, 254
Strukturpazifismus 78
Systemtheorie 118, 271 f.

Taleb, Nicholas 32
Taleyarkhan, Rusi 34
Terraforming 237–239
Terrorismus 184–190, 193
    – Mathematik/Ökonomie 186 f.

Toleranz 228
Traumatisierung 66 f.
Tschernobyl 75 f.

Umweltschutzbewegung 74 f., 81
Ungleichheit 118 f.
Untergang, Kulturfaktor 22
Urban Sprawl 254
Urteilsvermögen 56

Vanuatu 262–270
Verknüpfung 47–49
Verschwörungstheorien 48 f., 64
Vertrauen 266 f.
Vogelgrippe 58, 81, 197, 208
Vollbeschäftigung 156

Wachstumsgrenzen 254 f.
Wahrnehmungsverzerrung,
    nostalgische 51
Waldbrände 31–33, 250
Waldsterben 252
Wale 252–254
Watson, Lyall 173
Welfare-to-Work-Projekte 166
Weltgerichtsbarkeit 192 f.
Werte 219, 221 f., 227–229, 231

Wertepluralismus 228
Wertewandel 217–219, 231
Wilson, Edward O.  273 f.
Win-lose-Spiele 272
Win-win-Spiele 103, 272
Wissen 124–127, 134
Wissenschaft 33–35
Wohlstand 98–100, 103, 111–115
Woo, Gordon 187
Work-Life-Choices 166 f.
World Happiness Index 262
World of Warcraft 129–131
Wörter 58–60
Wright, Robert 96, 272
Wysocki, Michael 179

Zahlen 60
Zero Tolerance 176
Zivilisationsentstehung 233
Zivilisationskrankheiten 197–
    200
Zivilisationsübergang 101
Zukunftsadaptivität 267–269
Zukunftsangst 24, 44, 84
Zukunftsorientiertes
    Verhalten 268
Zynismus 72

## Matthias Horx

### *Wie wir leben werden*

*Unsere Zukunft beginnt jetzt.*
*400 Seiten. Piper Taschenbuch*

Wie sieht unsere Zukunft aus? Werden wir Menschen klonen? Enden wir alle als Singles? Wie entwickeln sich die Religionen? Werden wir den Tod besiegen? Auf der Grundlage umfangreicher Studien entwirft Matthias Horx, der profilierteste Trendforscher Deutschlands, ein fundiertes und optimistisches Bild unseres Lebens in den nächsten Jahrzehnten. Seine Botschaft lautet: Wir können jetzt die Weichen stellen, um in Zukunft freier und selbstbestimmter zu leben.

»Ein leicht zu verstehendes und dennoch kluges Kompendium. Wer es liest, lernt eine Menge und darf sich gleichzeitig ein wenig von den ansonsten so beliebten Weltuntergangs-Szenarien erholen. Mehr kann der Leser von einem seriösen Zukunftsforscher wohl kaum erwarten.«
Süddeutsche Zeitung

## Marion Knaths

### *Spiele mit der Macht*

*Wie Frauen sich durchsetzen.*
*128 Seiten. Piper Taschenbuch*

»Ich habe es zwei Mal gesagt. Meinst du, einer hätte zugehört? Und zwei Minuten später sagt Kollege Schröder das Gleiche, und alle sagen: Klasse, Schröder!« – Welche Frau kennt nicht diese oder ähnliche Situationen? Marion Knaths verrät, was Sie tun müssen, damit Ihnen künftig alle zuhören, und sie zeigt, wie Sie als Frau beim Spiel mit der Macht am besten mitspielen.

»Ein Muss für alle Frauen, die ihr Gehirn einsetzen wollen, um sich durchzusetzen.«
Louann Brizendine, Bestsellerautorin
(»Das weibliche Gehirn«)

**PIPER**

**PIPER**

## Josef Joffe,
## Dirk Maxeiner,
## Michael Miersch,
## Henryk M. Broder

### Schöner Denken

*Wie man politisch unkorrekt ist.*
*192 Seiten. Piper Taschenbuch*

Von »Antizionismus« bis »Zukunftsfähig«: In dieser ebenso bissigen wie vergnüglichen Anleitung für politisch Unkorrekte sind alphabetisch alle Begriffe und Floskeln aufgeführt, mit denen wir tagtäglich davon abgelenkt werden, selbst zu denken.

»Die Autoren spießen die gestanzten Begriffe auf und rütteln an den festen Überzeugungen, die dahinterstehen. Sie appellieren an den eigenständigen Gebrauch der Urteilskraft und zerlegen ideologische Dogmen. ›Schöner Denken‹ heißt: Trau dich, selbst zu fragen und nachzudenken. Ein Brevier souveränen, liberalen Geistes.«
Focus

## Ingke Brodersen,
## Renée Zucker

### Werden Sie wesentlich!

*Die Frau um 50. 224 Seiten.*
*Piper Taschenbuch*

Frauen ab 50 sind heute anders als früher. Sie sehen nicht mehr so aus wie ihre Mütter, definieren sich nicht zuerst über Männer oder Kinder. Auf ein Leben in bescheidener Unsichtbarkeit haben sie keine Lust. Sie reisen allein und nehmen sich einen Jüngeren, suchen berufliche Neueinstiege oder gründen eine eigene Firma, schließlich haben sie noch Jahrzehnte vor sich ... Ein mitreißender Ausblick auf das, was für etwas wildere Frauen noch kommen kann.

»Das Buch gibt Frauen um die 50 die Lust am Alter zurück, und Jüngere dürfen ruhig neidisch werden.«
Norddeutscher Rundfunk

05/2326/02/L          05/2327/02/R

## Alan Weisman

### Die Welt ohne uns

*Reise über eine unbevölkerte Erde.*
*Aus dem Amerikanischen von*
*Hainer Kober. 384 Seiten.*
*Piper Taschenbuch*

Was wäre, wenn wir Menschen von einem Tag auf den anderen verschwinden würden? Zum Beispiel morgen. Ein ungeheures Gedankenexperiment! Alan Weisman entwirft in seinem Bestseller das Szenario einer unbevölkerten Erde – gestützt auf das Wissen von Biologen, Geologen, Physikern, Architekten und Ingenieuren und mit atemberaubender Fantasie. Schritt für Schritt vollzieht er nach, wie die Natur unseren Planeten zurückerobert, und führt dem Leser dabei zweierlei vor Augen: was der Mensch in Jahrtausenden zu schaffen vermochte und über welch unerhörte Macht die Natur verfügt.

»Alan Weisman wagt ein kühnes Experiment.«
Der Spiegel

## Julian Baggini

### Der Sinn des Lebens

*Philosophie im Alltag. Aus dem*
*Englischen von Sonja Hauser.*
*208 Seiten. Piper Taschenbuch*

Der englische Philosoph Julian Baggini zeigt: Philosophie kann großen Spaß machen. Wir können sie leicht verstehen und mit ihr die großen Fragen wie die nach dem Sinn des Lebens beantworten. Damit wir mit ihm über die Natur des Menschen nachdenken können, bemüht Baggini nicht einfach nur Thomas Hobbes, sondern den Italowestern eines Sergio Leone. Mit Madonna erläutert er das Selbst und die Seele. Sei es Tschechows »Möwe«, der Film »Sunset Boulevard« oder Aristoteles und »Rain Main« – Bagginis außergewöhnliches Talent, Philosophie lebendig werden zu lassen, schafft ein Lesevergnügen der besonderen Art.

»Ein überaus kluges, kurzweiliges und auch für Laien verständliches Buch zum Thema Sinnsuche.«
Oberösterreichische Nachrichten

**PIPER**

05/2329/02/L    05/2251/02/R

**PIPER**

## Helge Hesse

### Hier stehe ich, ich kann nicht anders

*In 80 Sätzen durch die Weltgeschichte. 368 Seiten.*
*Piper Taschenbuch*

»Hier stehe ich, ich kann nicht anders«, bekannte Martin Luther. »Wissen ist Macht«, wusste schon Francis Bacon. »Wollt ihr den totalen Krieg?«, fragte Goebbels. »Wer zu spät kommt, den bestraft das Leben«, sagte Gorbatschow. Ausgehend von 80 ausgewählten bekannten Sätzen führt Helge Hesse unterhaltsam und anschaulich durch die Weltgeschichte. Ob Antike, Renaissance, Französische Revolution oder Zweiter Weltkrieg: Jeder dieser Sätze öffnet die Tür in eine bestimmte Epoche und lässt deren Ereignisse, Menschen und berühmte Orte wieder lebendig werden.

»So macht Geschichte Spaß – und man kann mit dem Gelernten glänzen.«
Norddeutscher Rundfunk

## Robert Levine

### Eine Landkarte der Zeit

*Wie Kulturen mit Zeit umgehen.*
*Aus dem Amerikanischen von*
*Christa Broermann und*
*Karin Schuler. 320 Seiten.*
*Piper Taschenbuch*

Um herauszufinden, wie Menschen in verschiedenen Kulturen mit der Zeit umgehen, hat Levine mit Hilfe von ungewöhnlichen Experimenten das Lebenstempo in 31 verschiedenen Ländern berechnet. Das Ergebnis ist eine höchst lebendige Theorie der verschiedenen Zeitformen und eine Antwort auf die Frage, ob ein geruhsames Leben glücklich macht.
Levine beschreibt die »Uhr-Zeit« im Gegensatz zur »Natur-Zeit« – dem natürlichen Rhythmus von Sonne und Jahreszeiten – und zur »Ereignis-Zeit« – der Strukturierung der Zeit nach Ereignissen. Robert Levine glückte ein anschauliches und eindrucksvolles Porträt der Zeit, das dazu anregt, unser alltägliches Leben aus einer anderen Perspektive zu betrachten und ganz neu zu überdenken.

05/2330/02/L          05/1247/02/R

# JETZT NEU

## Jede Woche vorab in einen brandaktuellen Top-Titel reinlesen, ...

... Leseeindruck verfassen,
Kritiker werden und eins von
100 Vorab-Exemplaren gratis erhalten.

Malcolm Gladwell
**Überflieger**
Warum manche Menschen
erfolgreich sind – und andere
nicht

2009, 272 Seiten
ISBN 978-3-593-38838-0

**Hörbuch:**
2009, 2 CDs, 123 Minuten
ISBN 978-3-593-38923-3

Auch als
Hörbuch
erhältlich

# Die Geheimnisse des Erfolgs

Warum sind manche Menschen erfolgreich und andere
nicht? Bestsellerautor Malcolm Gladwell hat die wahren
Ursachen des Erfolgs untersucht und darüber ein faszi-
nierendes Buch geschrieben. Auf seiner anregenden
Erkundung der Welt der Überflieger erklärt Gladwell
unter anderem das Geheimnis der Softwaremilliardäre,
wie man ein herausragender Fußballer wird, warum
Asiaten so gut in Mathe sind und was die Beatles zur
größten Band aller Zeiten machte.

**Mehr Informationen unter**
**www.campus.de**

**campus**
*Frankfurt · New York*